리눅스 서버 보안

오픈소스를 이용한 서버 보안 핵심 가이드

리눅스 서버 보안

오픈소스를 이용한 서버 보안 핵심 가이드

지은이 나카지마 요시카즈

옮긴이 양현

펴낸이 박찬규 | 엮은이 이대엽 | 표지디자인 Arowa & Arowana

펴낸곳 위키북스 | 전화 031-955-3658, 3659 | 팩스 031-955-3660

주소 경기도 파주시 문발로 115, 311호(파주출판도시, 세종출판벤처타운)

가격 27,000 | 페이지 348 | 책규격 188x240mm

초판 발행 2015년 08월 27일

ISBN 979-11-5839-006-8(93000)

등록번호 제406-2006-000036호 | 등록일자 2006년 05월 19일

홈페이지 wikibook.co.kr | 전자우편 wikibook@wikibook.co.kr

Linuxサーバーセキュリティ徹底入門
(Linux Server Security TetteiNyuumon : 3238-9)
Copyright© 2013 by NAKAJIMA YOSHIKAZU.
Original Japanese edition published by SHOEISHA Co.,Ltd.
Korean translation rights arranged with SHOEISHA Co.,Ltd. through Botong Agency.
Korean translation copyright © 2015 by WIKIBOOKS

이 도서의 국립중앙도서관 출판시도서목록 CIP는
e-CIP 홈페이지 http://www.nl.go.kr/cip.php에서 이용하실 수 있습니다.
CIP제어번호 CIP2015021923

리눅스
서버
보안

오픈소스를
이용한
서버 보안
핵심 가이드

나카지마 요시카즈 지음

/

양현 옮김

15년 전 처음으로 리눅스 서버를 구축해 인터넷상에 공개했을 때 매우 불안해했던 일이 생각납니다. 당시는 아직 리눅스에 대한 정보도 부족했고, 자신이 설정한 환경이 보안상 문제는 없을지에 대한 확신을 할 수 없었습니다. 기술적으로도 신출내기와 다름없었습니다. 어딘가 침입을 허용하는 치명적인 실수를 하지는 않았을까. 스스로 이해하는 한도에서는 아무 문제 없다고 생각하면서도 설정을 몇 번이나 확인하고 로그도 열심히 체크했습니다.

보안에 '100% 안전'은 없습니다. 작은 실수가 하나라도 있다면 공격자는 그 취약점을 찾아 공격해 올 수 있습니다. 때에 따라서는 불법적인 행위에 연루되어 가해자가 될 수도 있습니다. 그렇기 때문에 조금이라도 안전성을 높여두는 것이 필요하지만, 안전성을 높이기 위해 관리자가 해야 할 필수적인 대책은 무엇인지, 어느 수준까지 보안을 적용해야 하는지 가르쳐 주는 사람은 없었습니다.

이 책은 리눅스 서버를 인터넷상에서 운영할 때 알아야 할 최소한의 것들을 모았습니다. 아무리 해도 끝이 없는 것이 보안 대책이지만 적어도 여기까지는 해야 하고, 이것만큼은 알려주고 싶다는 사항을 나름대로 보여주는 것입니다.

리눅스 배포판으로는 서버 시스템으로 높은 평가를 받는 CentOS 버전 6을 선택했습니다. 상용 배포판인 레드헷 엔터프라이즈 리눅스 6도 높은 레벨의 호환성이 있어 안정된 엔터프라이즈 레벨로 운영할 수 있습니다. CentOS 이외의 배포판을 사용하고 있어도 이 책의 내용은 많은 도움이 될 것으로 생각합니다.

이 책의 1장부터 3장까지는 보안의 기본 개념과 알아둬야 할 기술, 위협을 정리했습니다. 4장에서는 시간이 부족한 사람들을 위해 빠른 시간에 보안 서버를 구축하는 단계를 소개했습니다. 5장에서 10장까지는 운영체제 보안 강화를 각 주제별로 정리했습니다. 11장~15장은 서버 서비스 별 보안을 소개하고 있으니 서버 구축에 필요한 서비스 부분을 참조하면 됩니다.

집필에 있어서는 쇼에이사 및 톱 스튜디오의 여러분께 많은 도움을 받았습니다. 여기에 감사의 말씀을 드립니다.

中島能和(나카지마 요시카즈)

각종 해킹 관련 뉴스를 보며 "저런 해커들은 어떻게 막아야 할까?", "보안을 배우면 해킹 사고를 막을 수 있을까?"라는 생각을 하게 될 것이다. 언제 일어날지 모르는 해킹 사고를 위해 보안 전문가를 따로 채용하거나, 시간을 따로 내서 보안을 전문으로 공부하기는 현실적으로 어려울 것이다.

이 책은 그런 답답한 부분을 어느 정도 해소해줄 수 있는 내용으로 구성돼 있다. 웹 서비스의 경우 웹 프로그램 자체의 문제로 취약점이 발생한다 해도 운영체제에서 추가적인 행동을 하지 못하도록 잘 제어한다면 침투에 성공하더라도 해커가 할 수 있는 일은 없다. 파일 업로드 취약점으로 백도어를 우회 업로드 했다 해도 서버에서 이를 실행시키지 않으면 백도어는 단지 텍스트로 표시될 뿐이다. 또한 공격자가 서버의 취약점을 찾기 위해 사전 조사를 할 때도 서버가 아무런 정보를 주지 않는다면 공격자는 서버로 침입하기 위해 무수한 시간과 정성을 들여야 한다(물론 정성을 들여서 들어온들 접속 종료 외에는 다른 일을 할 수 없을 것이다).

처음 이 책의 번역을 의뢰받았을 때 얼마 안 되는 분량이고 간단한 내용이니 쉬울 것으로 생각했다. 하지만 책을 번역해 나가면서 자만하고 있던 모습을 깨닫고 공부하는 마음으로 바뀌었다. 실무로 웹 모의해킹과 서버 진단을 병행해 나가고 있었지만, 잘못 알고 있던 내용이나 아예 신경을 쓰지 않던 내용, 원리도 제대로 이해하지 못하면서 '이건 원래 그렇게 하는 거다'라고 생각했던 부분을 발견하면서 스스로 반성을 많이 하게 됐다. 그만큼 기본에 충실한 내용으로 채워져 있다.

마지막으로 보안 서적 번역을 해보지 않겠느냐고 권유해 주신 같은 회사 성창규 팀장님과 흔쾌히 번역을 맡겨주신 위키북스의 김윤래 팀장님, 최종인쇄 직전까지 꼼꼼하게 오류 수정을 해주신 박찬규 대표님께 정말 감사드립니다.

이 책은 리눅스 서버를 인터넷상에서 운영하는 데 있어 필수가 되는 보안 대책을 정리한 것이다. 이 책의 실행 예는 번역 시점(2015년 4월) CentOS 6.6(x86_64)에서 정상 동작하는 것을 확인했다.

■ 이 책의 전제

이 책을 읽는 독자는 리눅스의 기본적인 조작과 개념을 알고 있을 것이라고 상정하고 있다. 서버 구축 경험이 있으면 읽어나가기 쉬울 것이다. 명령줄(Command Line)을 사용한 리눅스 조작이 익숙하지 않다면 리눅스 입문서 등을 함께 보는 것을 추천한다.

■ 실행 예와 설정 파일 예

이 책에서는 명령 실행 예를 음영이 있는 박스로 표시한다. 실제로 입력하는 명령은 굵은 글자 부분 이다.

▶ 명령 실행 예

```
$ df -h ↵
Filesystem Size Used Avail Use% Mounted on
/dev/sda3 97G 9.7G 82G 11% /
tmpfs 499M 0 499M 0% /dev/shm
/dev/sda1 243M 117M 114M 51% /boot
```

명령 실행 예에서는 프롬프트 모양으로 일반 사용자 권한으로 실행하는 것과 root 권한이 필요한 것을 구별하고 있다. 프롬프트가 '$'인 경우는 일반 사용자, '#'인 경우는 root 사용자 권한이 필요한 명령이 다. 또한 5장에서 설명하고 있듯이 root 권한이 필요한 명령은 실제 root 사용자로 로그인하는 것이 아 니라 sudo 명령을 사용해 실행하는 편이 좋다.

설정 파일 내용은 다음과 같이 흰색 박스 안에 표시하고 있다. 설명하는 내용에 따라 필요한 부분만을 써넣거나 변경 사항만을 발췌하는 경우도 있다.

▶ /etc/paswd

```
root:x:0:0:root:/root:/bin/bash
bin:x:1:1:bin:/bin:/sbin/nologin
daemon:x:2:2:daemon:/sbin:/sbin/nologin
    (이하 생략)
```

■ 이 책의 구성

이 책의 구성은 다음과 같다.

우선 1장부터 3장까지는 보안의 기본 개념과 알아둬야 할 지식, 위협을 정리하고 있다.

2장에서는 보안에 관련된 리눅스 기본 기술을 설명하고 있다. 웹 서버나 메일 서버에서 SSL/TLS를 사용하는 경우 인증서 작성 절차를 2장에서 설명하고 있으니 이쪽을 참조하자.

3장에서는 리눅스 서버에 있어서 위협이 되는 대표적인 공격 수법을 소개한다. 서버의 보안을 높이기 위해서 공격 수법을 알아둘 필요가 있기 때문이다.

4장은 시간이 없는 사람을 위해 단시간에 보안 서버를 구축하는 단계를 소개하고 있다.

5장~10장까지는 운영체제의 보안을 강화하는 방법을 주제별로 다루고 있다. 5장에서는 시스템 전반에 걸친 폭넓은 주제를, 6장에서는 파일과 파일 시스템을, 7장에서는 네트워크 관련 내용 및 방화벽을, 8장에서는 SELinux의 기본을, 9장에서는 시스템 로그를, 10장에서는 보안 검사 및 침입 탐지, 침입 방지를 설명한다.

11장~15장은 서버 서비스 별 보안을 소개하고 있다. 11장은 DNS 서버(BIND), 12장은 웹 서버(Apache HTTP Server), 13장은 메일 서버(Postfix, Dovecot), 14장은 FTP 서버(vsftpd), 15장은 SSH 서버(OpenSSH)다. 서버 구축에 필요한 각각의 서비스 부분을 참고하자.

그리고 '서버 보안 체크리스트'를 책 뒤에 준비했으니 실제 서버를 구축할 때나 운영할 때 활용하자.

■ CentOS 외 배포판에서 사용

이 책은 CentOS 6을 기준으로 설명하고 있으나, 대부분의 내용은 다른 배포판에서도 공통으로 사용할 수 있을 것이다. 단, 패키지명이나 파일 경로가 다른 경우, 다른 명령을 사용해야 할 수도 있으니 사용하는 배포판의 문서를 참고하자.

Chapter **1**

정보보안 개요

Chapter **2**

정보보호 기술

Chapter **6**

파일 시스템 보안

Chapter **7**

네트워크 보안

Chapter **8**

SELinux

Chapter **9**

시스템 로그 관리

Chapter **10**

보안 체크와
침입 탐지

Chapter **11**

DNS 서버 보안

Chapter **12**

웹 서버 보안

Chapter **13**

메일 서버 보안

Chapter **14**

FTP 서버 보안

Chapter **15**

SSH

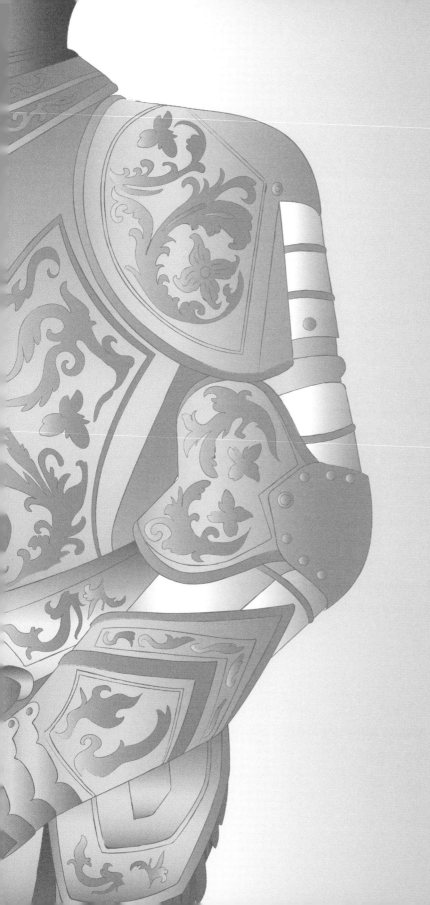

Chapter **1**

정보보안 개요

리눅스 서버의 각 항목에 대한 구체적인 보안 설명에 앞서 정보 보호의 일반적인 사항을 알아보자. 또한 리눅스 서버의 보안을 높이기 위해 서버 관리자로서 어떻게 해야 할 것인가도 함께 생각해보자.

1.1 정보 보호란

기업이 가진 자산에는 '사람(인재)', '물건(설비, 시설)', '금전(자금)', '정보'가 있다. 기업의 정보 자산을 지키는 것이 정보 보호다. 정보 자산은 구체적으로 고객 정보, 영업 정보, 지적 재산 관련 정보, 인사 정보, 재무 정보 등이 포함되어 있다. 정보 자산은 컴퓨터로 관리하는 전자적인 정보뿐 아니라 종이에 쓰인 정보도 포함된다.

1.1.1 정보 보호의 3대 요소

정보 보호는 정보의 기밀성, 무결성, 가용성을 유지시킨다. 이 세 가지 요소를 '정보 보호의 3대 요소'라고 한다. 이 세 가지 요소는 서로 상대적 관계에 있으므로 기밀성을 높이면 가용성이 저하되거나 무결성에 문제가 생길 수 있다. 따라서 각 요소를 균형 있게 아우르는 것이 중요하다.

■ 기밀성

정보 자산에 접근할 수 있도록 인가된 사람이나 프로그램만이 권한의 범위 내에서 정보에 접근할 수 있도록 하는 것을 '기밀성(Confidentiality)'이라고 한다. 비공개 정보를 누구나 열람할 수 있다면 그것은 기밀성이 손상된 상태이다. 기밀성을 보장하기 위해 인증을 통한 접근 권한 설정 등의 방법을 사용한다.

■ 무결성

정보 자산이 손상되지 않았는지, 일관성, 완전성을 유지하고 있는지를 '무결성(Integrity)'이라고 한다. 전송된 데이터가 중간에 손실되거나 파손된다면 무결성을 잃은 것이다. 무결성을 보장하기 위해 암호화를 도입하거나 디지털 서명을 이용한다.

■ **가용성**

사용자가 언제든지 정보 자산에 접근할 수 있는 것을 '가용성(Availability)'이라고 한다. 웹 사이트가 과부하로 인해 오류가 발생하여 사용할 수 없는 상태가 되거나 서버 구축이 잘못돼 처리가 오래 걸리는 등의 문제가 생긴다면 가용성이 손상된 상태다. 가용성을 보장하기 위해 다중화 등을 통한 시스템 자원(CPU 처리 능력, 메모리 대역폭)을 확보해야 한다.

1.1.2 보안과 위험

예측 가능한 위험을 줄임으로써 보안 수준을 높일 수 있다. 하지만 위험을 완벽하게 없애는 것은 불가능하다. 예를 들어 정보 시스템에 대한 공격이나 침입을 시도하는 '공격자'는 위험 요소이다. 보안 관리자가 어떤 노력을 기울여도 어디에 있을지 모르는 침입자를 찾아 제거하는 것은 불가능하다. 보안에서 중요한 것은 손실의 우려가 있는 정보와 정보 자산을 위협하는 '위협', 위협에 의해 보안 문제가 발생하는 '취약점(Security Hole)'이 겹칠 때 위험이 표면화 된다는 점이다(그림 1.1).

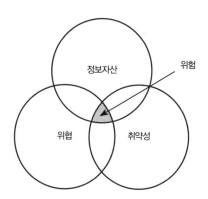

그림 1.1 위험

위험을 줄이기 위해 위협의 존재를 파악하고, 취약점을 발생하지 않게 하며, 취약점이 발생했을 때 점차 제거하는 것이 중요하다. 위협을 줄일 수 없지만 어떤 위협이 있는지 알아내 취약점을 하나씩 제거해 나가면 정보 보호의 수준은 높아진다.

위협에는 사람이 원인이 되는 인적 위협, 기술을 악용하는 기술적 위협, 자연재해 등에 따른 물리적 위협이 있다.

■ 인적 위협

인적 위협의 원인은 사람이다. 인적 위협의 발생 원인을 표 1.1에 정리했다.

표 1.1 인적 위협

위협	설명
부정 접근	허가되지 않은 방법으로 시스템에 접근하는 것
유출	정보자산이 외부로 누출되는 것
분실	공공장소에서 정보 자산을 분실하는 것
손상	파일이손상되거나 하는 등의 이유로 정보 자산이 손실되는 것
도용	타인의 ID와 패스워드를 이용하는 등 타인 행세를 통한 침해
잘못된 조작	잘못된 조작 때문에 정보 자산을 위험에 빠뜨리는 것
도청	네트워크로 전송되는 데이터를 부정한 방법으로 탈취하는 것
변조	부정한 방법으로 정보를 조작하는 것
내부 부정	사내의 구성원이 저지르는 부정행위

COLUMN

사회 공학(Social Engineering)

타인의 패스워드를 훔쳐보거나 직원을 속여 기밀 정보를 탈취하는 등 IT 기법을 사용하지 않고 아날로그적인 수법을 이용하여 정보 수집 활동을 하는 것을 '사회공학 기법'이라고 한다. 사회 공학 기법에는 다음과 같은 방법이 있다.

- 쓰레기를 뒤져 유용한 정보를 얻음(Trashing)
- 상사나 동료, 관리자를 가장하여 전화, 메일 등을 통해 정보를 얻는 방법(Spoofing)
- 정보를 얻으려는 대상의 PC 화면을 어깨너머로 들여다보는 방법(Shoulder hacking)
- 음성이나 전화를 도청
- 관계자와 인맥을 만들어 정보를 획득
- 정보를 얻기 위해 구성원으로 참여

사회 공학 기법에 대한 유효한 대책은 충실한 교육이다. 아무리 컴퓨터 시스템 및 네트워크 보안을 탄탄히 해도 정보 자산을 다루는 것은 사람이기 때문에 인적 교육과 관리를 제대로 하지 않으면 뜻밖의 장소에서 보안이 뚫린다.

■ 기술적 위협

기술적 위협은 기술을 악용하여 발생하는 위협이다. 기술적 위협의 종류를 표 1.2에 정리했다.

표 1.2 기술적 위협

위협	설명
바이러스	프로그램을 감염시켜 정보를 파괴하고 다른 컴퓨터도 감염시키는 소프트웨어
웜	독자적으로 자기 증식을 하며 파괴 활동을 하는 소프트웨어
봇	제삼자가 컴퓨터를 제어하여 좀비 PC를 만들 수 있는 바이러스의 일종
트로이 목마	일반 프로그램으로 가장하여 컴퓨터에 침입한 뒤 파괴/정보 수집 활동을 하는 프로그램
rootkit	컴퓨터에 침투한 후 공격자가 특정 권한 취득을 위해 사용하는 프로그램
스파이웨어	컴퓨터에 존재하는 정보를 빼내는 악성 프로그램
멀웨어	바이러스와 웜 등 악성코드를 통칭하는 용어

멀웨어로 인한 위협은 시시각각 증가하고 있다. 멀웨어 방지 툴을 도입하는 것 외에도 새로운 보안 기술을 찾을 필요가 있다.

■ 물리적 위협

물리적 위협은 자연재해와 직접 파괴 등으로 시스템에 물리적 손상을 가하는 것이다. 주요 물리적 위협을 표 1.3에 정리했다.

표 1.3 물리적 위협

위협	설명
자연재해	화재, 홍수, 낙뢰, 지진 등으로 인한 천재지변
장애	하드웨어 고장, 소프트웨어 에러
파괴 행위	하드웨어와 기록 매체를 물리적으로 파괴하는 행위(방화, 도난, 파업, 폭동, 테러)

언뜻 보면 IT 보안과 별 상관이 없어 보이지만, 물리적 위협에 대한 대처도 보안을 유지하는 데 중요하다.

1.1.3 정보 보호 정책

기업이 지켜야 할 정보 자산과 정보 보호 대책은 기업의 성격이나 지켜야 할 정보 자산, 정보 시스템에 따라 달라진다. 기밀성을 중시할 것인지 무결성을 중시할 것인지에 대한 가중치도 달라질 것이다. 효율적인 정보 보호를 위해서는 기업이 보안 정책에 대해 확실한 태도를 보여야 한다.

기업[1] 입장에서 정보 보호를 확실히 하기 위한 방침 혹은 기준을 정리한 것을 '정보 보호 정책'이라한다. 정보 보호의 기준선을 설정하고 이에 따라 구체적인 보안 대책을 결정해 정보 보호 정책을 만든다. 정보 보호 정책 수립은 대외적으로는 기업과 조직의 신뢰성 향상과 이미지를 높이고 대내적으로는 직원의 보안 의식을 높이는 효과를 기대할 수 있다.

정보 보호 정책은 다음 3개 요소로 구성된다(그림 1.2).

- **기본 방침**: 정보 보호 대책에 대한 기본적인 고려사항
- **대응 기준**: 기본 방침을 지키기 위해 준수해야 할 행위, 판단 등의 기준
- **대응 절차**: 정보 시스템과 업무에서 실천할 수 있는 구체적인 절차

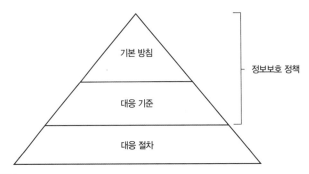

그림 1.2 정보 보호 정책

일반적으로 '대응 절차'를 제외한 '기본 방침'과 '대응 기준' 2가지를 가리켜 '정보 보호 정책' 또는 '보안 정책'이라고 부른다.

정보 보호 정책 수립을 할 때 먼저 기본 방침을 수립한 후 그 정책을 실현하기 위한 대응 기준을 설정한다. 그리고 구체적인 대응 방식을 대응 절차로 작성한다. 기본 방침에서 보안 정책의 목적, 범위, 구성원의 의무, 정책 위반을 한 경우의 벌칙을 규정한다. 다음으로 대응 기준에서 보안 확보를

---

1 기업뿐 아니라 비영리 단체, 관공서 같은 조직에서도 정보 보호 정책이 필요하다.

위한 판단 기준과 준수 사항을 구체적으로 규정한다. '패스워드 관리', '메일', '바이러스 대책', '저장 매체 취급' 등 항목별로 기준을 만들면 좋다.

물론 정보 보호 정책을 만들기만 해서는 의미가 없다. 구성원에게 적극적으로 정책을 알리고 준수하게 해야 한다. 보안을 준수한다는 것은 편리함을 그만큼 포기한다는 의미다. 패스워드를 복잡하게 설정하도록 하고, 빈번한 변경을 요구하고, 시스템마다 다른 패스워드를 이용하도록 강제한다면 누구나 부담이 느껴지기 마련이다. 따라서 보안의 중요성을 충분히 이해시키고 정책을 준수하는 것의 당위성을 꾸준히 교육해야 한다.

정보 보호 정책을 처음부터 만드는 것은 매우 힘들지만 아래 관련 사이트의 정보를 참고하면 도움이 될 것이다.

- 법령 현황: http://www.kisa.or.kr/public/laws/laws1.jsp
- 정보 보호 정책 관련 안내서: http://www.kisa.or.kr/public/laws/laws3.jsp

1.1.4 정보 보호/매니지먼트

정보 보호 대응 기준 마련에 도움이 되는 것이 BSI(영국 표준 협회)에서 개발한 'BS7799[2]'라는 지침이다. 이 지침은 기업이나 단체를 위한 정보 시스템 보안 운영과 관리 지침, 2개의 분야로 구성되어 있다. BS7799 Part 1(BS7799-1)은 정보 보호 관리의 구체적인 대책 사례집으로 구성돼 있다. 정보 보호 대책은 일반적으로 다음과 같은 사이클을 지속해서 반복해 시스템의 보안을 강화하고 유지하는 것이다.

■ 보안 요구 파악

일반적으로 보안은 비용을 지출함으로써 높아진다. 하지만 보안에 비용을 무한정 할당할 수도 없으며, 설령 무한정 비용을 들이더라도 100% 안전한 시스템을 만들 수 없다. 그래서 먼저 보호할 정보 자산을 파악한 후 각각의 정보 자산에 요구되는 보안을 검토해야한다. 침해 사고가 일어났을 때 회사/조직에 치명적인 손실을 보는 자산일수록 우선순위를 높여야 한다.

---

2 BS7799를 분야별로 심화하여 개정한 것이 ISO27001 규격이다. BS7799는 1999년에 Part1과 Part2가 제정되었으며 2000년에 Part10I ISO/IEC17799로 개정됐고, 2005년 10월에 Part2 부분이 ISO27001로 개정되었다. ISO27001은 정보 보호 관리 체계에 대한 심사 및 인증 규격에 대한 표준이며 앞으로는 정보보안관리에 대한 실행지침(ISO27002), 정보 보호 관리 체계에 대한 실행 가이드라인(ISO27003), 정보 보호 관리 체계에 대한 메트릭스와 평가 방법(ISO27004), 정보 보호 관리 체계에 대한 위험평가(ISO27005)를 포괄하여 ISO27000SET으로 발전할 예정이다.

■ **취약점 파악**

보호해야 할 정보 자산과 정보 시스템에 존재하는 취약점을 나열한다.

■ **보안 취약점 도출과 평가**

앞서 파악된 보안 요구와 취약점으로부터 도출된 보안 위협을 목록화하고 평가한다.

- 위협의 원인이 무엇(누구)인가
- 위협의 대상은 무엇인가
- 위협의 목적은 무엇인가
- 위협의 발생 빈도는 어느 정도인가

위와 같이 어떤 위협이 어떻게 발생하는지 분석하고 보호해야 할 정보 자산과 정보 시스템에 대한 위협 수준을 명확히 한다.

■ **보안 정책 결정**

취약점에 대응하기 위한 '보안 정책'을 결정한다.

■ **보안 대응 시행**

앞서 결정한 보안 정책에 따라 개별 보안 대응을 시행한다.

1.1.5 정보 보호 관련 법률

여기서는 시스템 관리자로서 알아야 할 보안 관련 법률을 다룬다.

■ **정보통신망 이용촉진 및 정보보호 등에 관한 법률**

1986년 5월 12일에 제정된 전산망 보급확장과 이용촉진에 관한 법률(법률 제3848호)이 그 시초이다. 이후 1999년 2월 8일 전면 개정된 정보통신망 이용촉진 등에 관한 법률(법률 제5835호)이 있다.

■ 정보통신망의 안정성 확보 등

누구든지 정당한 접근권한 없이 또는 허용된 접근권한을 넘어 정보통신망에 침입해서는 안 된다는 조항이다. 정보 통신망에 대한 보호 조치를 침해하거나 훼손하지 않더라도 '정당한 접근 권한' 혹은 '허용된 접근 권한을 넘어' 정보 통신망에 '침입'하는 행위를 금지하고 있으므로, 그 보호조치에 대한 침해나 훼손이 수반되지 않더라도 부정한 방법으로 타인의 식별부호(아이디와 비밀번호)를 이용하거나 보호조치에 따른 제한을 회피할 수 있게 하는 부정한 명령을 입력하는 등의 방법으로 침입하는 행위도 금지하고 있다. 해킹범죄의 유형이 갈수록 다양해짐에 따라 그 침해사고 대응체계를 강화하기 위한 것으로서 타인의 아이디와 비밀번호를 추출하는 기법 즉, 무차별 대입법, 아이피 스누핑(IP Snooping), 패킷 스니핑(Packet Sniffing), 패스워드 크래킹(Password Cracking) 등을 사용하여 정보통신망에 부정하게 침입하기 위하여 타인의 아이디와 비밀번호를 추출하기 위한 행위를 처벌하고자 하는 취지로 판단한다. 따라서 아래의 행위를 금지한다

- 패스워드를 부정한 방법으로 취득하는 행위
- 타인에게 패스워드를 공개하거나 권한을 이양하는 행위
- 부정한 명령을 입력하는 등의 방법으로 침입하는 행위

동시에 시스템 관리자에게는 적절한 보안 대책을 마련하게 돼 있다(정보통신망의 안정성 확보 등). 해당 내용은 다음과 같다.

- 정당한 권한이 없는 자가 정보통신망에 접근 · 침입하는 것을 방지하거나 대응하기 위한 정보보호시스템의 설치 · 운영 등 기술적 · 물리적 보호조치
- 정보의 불법 유출 · 변조 · 삭제 등을 방지하기 위한 기술적 보호조치
- 정보통신망의 지속적인 이용이 가능한 상태를 확보하기 위한 기술적 · 물리적 보호조치
- 정보통신망의 안정 및 정보보호를 위한 인력 · 조직 · 경비 확보 및 관련 계획수립 등 관리적 보호조치

■ 개인정보 보호법

당사자의 동의 없는 개인정보 수집 및 활용하거나 제삼자에게 제공하는 것을 금지하는 등 개인정보 보호를 강화한 내용을 담아 제정한 법률이다. 기존 법률인 '공공기관의 개인정보보호에 관한 법'을 폐지하고 새로 제정한 법률로, 2011년 3월 29일 제정되어 같은 해 9월 30일부터 시행되었다. 개인정보의 안전한 관리를 위해 사업자는 다음과 같은 의무를 진다.

- 안전조치 의무(제29조)

- 개인정보 처리방침의 수립 및 공개(제30조)

- 개인정보 보호책임자의 지정(제31조)

- 개인정보파일의 등록 및 공개(제32조)

- 개인정보 영향평가(제33조)

- 개인정보 유출 통지 등(제34조)

참고로 개인 정보란 이름이나 전화번호, 이메일 등을 2가지 이상 합쳐서 '살아있는 개인을 식별'할 수 있다면 개인 정보로 간주한다. 즉, 이메일을 마스킹 처리해서 저장한다 하더라도 이름과 전화번호로 특정인을 식별할 수 있다면 그 데이터는 개인 정보가 된다.

1.2 리눅스 서버 보안의 기본 개념

네트워크상에서 리눅스 서버를 운영하고 있다면 반드시 보안 문제가 발생한다. 여기서는 리눅스 서버의 보안을 높이기 위한 기본 개념을 알아본다. 구체적인 절차와 기술에 대한 것은 이후의 장에서 확인하고, 우선 대략적인 개념을 살펴보자.

1.2.1 시스템 설정

물리적 서버에 운영체제를 설치하고 소프트웨어를 구축하는 단계에서 다음과 같이 중요 포인트를 결정한다.

■ 물리적 보안

서버 설치 장소는 중요하다. 아무리 네트워크 보안과 시스템 보안에 신경을 쓰더라도 침입자가 물리적인 서버에 접근 가능한 상태라면 서버 자체를 도난당하거나 저장 장치만을 훔쳐가는 등의 사고가 발생할 수 있다. 서버는 출입 통제가 잘 된 서버실에 설치하고 출입 관리를 엄격하게 해야 하며 서버 자체에도 물리적인 자물쇠로 잠가두는 것이 좋다. 또한, 이동식 미디어로 부팅하여 저장 매체에 접근하는 것을 방지하기 위해 BIOS에도 비밀번호 설정을 해두는 것이 좋다.[3]

---

[3] BIOS에 비밀번호를 설정하지 않으면 부팅할 때 부팅 미디어를 임의로 변경할 수 있다. 즉, CD로 운영체제를 설치하고 해당 서버의 저장 매체에 접근한다면 파일 시스템이 암호화되어 있지 않은 한 자유롭게 데이터를 확인할 수 있다.

■ 파티셔닝

디스크의 파티션을 어떻게 나눌 것인지 검토한다. 사용자의 파일 시스템에는 쿼터[4]를 설정할 수 있도록 별도의 파티션을 지정한다. 쿼터 설정을 하면 사용자가 디스크 공간을 모두 사용하는 것을 막을 수 있다. 또한 변경해서는 안 되는 데이터가 저장된 파일 시스템은 읽기만 가능하도록 설정하는 것도 고려할 수 있다.[5] 이렇게 설정하면 파일 변조나 파괴 행위를 억제할 수 있다.

■ 설치할 소프트웨어

시스템에 설치할 소프트웨어는 될 수 있으면 최소화한다. 설치한 소프트웨어가 많을수록 잠재적인 취약점이 많아지며, 업데이트 빈도도 증가한다. 기본 운영에 필요한 소프트웨어만 설치하고 필요한 경우 추가하도록 한다. 필요할지 모르기 때문에 설치하는 일은 없어야 한다.

■ 부트 로더 설정

부트 로더에 비밀번호를 설정하여 시스템 부팅 설정을 변경할 수 없게 하는 것이 좋다. 예를 들어 부팅 설정을 변경하여 단일 사용자 모드로 시작하면 비밀번호 입력 없이 root 권한을 취득할 수 있다. GRUB에 비밀번호를 설정하는 방법은 5장에서 설명한다.

■ 서비스 설정

시스템 서비스와 서버 서비스는 필요한 것 외에는 시작하지 않게 한다. 불필요한 서비스가 작동하고 있으면 그만큼 침입자에게 기회를 주게 된다. 서비스 구성은 5장에서 다룬다.

1.2.2 운영체제 레벨 보안

보안 절차와 정책에 따라 시스템 설정이 완료되면 지속해서 보안 수준을 유지해 나가는 것이 중요하다.

■ 소프트웨어 업데이트

배포판을 구성하는 소프트웨어는 수시로 핫픽스와 버그 수정이 이루어진다. 시스템에 설치된 소프트웨어는 항상 최신 상태를 유지해야 한다. 취약한 소프트웨어를 계속 사용하지 않도록 정기적인 업데이트가 필요하다. 소프트웨어 업데이트는 5장에서 설명한다.

---

[4] 사용자 혹은 그룹별로 디스크 사용량 제한을 거는 것을 쿼터(Quota)라 한다.

[5] mount 명령어나 /etc/fstab 파일에서 마운트 옵션 'ro'(read only)를 지정한다.

■ **파일과 파일 시스템 보안**

파일과 디렉터리에 적절한 권한을 설정해 시스템과 정보의 안전성을 확보해야 한다. 중요한 데이터가 저장된 파일이나 파일 시스템은 암호화를 고려하는 것도 좋다. 파일과 파일 시스템 보안에 대해서는 6장에서 설명한다.

■ **사용자 보안**

리눅스 서버에서 가장 중요하게 지켜야 할 계정은 root 계정이다. root 계정은 가능한 복잡한 비밀번호를 설정하고 비밀번호를 아는 사람을 최소화한다. 또한 root 계정 로그인을 제한하고 su 명령을 사용할 수 있는 사용자 역시 제한하는 것이 좋다. su 명령 대신 sudo 명령을 사용하여 root 권한을 적절하게 사용할 수 있게 하는 것이 효과적이다. 사용자 보안은 5장에서 설명한다.

1.2.3 침입 대비

아무리 보안에 신경을 쓴다 해도 시스템 침입을 100% 막는 것은 불가능하므로 침해 사고가 발생한 경우에 대한 대책이 필요하다.

■ **시스템 로그 감시**

보안뿐 아니라 시스템의 상태를 파악하기 위해 시스템 로그 모니터링과 분석이 중요하다. 시스템 로그에 대해서는 9장에서 설명한다.

■ **침입 탐지**

침입자가 시스템에 무단으로 침입하더라도 시스템 관리자가 즉시 침입을 알아채는 것은 불가능하다. 침입자는 대부분 흔적을 은폐하며, 바로 이상 현상을 알아채기 힘들기 때문이다. 침입 탐지 시스템(IDS: Intrusion Detection System)을 도입함으로써 시스템 침입이나 파일 조작 등을 자동으로 감지할 수 있게 하면 최대한 빨리 대응할 수 있다. 침입 탐지에 대해서는 10장에서 다룬다.

■ **SELinux**

침해 사고가 발생하더라도 피해를 최소한으로 막을 수 있는 구조로 SELinux가 있다. SELinux는 사용자와 파일, 프로세스별 권한을 더 세분화하여 관리한다. SELinux에 대해서는 8장에서 설명한다.

Chapter **2**

정보보호 기술

이 장에서는 리눅스 서버 보안을 이해하기 데 필요한 기본적인 보안 기술을 설명한다.

2.1 암호

인터넷과 같이 신뢰할 수 없는 네트워크에서 중요 정보를 교환하려면 암호화 기술이 필요하다. 여기서 암호화 기술의 기본을 소개하겠다.

2.1.1 암호화 기초

암호화란 어떠한 데이터를 그대로는 읽을 수 없도록 형식을 변화하는 것이다. 원본 데이터를 암호로 만드는 것을 암호화, 암호화된 데이터를 원래의 데이터로 복원하는 것을 복호화라 하며 암호화되지 않은 문장을 평문이라고 한다. 가장 원시적인 암호인 시저 암호(카이사르 암호)를 살펴보자. 시저 암호란 로마 제국의 시저(카이사르)가 사용했다는 암호이다.

시저 암호에서는 원래의 알파벳을 3글자 만큼 뒤에 있는 글자와 치환하여 암호화를 하는 방식이다(그림 2.1).

그림 2.1 시저 암호에 따른 암호화

암호화된 FHQWRV는 그대로는 의미를 알 수 없지만, 각 알파벳을 3문자 앞으로 다시 치환하면 원래의 문장을 볼 수 있다(그림 2.2).

그림 2.2 시저 암호에 따른 복호화

암호는 암호화할 때의 절차(알고리즘)와 그때 이용하는 고유 값(키)이 필요하다. 시저 암호는 '문자를 치환'한다는 것이 알고리즘, '3글자 뒤의 문자'가 고유 값(키)이 된다. 같은 알고리즘을 사용해도 키가 다르다면 암호화된 데이터도 달라진다. 즉, 키를 모르면 알고리즘을 안다고 해도 복호화할 수 없다.[1]

같은 알고리즘을 사용한다면 키 길이(비트 수)가 길수록 암호의 강도가 높아져 암호화가 쉽게 깨지지 않는다.

2.1.2 공통 키 암호화 방식

시저 암호에서 암호화할 때의 키와 복호화 때의 키는 동일(3문자)하다. 이런 암호화를 공통 키 암호화 방식(대칭 키 암호화 방식, 비밀 키 암호화 방식)이라고 한다. 공통 키 암호화 방식에서는 먼저 데이터를 보낸 사람이 공유된 키(공통 키)를 사용해 데이터를 암호화한다. 공유된 키는 안전한 방법을 사용하여 미리 데이터 수신자에게 제공해야 한다. 수신자는 데이터를 받아 공유된 키를 사용하여 암호를 복호화한다(그림2.3).

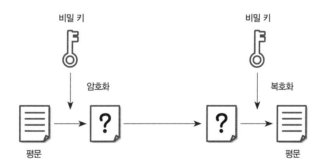

그림 2.3 대칭 키 암호화 방식

공통 키 암호화 방식은 키만 있으면 누구나 암호를 해독할 수 있기 때문에 키를 절대로 노출해서는 안 된다. 또한 데이터를 받는 상대마다 키를 준비해야 하며, 각 상대별 키를 관리해야 하는 경우가 생긴다. 또한 받는 상대방에게 키를 안전하게 전달한다는 것이 어렵다(키를 암호화 해서 보낸다 해도 그 키를 복호화할 키가 없다).

---

1 물론 시저 암호와 같이 간단한 암호화라면 키 값을 하나하나 대입하는 무차별 공격에 쉽게 무너진다.

공통 키 암호화 방식 알고리즘에는 DES, 3DES, AES, IDEA, RC4 등이 있다.

2.1.3 공개 키 암호화 방식

암호화에 사용되는 키와 복호화에 사용되는 키가 다른 방식을 공개 키 암호화 방식(비대칭 암호화 방식)이라고 한다. 공개 키 암호화 방식은 암호화에 사용되는 키(공개 키: Public Key)와 복호화에 사용되는 키(비밀 키: Private Key)를 쌍으로 처리한다. 데이터를 보내는 사람은 받을 사람의 공개 키를 이용하여 데이터를 암호화하여 보낸다. 받는 사람은 자신의 비밀 키를 이용하여 수신한 데이터를 복호화한다(그림 2.4)

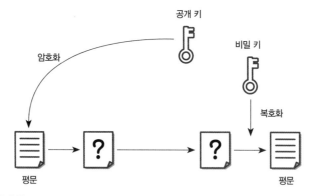

그림 2.4 공개 키 암호화 방식

공통 키 암호화 방식과 다른 점은 키를 안전하게 전달할 수 있다는 점이다. 공개 키는 단어처럼 공개된 채로 두어도 된다. 또한 상대가 누구라도 별도의 키를 만들어 관리할 필요가 없다. 사용할 때 이점은 많지만 공통 키 암호화 방식에 비하면 상대적으로 높은 CPU 자원이 소모된다. 공개 키 암호화 방식에는 RSA와 타원 곡선 암호가 있다.

2.1.4 디지털 서명

디지털 서명은 공개 키 암호 기술을 사용해 전자 데이터에 서명을 하는 것으로 데이터 작성자가 본인인지, 데이터에 위조나 변조가 없는지를 증명하는 기술이다.

디지털 서명에서는 데이터를 보내는 측이 자신의 비밀 키를 사용해 데이터에 서명을 하면 데이터를 받는 측에서는 보내는 측의 공개 키를 사용해 서명이 바른 것인지 검증한다(그림 2.5).

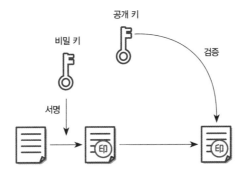

그림 2.5 디지털 서명

디지털 서명은 어디까지나 '서명'이므로 데이터의 내용을 암호화하지는 않는다. 내용을 숨기고 싶다면 별도로 암호화를 해야 한다.

2.1.5 PKI

공개 키 암호화 방식은 상대방의 공개 키를 이용한다. 만약 공개 키가 상대방의 것이 아니거나 제삼자에 의해 변조된 것이라면 문제가 생긴다. 따라서 공개 키가 정말 당사자의 것인지를 제삼자가 보장하는 구조가 만들어졌다. 공개 키의 정당성을 보증하는 제삼자를 인증 기관(CA: Certification Authority)이라고 한다. 인증 기관이 발행하는 전자 인증서는 이 인증서를 사용하고 있는 서버는 신뢰할 수 있는 서버라는 것을 보장하는 인증 기관의 서명이 포함돼 있다. 이처럼 공개 키 암호화 기술을 이용하여 인터넷상에서 안전한 통신을 할 수 있게 하는 인프라를 공개 키 기반 구조(PKI: Public Key Infrastructure)라고 한다(그림 2.6).

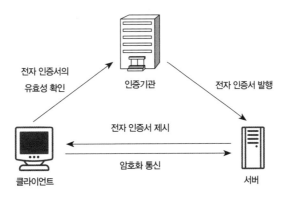

그림 2.6 PKI

2.1.6 해시 함수

입력한 데이터의 길이와 관계없이 고정 길이 값을 출력하는 함수를 해시 함수라고 한다. 다음 예를 보자.[2]

▶ 실행 파일을 MD5 해시값으로 표시

```
$ md5sum /bin/ls ↵
ff07d33fa0dfdefeb38398b818f66d7c /bin/ls
$ md5sum /bin/cp ↵
c9def087b09c8692526bbb44874434bf /bin/cp
$ md5sum /bin/mv ↵
cee0f7b5b0b5a7347c5feb029559f3ac /bin/mv
```

/bin/ls, /bin/cp, bin/mv는 각각 용량이 전혀 다르지만 출력된 해시값의 길이는 같다.

입력 데이터가 조금이라도 달라지는 경우에도 해시 함수가 출력하는 값(해시값)은 변한다. 다음의 예를 보면 원본 파일에 문자 하나만 추가를 했음에도 해시값이 크게 변하는 것을 알 수 있다.

▶ sample.txt 파일에 1개의 문자를 추가했을 때 해시값의 변화

```
$ md5sum sample.txt ↵
576cd6e210aa45e712c5f536e8ba0184 sample.txt
$ echo "a" >> sample.txt ↵
$ md5sum sample.txt ↵
96144931047ecb31845c47fb028a2869 sample.txt
```

이런 특징을 이용하여 해시값을 데이터 변조 탐지에 활용하고 있다. 공개 키 및 인증서의 변조를 확인하기 위해 사용하는 해시값을 핑거프린트(지문)라고 한다.

대표적인 해시 함수에는 MD4, MD5, SHA-1, SHA-2[3] 등이 있다.

암호화와는 다르게 해시값은 원래의 데이터로 복호화할 수 없다. 그리고 완전히 다른 데이터로부터 같은 해시값이 생성될 가능성도 있다(해시 충돌)

---

2 md5sum 명령어는 해시 함수 MD5를 사용하여 해시값을 생성하는 명령어이다.

3 SHA-2는 SHA-224, SHA-256, SHA-384, SHA-512의 총칭이다. 256과 512는 해시값 길이를 나타내는 비트 수다.

2.2 리눅스 보안 기술

여기서는 리눅스 시스템에서 보안의 기본이 되는 기술을 소개한다.

2.2.1 패스워드 인증

은행 ATM기를 이용할 때 현금 카드와 비밀번호를 사용하여 본인 인증을 수행하는 것처럼 시스템을 이용할 때도 마찬가지로 이용하려는 사람이 정말 그 시스템을 사용할 권한이 있는지 확인한다. 이것을 사용자 인증이라 한다. 가장 일반적인 사용자 인증은 사용자 이름과 패스워드의 일치 여부를 확인하는 것이다. 모두 올바르게 입력했을 때 정상적인 사용자로 간주하므로 시스템에서 사용자와 관리자의 패스워드 관리는 매우 중요하다.

COLUMN

적절한 패스워드

패스워드는 영문 대문자와 소문자, 숫자, 기호를 조합하며 의미 없는 문자열을 이용하는 것이 이상적이다. 또한 길이가 길면 길수록 무차별 대응 공격[4]에 당할 가능성이 줄어든다 apg라는 명령어를 이용하면 무작위 문자열로 구성된 패스워드를 생성할 수 있다.

리눅스에서도 사용자 이름과 패스워드를 이용하여 사용자를 인증한다. 예전에는 /etc/passwd 파일에 패스워드가 해시값으로 저장돼 있었고, 시스템 사용자라면 누구나 읽을 수 있으므로[5] 시스템 사용자가 악의적으로 파일을 입수하여 무차별 대응 공격 등을 통해 패스워드를 알아낼 수 있었다. 현재는 /etc/passwd 파일에 패스워드가 저장되진 않는다.

▶ 현재 /etc/passwd 파일(일부)

```
centuser:x:500:500:sample user:/home/centuser:/bin/bash
```

/etc/passwd 파일은 하나의 행에 하나의 사용자 정보가 들어있고, ':' 기호로 필드를 구분한다. 각 필드의 의미는 그림 2.7과 같다.

---

[4] 무차별 대응 공격은 특별한 기술이 아니라 문자열을 지속해서 반복적으로 입력하는 공격이다. 자세한 것은 3.2.2 패스워드 크랙 참조.

[5] /etc/passwd 파일의 기본 권한은 6440이다.

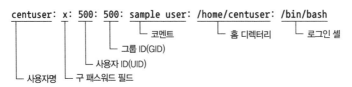

그림 2.7 /etc/passwd 파일 형식

사용자의 암호는 /etc/shadow 파일에 해시값으로 저장되어 있다(섀도 패스워드). /etc/shadow 파일은 root 사용자만 읽을 수 있게 되어있으므로 안전성을 높일 수 있다.

▶ /etc/shadow(일부)

```
centuser:$6$7wAnQyM7cD0PYm$4HXwEQMhyA348VHnA5EW1SfwndlViKcAtiz6jjiq5YVSJSnxc ZeCCtRJzEuLqY
dS0:15905:0:99999:7:::
```

/etc/shadow 파일도 /etc/passwd 파일과 같이 한 행에 하나의 사용자 정보를 저장하며 ':' 기호로 필드를 구분한다. 각 필드의 의미는 그림 2.8과 같다.

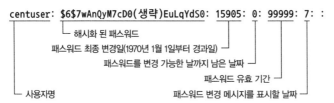

그림 2.8 /etc/shadow(일부)

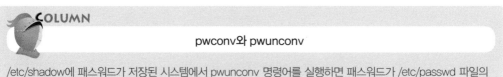

COLUMN

pwconv와 pwunconv

/etc/shadow에 패스워드가 저장된 시스템에서 pwunconv 명령어를 실행하면 패스워드가 /etc/passwd 파일의 두 번째 필드에 저장된다. 원래대로 돌리기 위해서는 pwconv 명령어를 실행한다.

2.2.2 PAM

기존 리눅스 환경에서 사용자를 인증하는 프로그램은 /etc/passwd를 참조하면 됐다. 하지만 새로운 인증 방식이 추가되면 사용자 인증을 필요로 하는 프로그램은 매번 새로운 인증 방식에 대응해야 했다. 프로그램 개발자에게나 시스템 관리자에게 있어 프로그램마다 설정이 다르거나 인증 방식에 차이가 생기는 것은 매우 귀찮은 일이다.

현재는 인증을 일원화하여 관리하는 구조인 PAM(Pluggable Authentication Modules)이 적용되어 있다. PAM은 프로그램에 대해 사용자 인증을 위한 라이브러리 기능을 제공한다(그림 2.9). 프로그램 개발자는 패스워드가 /etc/passwd에 있는지 다른 파일에 있는지 아니면 별도의 호스트에 있는지에 신경 쓰지 않아도 된다. 인증 방식은 설정 파일을 편집하는 것만으로 간단하게 변경할 수 있다. 또한 특정 사용자만 인증하거나 모든 사용자를 로그인 불가능하게 하는 등 유연한 운영이 가능해진다.

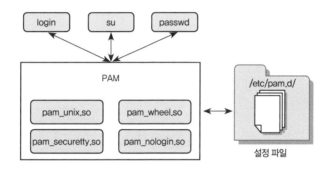

그림 2.9 PAM

■ PAM 설정

PAM 설정 파일은 /etc/pam.d 디렉터리에서 찾을 수 있다. 다음은 /etc/pam.d 디렉터리의 파일 목록이다.

▶ PAM 설정 파일

```
$ ls /etc/pam.d
atd                 passwd              smtp                chfn
password-auth       smtp.postfix        chsh                password-auth-ac
ssh-keycat          config-util         polkit-1            sshd
crond               poweroff            su                  cvs
reboot              su-l                eject               remote    sudo
fingerprint-auth    run_init            sudo-i              fingerprint-auth-ac
runuser             system-auth         halt                runuser-l
system-auth-ac      login               setup               system-config-network
newrole             smartcard-auth      system-config-network-cmd
other               smartcard-auth-ac
```

/etc/pam.d 디렉터리는 사용자를 인증하는 프로그램별로 설정 파일이 준비되어 있다. 대부분은 프로그램명과 같은 이름을 가지고 있다. 예를 들어 /etc/pam.d/su는 su 명령을 사용하는 사용자에 대한 인증과 관련된 설정 파일이다. other 파일만은 예외인데, 이 파일은 특정 설정 파일이 없는 프로그램 전반에 대해 적용된다. PAM 설정 파일 서식은 다음과 같다.

▶ 서식

```
형식_컨트롤_모듈 경로_[인수]
```

형식은 각 행에서 모듈이 사용하는 인증 유형을 지정한다. 같은 형식을 여러 개 연속해서 겹칠(스택) 수 있다. 다음 4개의 형식을 이용할 수 있다.

auth

사용자 인증을 한다. 암호를 사용한 인증은 이 모듈형식에서 지정한 모듈을 이용한다.

account

사용자 인증을 확인한다. 예를 들어 사용자의 패스워드가 만료되었는지, 사용자가 해당 서비스에 접근 권한이 있는지 등의 여부를 확인한다.

password

암호 설정과 변경을 확인한다.

session

사용자 인증 전후에 실행할 처리를 지정한다. 사용자의 로그인을 기록하거나 사용자의 디렉터리를 바로 마운트하거나 사용자가 이용해야 할 서비스를 바로 실행되게 하는 등의 부가적인 작업을 수행한다.

컨트롤은 인증 성공 여부에 따라 어떤 동작을 취해야 하는지 지시한다. 다음 네 가지 유형을 이용하는데, include를 통해 외부 파일을 불러올 수도 있다.

requisite

모듈 실행에 실패하면 바로 인증을 거부하도록 한다(PAM 응용프로그램에 인증 결과를 바로 통지). 인증에 실패한 단계에서 더는 진행하지 못하게 만들 경우 지정한다.

required

모듈 실행에 실패하더라도 즉시 인증을 거부하지 않고 동일 유형 모듈 실행을 완료한 시점에서 인증을 거부한다(PAM 응용프로그램에 인증 결과를 마지막에 통지). 사용자는 어느 단계에서 인증에 실패했는지 알 수 없으므로 requisite보다 안전성이 높다.

sufficient

이전 모듈이 실패하더라도 이 모듈에서 인증에 성공하면 PAM은 인증을 승인한다. 실패하면 평가를 계속한다.

optional

optional로 지정한 모듈 형식이 한 개만 있을 때를 제외하고 PAM 응용프로그램에 영향을 주지 않는다.

모듈의 경로는 어떤 모듈을 사용하는지 지정한다. 인수는 모듈에 전달되는 인수를 지정한다. 인수 유형은 모듈에 따라 차이가 있다. PAM 모듈은 표 2.1에 나와 있는 것과 같다.[6]

표 2.1 주요 PAM 모듈

Pam 모듈	설명
pam_cracklib.so	암호의 안전성 향상
pam_env.so	사용자 로그인 시 환경 변수를 초기 설정
pam_deny.so	인증에 대해 언제나 실패를 반환
pam_limits.so	사용자가 이용 가능한 리소스를 제한
pam_listfile.so	파일의 내용에 따라 서비스를 허가 또는 거부
pam_nologin.so	/etc/nologin 파일이 있으면 일반 사용자의 로그인을 거부
pam_rootok.so	더 이상 확인하지 않고 root 사용자 권한을 허용
pam_securetty.so	/etc/securetty 파일에 포함된 기기에서만 root 로그인 허용
pam_succeed_if.so	특정 계정 속성을 확인하여 서비스 허용
pam_unix.so	일반 암호 인증 수행
pam_warn.so	인증 또는 패스워드 변경시 로그에 기록
pam_wheel.so	root 권한 접근을 wheel 그룹 멤버에만 허용

---

6 CentOS 6(x86) 은 /lib/security 아래에, CentOS 6(x86_64)는 /lib64/security 아래에 저장되어 있다.

다음은 /etc/pam.d/su 파일의 예시다.

▶ /etc/pam.d/su

```
#%PAM-1.0
auth           sufficient      pam_rootok.so  ◄─────────────────────────  ❶
# Uncomment the following line to implicitly trust users in the "wheel" group.
#auth          sufficient      pam_wheel.so trust use_uid
# Uncomment the following line to require a user to be in the "wheel" group.
auth           required        pam_wheel.so use_uid  ◄──────────────────  ❷
auth           include         system-auth  ◄───────────────────────────  ❸
account        sufficient      pam_succeed_if.so uid = 0 use_uid quiet
account        include         system-auth
password       include         system-auth
session        include         system-auth
session        optional        pam_xauth.so
```

'#'으로 시작하는 행은 주석이다. 위에서부터 주석이 없는 세 줄(❶~❸)은 형식이 auth로, su 명령 실행 시 사용자 인증에 관한 행동을 나타낸다. root 사용자라면 ❶행(pam_rootok.so)에서 인증이 허용된다. 즉, root 사용자라면 인증 없이 su 명령어를 이용해 다른 사용자로 변경할 수 있다. root 사용자가 아니면 ❷행(pam_wheel.so)으로 이동한다. ❷행에서는 wheel 그룹에 속한 사용자만 인증받을 수 있다(이 라인을 주석 처리하면 wheel 그룹 이외의 사용자가 su 명령을 사용할 수 있다). wheel 그룹에 속한 사용자 외에는 모두 인증이 거부된다. ❸행은 별도 system-auth 파일(/etc/pam.d/system-auth)을 사용해 인증하는 것을 뜻한다.

2.2.3 Secure OS

기존 리눅스, 유닉스 계열 운영체제는 접근 제어에 관해 다음과 같은 특징이 있다.

- 파일마다 소유자, 소유 그룹, 기타 사용자별로 권한을 설정
- 파일 소유자는 접근 권한을 자유롭게 설정 가능
- root 사용자는 모든 리소스에 접근 가능

이런 구조를 적절하게 사용하여 보안을 강화할 수 있지만 한계가 있다. 아무리 시스템 관리자가 보안에 신경을 쓰고 관리하고 있더라도 어떤 사용자가 자기가 소유한 파일의 권한 설정을 잘못하는 등의 경우 보안 문제가 발생할 수 있다. 또한 root 계정을 탈취당하면 해당 시스템의 모든 자원이 침입자의 손에 들어가게 된다.

Secure OS(이후 시큐어 OS)에서는 '강제 접근 제어', '최소 권한'이라는 기능을 제공하고 있다. 강제 접근 제어는 개별 파일 소유자가 파일의 권한을 자유롭게 설정하는 것이 아니라 시스템 관리자가 중앙에서 관리하는 기능이다. 최소 권한이라는 기능은 root 계정의 권한을 최대한 분리하고, 각 사용자와 서비스에도 최소한의 권한만을 부여하여 혹시 모를 침해 사고에도 피해를 최소한으로 억제하는 구조이다.

SELinux(Security Enhanced Linux)는 미 국가 안전 보장국(NSA)이 중심이 돼서 개발한 보안 확장 커널 모듈로 리눅스에 시큐어 OS 기능을 추가한다. SELinux에 대해서는 8장에서 다룬다.

2.2.4 방화벽

설정된 규칙을 기반으로 패킷 필터링을 수행하는 것이 방화벽이다. 리눅스에서는 커널에 포함된 기능인 Netfilter를 사용해 방화벽을 구현한다(그림 2.10).

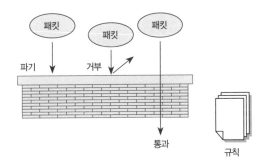

그림 2.10 방화벽

패킷 필터링이란 패킷 단위로 체크를 수행해 규칙에 의해 허용된 패킷만을 통과시키는 것으로 보안성을 높이는 기능이다. 기본적으로는 TCP 헤더와 IP 헤더 안에 포함된 정보를 기반으로 판단한다. 체크하기 위한 규칙은 다음과 같은 항목을 조합해 작성한다.

- 패킷을 보낸 곳의 IP 주소
- 패킷을 보낸 곳의 포트 번호
- 패킷을 받을 IP 주소
- 패킷을 받는 포트 번호
- TCP 상태

패킷 필터링에 대해서는 7장에서 다룬다.

2.3 SSL/TLS

안전한 네트워크 통신을 위해 필요한 기술이 SSL/TLS다. 여기서는 SSL/TLS의 개요와 리눅스 호스트에서 서버 인증서를 만드는 절차를 설명한다.

2.3.1 SSL/TLS 기초

SSL(Secure Socket Layer)은 TCP/IP 및 응용프로그램 계층 사이에 구현된 공개 키 암호를 사용한 보안 기술이다(그림 2.11). SSL은 원래 넷스케이프 사에서 개발된 통신 프로토콜로 IETF[7]에 의해 TLS(Transport Layer Security)로 표준화됐다. 이 책에서는 SSL/TLS로 표기하는 것으로 한다. SSL/TLS에는 표 2.2와 같은 버전이 있다.

표 2.2 SSL/TLS 버전

프로토콜 버전	설명
SSL 2.0	1994년 넷스케이프 내비게이터에 탑재
SSL 3.0	1995년 SSL 2.0을 수정
TLS 1.0	1999년 SSL 3.0을 표준화
TLS 1.1	2006년 TLS 1.0을 강화
TLS 1.2	현재 가장 최신 버전

응용프로그램 계층		HTTP.POP.FTP
프레젠테이션 계층		HTTP.POP.FTP
세션 계층		SSL/TLS
트랜스포트 계층		TCP
네트워크 계층		IP

그림 2.11 TCP/IP와 SSL/TLS

SSL/TLS를 사용하면 클라이언트/서버 간 통신을 암호화하기 때문에 안전하게 통신할 수 있다(그림 2.12). 또한 인증 기관에서 발행한 서버 인증서(사이트 인증서)를 사용해 서버의 신뢰성을 증명할 수

---

7 The Internet Engineering Task Force. 인터넷 기술의 표준화 작업을 하는 조직

있다. '서버의 신뢰성을 증명'한다는 것은 이제부터 접속하려는 서버가 변조된 것인지와 그 서버가 믿을 수 있는 서버인지를 확인하는 것이다. 이것과 반대로 서버로부터 클라이언트를 인증하는 것도 가능하다.

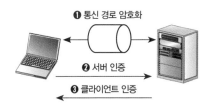

❶ 통신 경로 암호화
❷ 서버 인증
❸ 클라이언트 인증

그림 2.12 SSL/TLS 역할

SSL/TLS는 전송 계층 프로토콜이며, HTTP나 FTP등의 응용프로그램 계층 프로토콜과 조합해서 사용한다. 지금도 HTTP와 조합해 웹 서버와 웹 브라우저 간에서 이용하는 형태로 폭넓게 사용되고 있다.

SSL/TLS는 인증 기관(CA)이 발행하는 서버 인증서를 사용한다. 서버 인증서는 CA가 서버의 신뢰성을 증명하기 위한 디지털 데이터로, 서버의 공개 키와 사용자의 정보가 합쳐져 있다. 서버 인증서에는 CA가 전자 서명을 하고 있으며, 웹 브라우저에 이미 탑재된 루트 기관 인증서[8]를 사용해 확인할 수 있다. SSL/TLS로 통신을 개시할 때 데이터 흐름은 다음과 같다(그림 2.13).

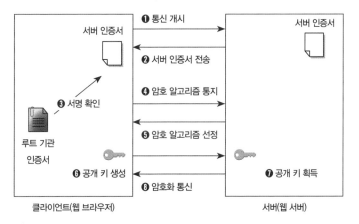

서버 인증서

❶ 통신 개시
❷ 서버 인증서 전송
❸ 서명 확인
❹ 암호 알고리즘 통지
❺ 암호 알고리즘 선정
❻ 공개 키 생성
❼ 공개 키 획득
❽ 암호화 통신

루트 기관
인증서

서버 인증서

클라이언트(웹 브라우저)   서버(웹 서버)

그림 2.13 SSL/TLS 통신 흐름

---

8 탑재된 루트 기관 인증서는 웹 브라우저 메뉴에서 확인할 수 있다. 또한 나중에 수동으로 추가할 수도 있다.

❶ 클라이언트(웹 브라우저)가 웹 서버에 접근

❷ 웹 서버는 서버 인증서를 클라이언트로 전송

❸ 서버 인증서를 받은 클라이언트는 루트 인증서를 사용해 서명을 확인하고 서버의 신뢰성 확인

❹ 클라이언트는 자신이 사용 가능한 암호 알고리즘 종류를 서버에 통지

❺ 서버는 클라이언트와 송수신 가능한 암호 알고리즘 선택

❻ 클라이언트는 암호 통신용 공개 키를 생성해 서버 인증서 내의 서버 공개 키를 사용해 암호화

❼ 클라이언트는 공개 키를 서버에 전달하고 서버는 자신의 비밀 키를 사용해 공개 키를 복호화

❽ 공개 키를 사용해 암호화 통신을 개시

암호 통신용 공개 키를 안전하게 보내기 위해 공개 키 암호가 사용된다.

2.3.2 SSL/TLS 사용 준비

SSL/TLS를 사용해 서버를 운영하려면 서버 인증서가 필요하다. 서버 인증서는 인증 기관(CA)에 의뢰해 발급받는 방법과 자신이 인증 기관이 돼 발행하는 방법(자체 서명 인증서)이 있다. 정식 인증 기관에서 인증서를 발급받는 경우 거의 유료다. 후자는 쉽게 시도할 수 있지만, 제삼자에게 받는 인증이 아니므로 서버의 신뢰성을 증명하기는 힘들다. 하지만 암호화 통신을 사용하기 위한 목적뿐이라면 자체 서명 인증서를 사용해도 좋다.

또한 인증 기관이 발행한 서버 인증서도 정식 인증 기관에 의해 인증된 글로벌 인증서와 조직 내의 인증 기관이 인증한 사설 인증서가 있다. 후자는 보통 조직 내에서만 사용한다.

리눅스에서는 SSL/TLS 라이브러리로서 OpenSSL을 사용하고 있다. openssl 패키지가 기본적으로 설치돼 있을 것이다.

▶ openssl 확인

```
$ rpm -q openssl ↵
openssl-1.0.0-27.el6_4.2.x86_64
```

서버 인증서를 만들기 위해서는 개발 환경이 필요하다. gcc 명령 등이 설치돼 있지 않다면 다음과 같이 설치한다.

▶ 개발 환경 구성

```
# yum groupinstall "Development Tools" ↵
```

2.3.3 서버 인증서(자체 서명 인증서) 생성

서버 인증서(자체 서명 인증서)는 /etc/pki/tls/certs 디렉터리 안에 있는 make 명령을 실행해 생성할 수 있다. 다음은 windsor.example.com.crt라는 파일명으로 서버 인증서를 만드는 예다. 서버 키도 함께 생성된다. 파일명은 어떻게 해도 상관 없지만 호스트 명으로 해두는 것이 좋다.

▶ 서버 인증서 생성

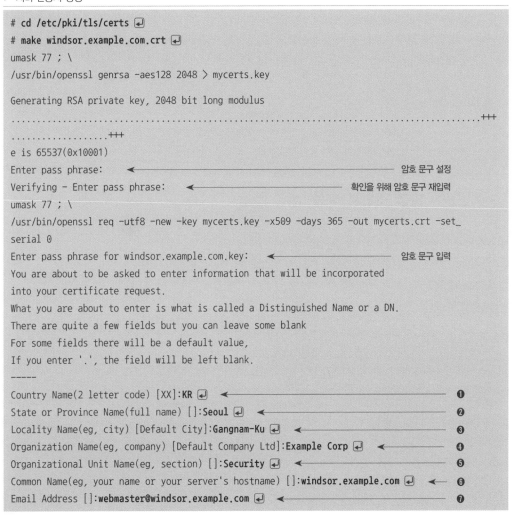

```
# cd /etc/pki/tls/certs ↵
# make windsor.example.com.crt ↵
umask 77 ; \
/usr/bin/openssl genrsa -aes128 2048 > mycerts.key

Generating RSA private key, 2048 bit long modulus
.............................................................................+++
..................+++
e is 65537(0x10001)
Enter pass phrase:          ◄─────────────────────── 암호 문구 설정
Verifying - Enter pass phrase:    ◄─────────────── 확인을 위해 암호 문구 재입력
umask 77 ; \
/usr/bin/openssl req -utf8 -new -key mycerts.key -x509 -days 365 -out mycerts.crt -set_
serial 0
Enter pass phrase for windsor.example.com.key:    ◄───────── 암호 문구 입력
You are about to be asked to enter information that will be incorporated
into your certificate request.
What you are about to enter is what is called a Distinguished Name or a DN.
There are quite a few fields but you can leave some blank
For some fields there will be a default value,
If you enter '.', the field will be left blank.
-----
Country Name(2 letter code) [XX]:KR ↵   ◄─────────────────────── ❶
State or Province Name(full name) []:Seoul ↵   ◄───────────────── ❷
Locality Name(eg, city) [Default City]:Gangnam-Ku ↵   ◄────────── ❸
Organization Name(eg, company) [Default Company Ltd]:Example Corp ↵   ◄── ❹
Organizational Unit Name(eg, section) []:Security ↵   ◄────────── ❺
Common Name(eg, your name or your server's hostname) []:windsor.example.com ↵   ◄── ❻
Email Address []:webmaster@windsor.example.com ↵   ◄───────────── ❼
```

❶ 국가 코드를 2글자로 입력(한국이라면 'kr')

❷ 시·도명을 입력

❸ 시·군·구명을 입력

❹ 회사명・조직명을 입력

❺ 부서명을 입력

❻ 서버 호스트 명을 FQDN[9]으로 입력

❼ 관리자 메일 주소를 입력

이것으로 서버 인증서(/etc/pki/tls/certs/windsor.example.com.crt)와 서버 키(/etc/pki/tls/certs/windsor.example.com.key)가 만들어졌다. 입력한 암호 문구는 서버 키에 사용되는 것이다. 서버 서비스별로 서버 인증서를 사용할 수 있으므로 필요하다면 같은 방법으로 서버 인증서를 만들자. 서버 키는 /etc/pki/tls/private 디렉터리 아래에 이동시켜두자.

▶ 생성한 서버 키를 이동

```
# cp /etc/pki/tls/certs/windsor.example.com.key /etc/pki/tls/private
```

2.3.4 인증서 발급 의뢰서 작성

서버 인증서(글로벌 인증서) 발급을 CA에 의뢰하려면 인증서 발급 의뢰서(CSR: Certificate Request)를 서버에서 만들고 그것을 CA에 보내야 한다. 인증서 발급 의뢰서를 만드는 절차는 서버 인증서(자체 서명 인증서) 발급 절차와 거의 같다. /etc/pki/tls/certs 디렉터리 안에 있는 make 명령을 실행한다.

▶ 인증서 발급 의뢰서 작성

```
# cd /etc/pki/tls/certs ↵
# make windsor.example.com.csr ↵
umask 77 ; \
/usr/bin/openssl genrsa -aes128 2048 > server.key
Generating RSA private key, 2048 bit long modulus
..+++
.................................................................
..............................+++
e is 65537(0x10001)
Enter pass phrase: ◀────────────────────────── 암호 문구 설정
```

---

9 FQDN이란 도메인명을 포함한 완전한 호스트 명이다. 상세한 것은 '11.1.1 이름 확인'에서 다루고 있다.

```
Verifying - Enter pass phrase:              ◄─────────────────   확인을 위해 암호 문구 재입력
umask 77 ; \
/usr/bin/openssl req -utf8 -new -key server.key -out server.csr
Enter pass phrase for server.key: ◄───────────────────────────   암호 문구 입력
You are about to be asked to enter information that will be incorporated
into your certificate request.
What you are about to enter is what is called a Distinguished Name or a DN.
There are quite a few fields but you can leave some blank
For some fields there will be a default value,
If you enter '.', the field will be left blank.
-----
Country Name(2 letter code) [XX]:KR ↵   ◄──────────────────────   ❶
State or Province Name(full name) []:Seoul ↵   ◄───────────────   ❷
Locality Name(eg, city) [Default City]:Gangnam ↵   ◄──────────   ❸
Organization Name(eg, company) [Default Company Ltd]:Example Corp ↵ ◄──  ❹
Organizational Unit Name(eg, section) []:Security ↵   ◄────────   ❺
Common Name(eg, your name or your server's hostname) []:windsor.example.com ↵ ◄── ❻
Email Address []:webmaster@windsor.example.com ↵ ◄────────────   ❼

Please enter the following 'extra' attributes
to be sent with your certificate request
A challenge password []: 그대로 [ Enter ]
An optional company name []: 그대로 [ Enter ]
```

서버 키는 /etc/pki/tls/private 디렉터리 아래에 복사해두자.

인증서를 사용할 때는 서버 키와 CA가 발행한 서버 인증서가 필요하다. 암호 문구를 잊지 않도록
하자.

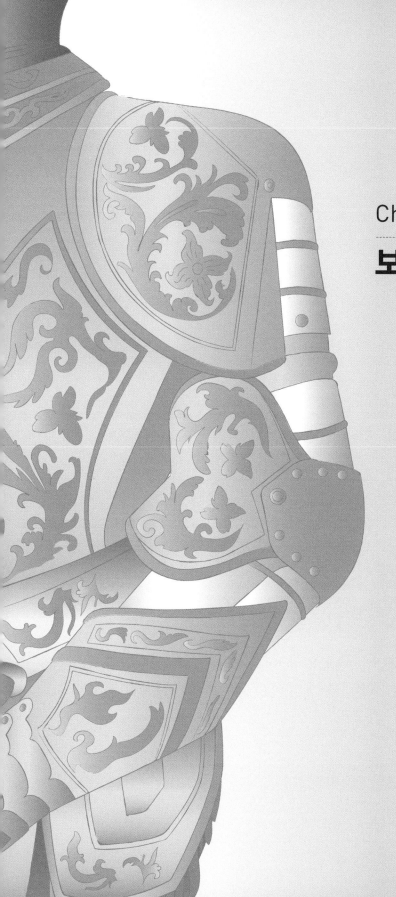

Chapter

3

보안 공격 종류

1장에서 살펴본 바와 같이 보안 위협은 매우 폭넓게 존재한다. 이 장에서는 리눅스 서버에 위협이 되는 대표적인 공격과 위협을 다룬다. 공격 방법을 이해해야 공격을 회피하는 방법을 이해할 수 있다.

3.1 공격 준비

공격자는 공격을 시작하기 전에 대상에 대해 정보를 수집한다. IP 주소부터 서비스(포트), 버전 정보 등 점점 범위를 좁혀간다.

3.1.1 어드레스 스캔

공격 대상이 되는 IP 주소를 수집하는 것이 어드레스 스캔(Address scan)이다. 브로드 캐스트 주소로 ICMP 패킷을 전송하여 네트워크 세그먼트에 존재하는 호스트의 IP 주소를 확인할 수 있다. 다음은 ping 명령어를 사용해서 192.168.0.0/24에 있는 호스트를 조사하는 예제다.

▶ 어드레스 스캔

```
$ ping -b 192.168.0.255 ↵
WARNING: pinging broadcast address
PING 192.168.0.255(192.168.0.255) 56(84) bytes of data.
64 bytes from 192.168.0.10: icmp_seq=1 ttl=64 time=0.225 ms
64 bytes from 192.168.0.22: icmp_seq=1 ttl=64 time=0.316 ms
64 bytes from 192.168.0.10: icmp_seq=2 ttl=64 time=0.123 ms
64 bytes from 192.168.0.22: icmp_seq=2 ttl=64 time=0.294 ms
(이하 생략)
```

어드레스 스캔을 피하려면 브로드 캐스트 주소로 ICMP Echo Request에 대한 응답을 하지 않도록 설정한다. 다음 명령을 실행하여 커널 매개 변수를 설정하면 브로드 캐스트 주소로 전달된 ICMP Echo Request에 대해 응답(ping에 대해 응답하는 것)하지 않는다.

▶ 어드레스 스캔 방지

```
# sysctl -w net.ipv4.icmp_echo_ignore_broadcasts=1 ↵
```

이 설정은 시스템을 재기동하면 초기화된다. 영구적으로 설정하기 위해서는 /etc/sysctl.conf 파일에 다음 줄을 추가한다.

▶ /etc/sysctl.conf

```
net.ipv4.icmp_echo_ignore_broadcasts=1
```

ICMP

ICMP(Internet Control Message Protocol)는 IP통신 제어 정보나 에러를 통지할 때 사용하는 프로토콜로 IP 통신을 할 때 에러나 제어 정보를 통지할 때도 사용한다. 통지 종류에는 Echo Request(에코 요청), Echo Relay(에코 요청 응답), Destination Unreachable(목적지 도달 불가능), Time Exceeded(시간 초과) 등이 있다. ping과 traceroute는 ICMP를 사용한다.

3.1.2 포트 스캔

IP 주소를 확보하면 다음은 그 호스트에서 어떤 서비스가 가동되고 있는지를 조사한다. 외부로 오픈된 서비스는 보통 포트를 연 상태로 접속을 기다리고 있다. 그렇기 때문에 열려 있는 포트로부터 어떤 서비스를 이용하는지 유추할 수 있다. 이렇게 포트 정보를 수집하는 것이 포트 스캔이다. 만약 웹 서버 서비스에 보안 취약점이 발견된 직후이고, 공격자가 포트 스캔을 통해 웹 서버가 구동되고 있다는 것을 알고 있다면 공격자는 손쉽게 해당 서버를 공격할 수 있다.

포트 스캔은 여러 방법을 이용할 수 있다(표 3.1). 각각의 방법은 TCP 헤더의 어떤 플래그[1]를 이용하는지에 대한 차이가 있다.

표 3.1 포트 스캔 종류

종류	설명
TCP 커넥트 스캔	TCP 세션이 수립되는지로 포트 오픈 확인
TCP 하프 스캔(SYN 스캔)	TCP 연결요청만(SYN 패킷만 전송)을 수행. 세션 수립이 되지 않음
TCP ACK 스캔	TCP의 ACK 플래그를 ON으로 설정해 패킷을 송신하는 방법
TCP FIN 스캔	TCP의 FIN 플래그를 ON으로 설정해 패킷을 송신하는 방법
TCP Null 스캔	TCP의 모든 플래그를 OFF로 설정해 패킷을 송신하는 방법
Xmas 트리 스캔[2]	TCP의 모든 플래그를 ON으로 설정해 패킷을 송신하는 방법
UDP 스캔	UDP 패킷을 송신하는 방법

---

1 TCP 헤더의 플래그에는 URG(긴급 데이터), ACK(수신 확인), PSH(푸시), RST(연결 재설정), SYN(동기화), FIN(연결 해제, 회선 종료)의 6개가 있다.

2 Xmas 트리 스캔은 '10.11 nmap'을 참조

포트 스캔 자체는 단순한 조사이며 이것만으로 실제 손해가 발생하진 않는다. 하지만 시스템에 취약점이 있다면 포트 스캔으로 유출된 정보를 통해 공격을 받아 피해를 볼 우려가 있다. 포트 스캔의 대책으로는 다음과 같은 것을 생각해볼 수 있다.

- 불필요한 패킷을 차단하도록 방화벽 설정
- 사용하지 않는 포트는 열어놓지 않음(불필요한 서비스는 종료)
- 침입탐지 시스템(IDS)을 사용해 포트 스캔 탐지
- 시스템 로그 감사

대표적인 포트 스캔 방법 2가지를 알아보자.

■ TCP 커넥트 스캔

TCP의 3웨이 핸드쉐이크(3Way Handshake)[3]를 사용한 세션 수립을 탐지하는 수법이다(그림 3.1). 포트가 열려 있다면 핸드쉐이크가 일어나지만 닫혀 있다면 핸드쉐이크가 일어나지 않는다. 핸드쉐이크가 정상적으로 완료되었다면 해당 TCP 포트는 정상적으로 열려 있는 것으로 판단할 수 있다. TCP 커넥트 스캔은 세션 수립 직후 로그에 기록될 가능성이 있다.

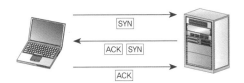

그림 3.1 TCP 커넥트 스캔

■ TCP 하프 스캔

TCP SYN 스캔이라고도 한다. 처음은 TCP 커넥트 스캔과 마찬가지로 SYN 플래그를 전송한다. SYN/ACK 패킷이 돌아오면 활성 상태, RST/ACK 패킷이 돌아오면 비활성 상태이다. 활성 상태인 경우 포트가 열려 있다고 판단하고 RST를 전송하지 않아 세션이 맺어지지 않으며, 시스템 로그에도 기록되지 않는다. 이렇게 대상 서버에서 알아채지 못하도록 스캔하는 방식을 스텔스 스캔(Stealth scan)이라고 한다(그림 3.2). 사실 스텔스 스캔도 서버에서 어느 정도 파악은 가능하다.

---

3 TCP를 이용해 통신을 시작할 때 SYN 플래그와 ACK 플래그를 사용한 패킷을 교환한 뒤 세션을 수립하고 통신을 한다. 송신 측과 수신 측이 총 세 번의 패킷을 주고받으며 서로에 대한 전송을 보장하기에 3웨이 핸드쉐이크라고 한다.

그림 3.2 TCP 하프 스캔

■ 운영체제 및 버전 확인

운영체제 종류와 버전을 확인하는 것도 가능하다(스택 핑거 프린팅 – Stack fingerprinting). 다음
예에서는 운영체제가 무엇인지(NetBSD 5.x) 알아내는 것을 볼 수 있다.

▶ svr.example.org의 열려 있는 포트와 운영체제 확인

```
# nmap -O svr.example.org ⏎

Starting Nmap 5.51( http://nmap.org ) at 2013-06-23 20:22 JST
Nmap scan report for svr.example.org(192.168.73.15)
Host is up(0.14s latency).
rDNS record for 192.168.73.15: EXAMPLE.ORG
Not shown: 979 closed ports
PORT STATE SERVICE
21/tcp     open    ftp
22/tcp     open    ssh
23/tcp     open    telnet
53/tcp     open    domain
70/tcp     open    gopher
79/tcp     open    finger
80/tcp     open    http
110/tcp    open    pop3
6667/tcp   open    irc
10000/tcp filtered snet-sensor-mgmt
Device type: general purpose
Running: NetBSD 5.X
OS details: NetBSD 5.0 - 5.99.5
Network Distance: 11 hops


OS detection performed. Please report any incorrect results at http://nmap.org/submit/ .
Nmap done: 1 IP address(1 host up) scanned in 21.39 seconds
```

또한, 서버 서비스에 연결할 때 대부분 서버 프로그램 정보(배너 정보)를 출력한다. 서버 프로그램명과 버전을 알면 해당 프로그램의 취약점 정보를 찾아 서버를 공격할 수 있다. 다음은 웹 서버가 아파치이고 버전이 2.2.15라는 것을 확인하는 예다.

▶ 웹 서버 버전 확인

```
$ telnet localhost 80 ⏎
Trying ::1...
Connected to localhost.
Escape character is '^]'.
HEAD / HTTP/1.1
Host: windsor.example.com

HTTP/1.1 403 Forbidden
Date: Wed, 10 Jul 2013 03:21:50 GMT
Server: Apache/2.2.15(CentOS)
Accept-Ranges: bytes
Content-Length: 5039
Connection: close
Content-Type: text/html; charset=UTF-8

Connection closed by foreign host.
```

배너 정보를 표시하지 않게 설정해도 공격을 회피할 수는 없지만, 가능하면 배너 정보는 표시하지 않는 것이 좋다.[4]

3.2 서버에 대한 공격

타겟이 된 서버에 대한 공격은 목적에 따라 여러 가지 수법을 쓴다. 공격 목적은 서비스의 방해, 서버 무단 침입, 서버 내 정보 탈취 등이다. 대표적인 공격 방법을 살펴보자.

---

4 대응 방법은 '12.2.2 httpd.conf의 주요 설정'에서 다룬다.

3.2.1 DoS/DDoS 공격

서버가 처리할 수 없는 양의 패킷을 대량으로 보내 정상적인 서비스를 할 수 없게(Denial of Service) 만드는 공격이다. DoS 공격을 받은 서버는 네트워크 대역이나 시스템 리소스가 고갈된다.

DoS 공격은 다양한 방법이 존재한다.

■ SYN Flood 공격

TCP 연결을 개시하는 SYN 패킷(SYN 플래그를 ON으로 한 패킷)을 대량으로 전송하는 공격이다. SYN 패킷을 받은 서버는 SYN/ACK 패킷을 전송하고 ACK 패킷을 기다린다(3웨이 핸드쉐이크). 하지만 SYN Flood 공격에 사용된 패킷의 출발지 IP는 위장되었기 때문에 ACK 패킷은 돌아오지 않는다. 서버는 타임아웃이 될 때까지 대기하게 되고, 그 시간 동안 시스템 자원 소모 및 접속 요청 응답에 제한을 받게 된다.

■ Smurf 공격

타겟이 된 서버의 IP로 위장한 ICMP 패킷을 전체 네트워크에 브로드캐스팅한다. 해당 네트워크 대역에 있는 모든 시스템 타겟 서버에 ICMP 응답을 보내고, 타겟 서버는 과부하 상태가 된다(그림 3.3).

❶ 공격자는 출발지를 변조한 ICMP 패킷을 목적지 네트워크로 발송한다

❷ 요청 패킷을 받을 IP 주소는 목적지 네트워크의 브로드캐스트 주소로 한다. 즉 목적지 네트워크의 모든 시스템에 ICMP 패킷을 송신한다

❸ ICMP 패킷의 출발지 IP 주소는 타겟 서버의 IP 주소로 설정한다

❹ ICMP Echo Request 패킷을 받은 목적지 네트워크의 시스템은 ICMP Echo Reply 패킷을 출발지(타겟 서버)로 보낸다

❺ 타겟 서버는 ICMP 패킷을 대량으로 받아 네트워크 과부하 상태가 된다

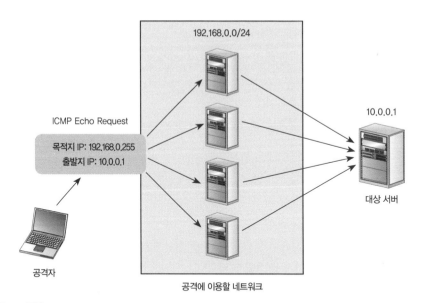

그림 3.3 Smurf 공격

대책으로는 브로드캐스트로 요청된 ICMP 패킷에 응답하지 않도록 설정하거나 라우터와 서버에 패킷 필터링 임계 값을 설정하여 패킷 양을 제한하는 방법을 사용한다.

■ DDoS 공격

Distributed Denial of Service(분산 서비스 거부 공격)의 약자로 미리 다수의 공격용 PC(일명 좀비 PC)를 준비한 뒤 일제히 목표를 공격하는 방법이다. 때에 따라서는 수십만 대의 PC가 동원된다.

3.2.2 패스워드 크랙(Password Crack)

대부분 서버는 사용자 명과 패스워드를 제대로 입력하면 누구라도 시스템에 로그인할 수 있다. 그러므로 공격자는 어떻게든 패스워드를 알아내려고 한다. 특히 root 사용자는 사용자 명이 고정되어 있고 가장 큰 권한을 가지고 있는 사용자이기 때문에 주요 크랙 대상이 된다. 여기서는 패스워드 크랙 방법을 소개한다.

■ 무차별 대입 공격(Brute Force Attack)

패스워드에 사용되는 모든 문자(영문 대소문자, 숫자, 기호)를 조합하여 해당 패스워드가 풀릴 때까지 대입하는 공격(무차별 공격)이다. 하나하나 대입하는 공격이기에 시간이 걸리지만 컴퓨터의 성능이 나날이 발전하고 있어 짧은 패스워드라면 단시간에 풀려버린다. 패스워드의 길이가 길수록 패스워드가 크래킹 될 때까지의 시간이 길어지기 때문에 패스워드 최소 길이를 길게 설정하는 것이 유효한 대책이 된다.

■ 사전 공격

일반 명사와 고유 명사, 숫자 등을 조합하여 패스워드에 사용하는 경우가 많으므로 이러한 문자열을 사전에 준비해두고 닥치는 대로 조합하는 방식으로, 무차별 대입 공격의 일종이다. 실제로 세계에서 가장 많이 사용하는 패스워드는 'password1'이라는 조사 결과가 있듯[5] 아직도 단순한 패스워드가 널리 사용되고 있는 것이 현실이다. 패스워드로 단순한 영어 문자열을 이용하면 사전 공격에 돌파될 확률이 커진다.

■ 그 밖의 방법

다른 방법으로는 정교하게 만든 가짜 로그인 화면에 접속하게 하여 패스워드를 입력하면 바로 공격자가 알아내도록 하는 피싱, 키로거 등을 이용하여 키 입력을 가로채는 키로깅, 사회공학적 수법에 의해 메일이나 오프라인 등을 통해 알아내는 방법이 있다.[6]

---

5 2012년 미국 Trustwave의 조사 발표에서 확인할 수 있다.

6 간혹 '공인인증서가 탈취되었으니 홈페이지에 접속하여 로그인 후 자물쇠 카드를 입력해주세요.' 등의 문자 메시지나 메일이 날아오는 경우가 있다. 이런 수법이 피싱이다. 그리고 이런 문자들은 절대 해당 금융사에서 보내는 것이 아니니 접속하지 않도록 주의하자.

John the Ripper

리눅스에서 사용 가능한 패스워드 크랙 도구로 John the Ripper라는 것이 있다(RPMforge에서 입수할 수 있다). 서버 관리자로서 사용자의 패스워드가 안전한지를 체크하기 위해 사용할 수 있다. 리포지터리에 RPMforge를 추가한 후 다음 명령어로 설치할 수 있다.

▶ John the Ripper 설치

```
# yum install john
```

3.2.3 보안 홀을 이용한 공격

보안 홀에는 소프트웨어의 기술적 결함이 원인이 되는 경우와 잘못된 소프트웨어 설정이 원인이 되는 경우가 있다.

■ 버퍼 오버플로 공격

프로그램의 결함을 공격해 프로세스를 뺏거나 강제 종료시키는 공격이다. BOF(Buffer Over Flow) 혹은 버퍼 오버런이라고 부른다. 버퍼(Buffer)는 프로그램이 일시적으로 사용하는 메모리 영역의 총칭이다.

일반적으로 프로그램은 버퍼로 확보한 메모리 영역을 초과하여 데이터 저장을 할 수 없다. 프로그램에서 자기 프로세스에 할당된 버퍼만을 쓰게 프로그래밍 되기 때문이다. 하지만 프로그램 버그 등의 원인으로 데이터가 버퍼에 저장될 때 원래 크기보다 초과한 데이터가 입력되면 버퍼 크기를 초과한 만큼 데이터를 덮어쓰게 된다. 버퍼 오버플로는 그렇게 버그가 있는 프로그램에 의도적으로 버퍼를 넘는 데이터를 입력하여 프로그램을 강제로 종료하거나 프로세스의 권한을 뺏거나 공격자가 의도한 프로그램을 실행하도록 하는 공격이다.

버퍼 오버플로는 오래전부터 존재하던 대표적인 보안 공격이지만, 최신 프로그래밍 언어에서는 거의 발생하지 않는다. 하지만 C나 C++과 같이 메모리 접근에 높은 자유도를 가진 프로그래밍 언어로 작성된 프로그램[7]에는 버퍼 오버플로 공격이 종종 발생한다.

---

7 유닉스 및 리눅스를 구성하는 프로그램 대부분은 C나 C++로 작성되어 있다.

■ **잘못된 설정을 이용한 공격**

잘못된 서버 소프트웨어 설정 때문에 외부자가 내부 시스템에 접근할 수 있게 되거나 보안 레벨이 낮게 설정될 때가 있다. 인터넷의 기술 관련 글이나 블로그에 게재된 설정 정보를 그대로 따라 설정해버리는 경우에 자주 발생한다. 설정 내용을 이해하지 못한 채로 공개된 자료를 보고 그대로 설정하는 것은 굉장히 위험한 행동이다. 또한 많은 서버용 프로그램의 기본 설정은 보안이 낮게 설정되어 있다. 반드시 설치 후 소프트웨어 설정을 확인해야 한다.

3.2.4 각종 서비스 공격

각종 서버 서비스에 대한 공격도 살펴보자. 구체적인 내용은 이후 장에서 각각 설명한다.

■ **DNS 서버 공격**

DNS 서버를 공격하는 목적은 공격 준비 차원에서 DNS 서버가 관리하는 호스트 정보를 입수하기 위한 목적과 Zone 정보를 변조하여 공격자가 미리 준비해 둔 호스트로 유도하기 위한 것이다. DNS 서버 보안에 대해서는 11장에서 다룬다.

■ **메일 서버 공격**

메일 서버 공격 목적 중 가장 큰 것은 스팸 메일 발송을 위한 것이다. SMTP 서버에서 적절한 보안 설정을 하지 않으면 제삼자에 의해 스팸 메일 발송에 이용될 수 있다. 또한 POP3/IMAP서버는 패스워드 크랙에 의해 인증 정보가 노출되거나 통신 내용을 도청하는 것도 가능하다. 메일 서버의 보안에 대해서는 13장에서 다룬다.

■ **FTP 서버 공격**

FTP 프로토콜은 평문으로 데이터가 전송되기 때문에 네트워크 패킷 스니핑 등으로 계정 정보가 노출될 가능성이 있다. 또한 FTP 로그인 후에 시스템 파일에 접근 가능하도록 설정할 수도 있다. FTP 서버 보안에 대해서는 14장에서 다룬다.

■ SSH 서버 공격

리눅스 서버를 실제로 운영할 때 시스템 로그를 보면 SSH 포트(22번)에 대한 패스워드 크랙 공격이 매일같이 일어나는 것을 확인할 수 있다. SSH 접속 포트를 변경하는 것만으로 그런 자동화된 툴 공격은 피할 수 있다. SSH 서버 보안에 대해서는 15장에서 다룬다.

3.2.5 웹 애플리케이션 공격

웹 애플리케이션은 리눅스 서버 관리자의 범위는 아니다. 웹 애플리케이션의 취약점은 서버 측의 설정만으로는 막을 수 없고, 개발자가 직접 프로그램을 수정해야 하는 경우가 대부분이다. 그렇다고 해서 서버 관리자가 전혀 관여하지 않아도 되는 것은 아니다. 웹 애플리케이션에 대한 대표적인 공격을 살펴보자.

■ 크로스 사이트 스크립트(Cross Site Script − XSS)

게시판이나 방명록 등 사용자가 입력한 내용을 웹 페이지에 표시할 때 나타날 수 있는 취약점이다. 일반적으로 자바스크립트는 사용자의 웹 브라우저에 전송된 후 해당 PC에서 실행된다. 공격자는 이를 악용해서 게시판에 악의적인 코드가 포함된 게시물을 작성한다. 일반 사용자가 그 게시글에 접근하면 공격자가 작성한 악성 코드가 실행돼 사용자에게 피해를 주는 공격이다.

취약한 사이트에 공격 스크립트를 작성하면 사용자의 로그인 정보를 획득하거나 해당 사용자를 악성 사이트로 강제 이동시키는 것도 가능하다. 다음 예를 보자(그림 3.4).

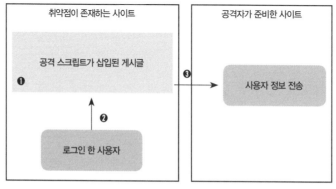

그림 3.4 크로스사이트 스크립트

❶ 공격자는 취약한 사이트의 게시판에 공격 스크립트가 삽입된 게시물을 작성한다

❷ 로그인 사용자가 해당 글을 열람한다

❸ 공격 스크립트는 로그인 사용자의 정보를 공격자가 준비한 사이트로 전송한다

위의 예에서는 사용자가 입력한 문자열을 웹 애플리케이션에서 그대로 입력받아 처리[8]하여 악성 스크립트가 필터링 되지 않고 그대로 실행되는 것이 문제가 된다.

■ 세션 하이재킹

사용자가 웹 페이지에 로그인하여 로그아웃할 때까지 사용자와 서버는 세션이 맺어져 유지가 된다. 세션 하이재킹은 웹 서버와 웹 브라우저 사이에서 맺어진 세션 정보를 가로채 공격자가 사용자인 것처럼 위장하는 공격이다.

■ SQL 인젝션

인젝션(Injection)이라는 말은 '삽입하다', '주입하다'라는 의미이다. 대다수의 웹 사이트는 SQL 데이터베이스를 사용하고 있다. 그런 웹 사이트는 사용자 입력에 따라 SQL의 입출력이 생긴다. 여기서 사용자가 입력한 문자열을 체크하지 않는다면 사용자 입력 부분에 악의적인 SQL 구문을 입력할 수 있으며, 이런 취약점을 이용하여 임의의(악의적인) SQL 구문을 실행하는 것이 SQL 인젝션 공격이다. 데이터베이스를 파괴하거나 데이터의 유출이 가능하다.

■ OS 명령어 인젝션(OS Command Injection)

SQL 인젝션과 마찬가지로 사용자의 입력 값을 검증하지 않아 운영체제의 명령어를 임의로 실행할 수 있는 공격이다. 마찬가지로 웹 애플리케이션에서 문자열에 대해 처리를 해야 한다. 운영체제 명령어, 즉 리눅스 서버라면 리눅스의 임의 명령어가 실행되기 때문에 기밀정보가 유출되거나 파일의 삭제로 인해 서비스가 중단될 수 있다.

■ 디렉터리 탐색(Directory Traverse)

웹 서버는 보통 웹 공개 디렉터리(Document Root) 아래의 파일과 디렉터리만이 인터넷에 공개된다. 하지만 웹 애플리케이션의 결함으로 상위 디렉터리로 접근 가능한 문자(..이나 /)가 실행되

---

8 예를 들어 〈script〉라는 문자열을 입력받아 그대로 출력한다면 브라우저는 〈script〉를 문자열이 아닌 태그로 인식하여 스크립트가 작동한다.

어 상위 디렉터리로 이동 가능한 경우가 있다. 예를 들어 웹 애플리케이션의 현재 사용 디렉터리 (Document Root)가 /home/user/web/code인데, 여기서 "../../../../etc/passwd"를 입력하여 /etc/passwd에 접근할 수 있다. 디렉터리 탐색 대책에는 적절한 접근 설정과 chroot jail[9]을 이용하는 것이 있다.

■ CSRF(Cross Site Request Forgery)

기술적으로는 XSS와 유사한 공격이다. 스크립트가 삽입된 게시물 등을 사용자에게 노출시켜 공격자가 원하는 행위를 하도록 하는 공격 기법이다. 공격 스크립트가 삽입된 게시물에 사용자가 접근하면 사용자는 자기도 모르는 새 공격자가 원하는 행동을 수행하게 된다(그림 3.5). 접근과 동시에 공격자가 작성한 코드를 수행하므로 사용자도 알아채기 힘든 종류의 공격이다.

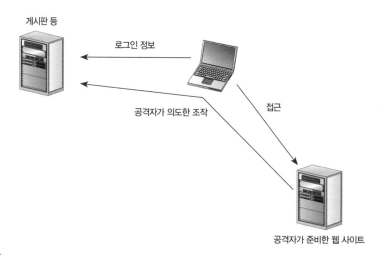

그림 3.5 CSRF

3.3 악성코드(Malware)

악의(malicious)적인 기능을 하는 소프트웨어를 악성코드(Malware − MALicious softWARE)라고 한다. 대표적인 악성코드는 바이러스, 웜, rootkit 등이 있다.

---

9 임의의 디렉터리를 루트 디렉터리로 설정하는 기능. chroot를 통해 루트 디렉터리가 된 디렉터리는 그 상위 디렉터리로 이동할 수 없게 된다.

3.3.1 바이러스/웜

컴퓨터 인터넷 IT 용어 대사전에 수록된 컴퓨터 바이러스의 정의는 다음과 같다.

> 컴퓨터를 동작시키는 운영체제나 소프트웨어에 몰래 들어가서 자기 자신을 시스템이나 사용자의 프로그램 및 데이터 파일에 복제하고 또 그것들을 파괴 또는 제한을 가하는 프로그램. (중략) 컴퓨터 바이러스의 일반적인 특징은 다른 시스템이나 소프트웨어를 감염시키기 위하여 자신을 복제할 수 있는 코드를 갖고 있다. 바이러스 프로그램을 분석해 보면, 주로 저수준의 언어를 사용해서 작성되어 있고, 새로운 바이러스 출현 시 그것을 모방한 다양한 잡종 바이러스가 나오며, 바이러스 프로그램들이 날이 갈수록 지능화 · 악성화 되고 있다.

리눅스 서버에 감염되는 바이러스는 매우 적지만, 메일 서버나 파일 서버를 운영한다면 서버의 파일을 통한 바이러스 감염 우려가 있다. 따라서 리눅스 서버에서도 바이러스 대책은 필요하다. 바이러스 대책은 5장에서 설명한다.

넓은 의미에서의 바이러스는 다음과 같은 종류가 있다. 종류별로 구분은 했지만 바이러스 대부분은 하나의 특성만을 가지지 않고, 여러 특성이 혼합된 하이브리드 형이다.

■ 바이러스

좁은 의미의 바이러스는 정상적인 파일이나 하드 디스크의 부트 섹터에 기생하며 다른 파일을 감염시키고 증식한다. 감염원은 '숙주'라고 표현한다. 감염되어도 피해를 주지 않는 바이러스도 있지만, 감염된 파일을 파괴하거나 정보를 유출하는 등 실제 피해를 수반하는 바이러스가 많다. 바이러스는 사용자가 알아채지 못하게 감염되기 때문에 백신 소프트웨어를 설치하여 바이러스의 침입을 차단해야 한다.

■ 웜

좁은 의미의 바이러스와는 달리 숙주가 필요 없다. 스스로 복제하고 증식한다. 메일이나 웹 사이트를 통해 감염되거나 보안 취약점을 이용해 네트워크에서 증식하는 경우도 많으며 폭발적으로 감염이 확대되는 경우도 있다.

■ 트로이 목마

그리스 신화에 트로이 목마(Trojan Horse)라는 말이 나온다. 그리스가 트로이를 함락하기 위해 거대한 목마 안에 군인을 잠복시키고 그것을 모르는 트로이가 목마를 성안으로 가지고 가게 한다. 성

안에 성공적으로 잠복해 들어갈 수 있었기에 그리스는 성공적으로 트로이를 함락할 수 있었다. 이것과 유사하게 정상적인 소프트웨어인 것처럼 위장했지만 내부에 악성 코드를 숨겨놓은 소프트웨어를 트로이 목마라고 한다. 공격자가 소프트웨어 배포 사이트에 침투하여 정상적인 소프트웨어 안에 트로이 목마를 같이 넣는다면 인기 있는 소프트웨어의 경우 단시간에 대량의 피해가 발생할 수 있다.

■ 봇

로봇이 어원이 되는 봇은 무선 조정 로봇처럼 감염된 컴퓨터(좀비 PC)를 조작하는 데 이용된다. 공격자는 봇에 감염된 컴퓨터를 조작하여 DDoS 공격을 하거나 스팸 메일을 발송하는 데 사용한다. 봇에 감염된 컴퓨터로 이루어진 네트워크를 봇넷이라고 한다. 대규모 봇넷은 수만~수십만 대의 컴퓨터로 구성된다.

3.3.2 rootkit

시스템에 성공적으로 침입한 크래커는 침투 흔적을 은폐하고 이후에도 몰래 접근할 수 있는(백도어–backdoor) 도구를 설치하는데, 대표적인 도구가 rootkit이다.

한번 시스템에 침입했다고 해서 다음에도 같은 방법으로 침입할 수 있다는 보장은 없다. 시스템 관리자가 알아채거나, 보안 패치 등에 의해 침입 방법이 막힐 수 있기 때문이다. 침입자는 침입 흔적을 제거하거나 이후 패치 등에 의해서 침입할 방법이 없어지더라도 다시 침투하기를 원하기 때문에 이후에도 접속할 수 있는 도구가 필요하게 된다. rootkit이 제공하는 것은 침투 흔적의 삭제와 백도어이다.

서버에 침입하여 악의적인 소프트웨어를 설치한 경우 그대로라면 시스템 관리자에게 발각될 우려가 있다. 그래서 find, ps, w 같은 명령어를 변조한다. 변조된 명령어는 악의적인 프로세스가 표시되지 않거나 침입자가 표시되지 않거나 침입과 관련된 파일이 표시되지 않도록 해준다. 시스템 관리자가 침입을 탐지하기 위해 find나 ps 같은 명령을 사용해도 이미 변조된 명령어는 침입에 관련된 내용을 표시하지 않는다.

하지만 명령어가 아니라 시스템 로그의 접속 기록을 보고 침입을 탐지할 수도 있다. 침입자가 흔적을 없애려고 로그를 삭제하거나 로그 데몬을 중지하면 오히려 더 의심을 사게 된다. 그래서 침입자는 침입 당시의 기록만 삭제하거나 가짜 로그로 변경하는 기능을 포함한 rootkit을 사용하기도 한다.

많은 rootkit에는 백도어가 포함되어 있다. 서버 프로그램의 취약점을 이용해 침입한 경우 보안 패치로 인해 해당 취약점이 사라지면 같은 방법으로 침입할 수 없다. 그렇기에 이후에도 침입할 수 있도록 전용 서버 프로세스를 구동시켜 둔다. 물론 수상한 프로세스가 구동되고 있다면 금방 발견되기 때문에 명령어를 변조하여 발견되지 않도록 한다.

이처럼 rootkit은 침입자에게는 편리한 도구지만 시스템 관리자에게는 정말 귀찮은 소프트웨어다. rootkit에 대처하는 방법은 10장에서 설명한다.

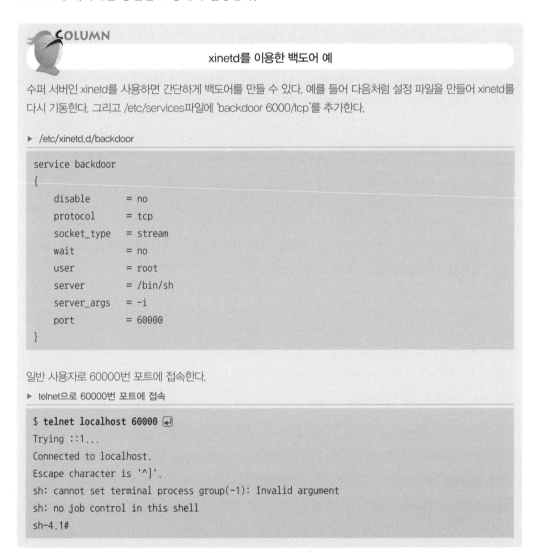

COLUMN

xinetd를 이용한 백도어 예

수퍼 서버인 xinetd를 사용하면 간단하게 백도어를 만들 수 있다. 예를 들어 다음처럼 설정 파일을 만들어 xinetd를 다시 기동한다. 그리고 /etc/services파일에 'backdoor 6000/tcp'를 추가한다.

▶ /etc/xinetd.d/backdoor

```
service backdoor
{
    disable      = no
    protocol     = tcp
    socket_type  = stream
    wait         = no
    user         = root
    server       = /bin/sh
    server_args  = -i
    port         = 60000
}
```

일반 사용자로 60000번 포트에 접속한다.

▶ telnet으로 60000번 포트에 접속

```
$ telnet localhost 60000 ⏎
Trying ::1...
Connected to localhost.
Escape character is '^]'.
sh: cannot set terminal process group(-1): Invalid argument
sh: no job control in this shell
sh-4.1#
```

이렇게 인증 없이 root 프롬프트가 나오는 것을 볼 수 있다. 예에서는 단순히 root 권한으로 쉘(/bin/sh)을 실행하는 것만 볼 수 있지만, 백도어가 어떤 것인지 이해할 수 있을 것이다. 위 예를 실제 운영 서버에서는 시험하지 않도록 하자.

3.3.3 키 로거(Key Logger)

키보드로부터 입력받은 문자열을 로그 파일로 저장하거나 네트워크를 거쳐 전송하는 도구를 키 로거라고 한다. 컴퓨터에 잠복하며 정보를 훔치는 일종의 스파이웨어이다. 침입자가 키 로거를 설치하면 호스트에 입력한 문자열은 모두 침입자가 확인할 수 있다. 다음과 같이 콘솔에서 root 사용자로 로그인하면 화면에는 입력된 패스워드가 표시되지 않는다.

▶ 콘솔 로그인 예

```
windsor login: root ↵
Password: (패스워드) ↵
Last login: Wed May 8 12:09:26 from 192.168.11.1
[root@windsor ~]#
```

하지만 키 로거가 작동하고 있다면 로그인할 때의 패스워드가 로그에 남거나 네트워크를 통해 다음과 같이 공격자에게 전달된다.

▶ 키 로거로 기록된 로그의 예

```
Logging started ...
2013-05-10 13:45:35+0900 > root
2013-05-10 13:45:54+0900 > password1
2013-05-10 13:46:02+0900 >
```

root 사용자의 패스워드가 노출된 것을 볼 수 있다. 이처럼 비록 화면에 표시되지는 않지만 키보드에서 입력된 모든 문자를 기록하는 것이 키 로거이다. 아무리 복잡한 패스워드를 사용하더라도 키 로거가 설치되면 무용지물이다. 물론 서버가 아닌 클라이언트 컴퓨터에 설치돼도 마찬가지로 서버에 접속하는 계정 정보가 공격자에게 노출된다.

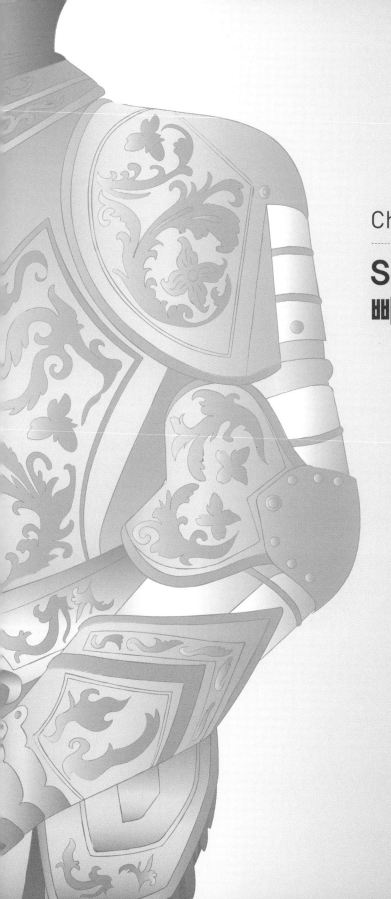

Chapter **4**

Secure 서버의 빠른 설정

보안상 안전한 서버를 구축하려면 그만큼 많은 노력과 시간이 든다. 여기서는 서둘러 서버를 준비해야 하는 상황에서 최소한의 노력으로 안전한 서버를 구축하는 방법을 살펴본다.

4.1 CentOS 설치

여기서는 CentOS 6.6을 이용한 구축 예를 설명한다. 다른 버전이나 배포판을 사용한다면 그에 맞는 변경이 필요하다.

4.1.1 설치 시 확인 사항

CentOS는 설치 후 YUM을 사용하여 추가 패키지를 쉽게 설치할 수 있다. 따라서 최초에 운영체제를 설치할 때 최소 설치를 하고 필요한 패키지를 나중에 추가하는 것이 좋다. '필요할지 모르니 일단 설치한다'라는 일은 없어야 한다.

서버로 사용할 때 GUI를 사용할 일이 없다면 기본 설치의 'Minimal'을 선택하는 것이 좋다(그림 4.1).

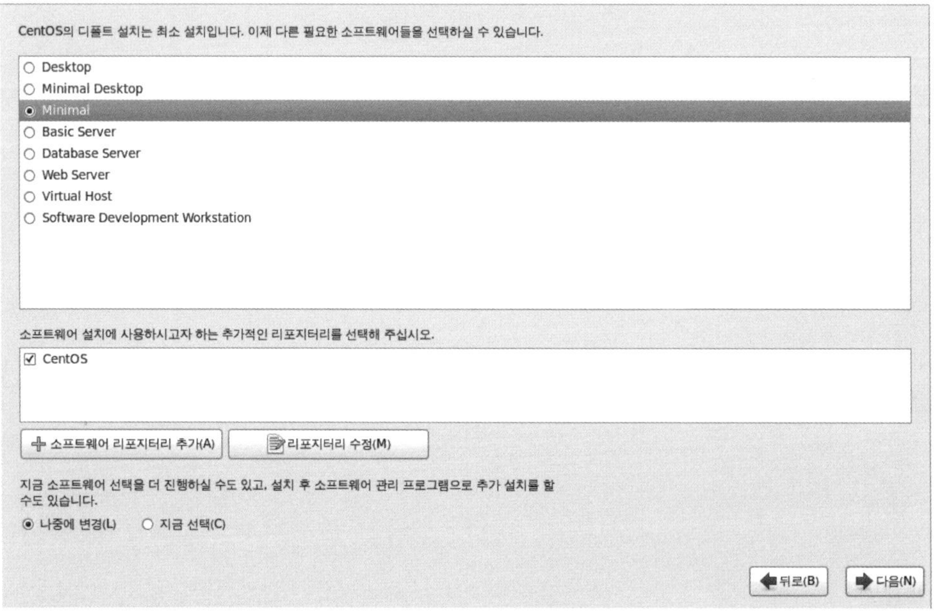

CentOS의 디폴트 설치는 최소 설치입니다. 이제 다른 필요한 소프트웨어들을 선택하실 수 있습니다.

- ○ Desktop
- ○ Minimal Desktop
- ● Minimal
- ○ Basic Server
- ○ Database Server
- ○ Web Server
- ○ Virtual Host
- ○ Software Development Workstation

소프트웨어 설치에 사용하시고자 하는 추가적인 리포지터리를 선택해 주십시오.

- ☑ CentOS

＋ 소프트웨어 리포지터리 추가(A)   리포지터리 수정(M)

지금 소프트웨어 선택을 더 진행하실 수도 있고, 설치 후 소프트웨어 관리 프로그램으로 추가 설치를 할 수도 있습니다.
- ● 나중에 변경(L)   ○ 지금 선택(C)

◀ 뒤로(B)   ▶ 다음(N)

그림 4.1 설치 옵션

GUI를 설치한다면 'Minimal Desktop'을 선택한다. 그러나 설치되는 패키지의 수가 많이 늘어난다. 서버는 CUI만으로도 사용 가능하므로 GUI는 설치하지 않는 것을 권장한다.

또한 CentOS는 최소 설치 이미지가 준비되어 있다. CentOS 6.6의 경우 파일명은 아키텍처에 따라 각각

- CentOS-6.6-x86_64-minimal.iso
- CentOS-6.6-i386-minimal.iso

가 된다. 다운로드 사이트의 isos 디렉터리에 아키텍처별로 디렉터리가 나뉘어 있으므로 확인하여 내려받으면 된다(그림 4.2). ISO 이미지 크기는 약 340MB(i386의 경우)다.

Index of /Linux/centos/6/isos/i386

Name	Last modified	Size	Description
Parent Directory		-	
0_README.txt	25-Oct-2014 01:46	1.4K	
CentOS-6.6-i386-bin-DVD1.iso	24-Oct-2014 23:19	3.8G	
CentOS-6.6-i386-bin-DVD1to2.torrent	25-Oct-2014 02:42	190K	
CentOS-6.6-i386-bin-DVD2.iso	24-Oct-2014 23:19	1.0G	
CentOS-6.6-i386-minimal.iso	24-Oct-2014 23:21	339M	
CentOS-6.6-i386-minimal.torrent	25-Oct-2014 02:49	14K	
CentOS-6.6-i386-netinstall.iso	24-Oct-2014 23:13	182M	
CentOS-6.6-i386-netinstall.torrent	25-Oct-2014 02:48	7.7K	
md5sum.txt	25-Oct-2014 02:03	253	
md5sum.txt.asc	25-Oct-2014 02:13	1.1K	
sha1sum.txt	25-Oct-2014 02:04	285	
sha1sum.txt.asc	25-Oct-2014 02:14	1.1K	
sha256sum.txt	25-Oct-2014 02:05	381	
sha256sum.txt.asc	25-Oct-2014 02:14	1.2K	

그림 4.2 CentOS 6.6 설치 이미지 파일

4.1.2 설치 후 설정

설치 후 설정에서 시스템 관리자가 사용할 사용자 계정을 만든다. root 계정으로 로그인하여 작업하면 보안상 위험하므로 일반 사용자 계정을 생성해 그것을 이용하는 습관을 들이자. 다음 예제에서는 centuser라는 작업용 계정을 만드는 과정을 보여준다.

▶ 작업용 계정 생성

```
# useradd centuser ⏎
# passwd centuser ⏎
Changing password for user centuser.
New password:
Retype new password:
passwd: all authentication tokens updated successfully.
```

패스워드는 가능하면 복잡하게 설정하자.

네트워크 인터페이스 설정

CentOS 6에서는 설치 후 네트워크 인터페이스가 자동으로 기동되지 않도록 설정되어 있다. /etc/sysconfig/net-work-scripts/ifcfg-eth0에 'ONBOOT=no'로 되어 있는 설정이 있는데, 이것을 'ONBOOT=yes'로 변경하면 다음 부팅부터는 자동으로 네트워크 인터페이스가 활성화된다. 즉시 네트워크 인터페이스를 활성화하려면 셸에서 'ifup eth0' 명령어를 실행하면 된다.

4.2 빠른 보안 대응

여기서는 최대한 짧은 시간에 최소한의 보안 요구사항을 충족하는 설정을 수행해보자.

4.2.1 호스트의 보안

우선 설치된 모든 패키지를 최신 버전으로 업데이트하여 시스템을 최신 상태로 만든다.

▶ 시스템 업데이트

```
# yum -y update ⏎
Loaded plugins: fastestmirror
base    3.7 kB 00:00
base/primary_db   4.4 MB 00:00
extras   3.5 kB 00:00
extras/primary_db   19 kB 00:00
updates   3.4 kB 00:00
updates/primary_db   2.6 MB 00:00
```

```
Setting up Update Process
Resolving Dependencies
--> Running transaction check
---> Package coreutils.x86_64 0:8.4-19.el6 will be updated
---> Package coreutils.x86_64 0:8.4-19.el6_4.2 will be an update
---> Package coreutils-libs.x86_64 0:8.4-19.el6 will be updated

(중략)

openssl.x86_64 0:1.0.0-27.el6_4.2
selinux-policy.noarch 0:3.7.19-195.el6_4.6
selinux-policy-targeted.noarch 0:3.7.19-195.el6_4.6
tzdata.noarch 0:2013c-1.el6
util-linux-ng.x86_64 0:2.17.2-12.9.el6_4.3

Complete!
```

다음으로 필요 없는 서비스를 중지한다. GUI를 설치하지 않았다면 런 레벨(Run Level) 3[1]으로 작동하고 있을 것이다. 런 레벨 3으로 작동하고 있는(자동으로 시작되는) 서비스를 확인하려면 다음과 같은 명령어를 실행한다.

▶ 런 레벨 3으로 작동하고 있는 서비스 확인

# chkconfig --list	grep 3:on ⏎						
auditd	0:off	1:off	2:on	3:on	4:on	5:on	6:off
blk-availability	0:off	1:on	2:on	3:on	4:on	5:on	6:off
crond	0:off	1:off	2:on	3:on	4:on	5:on	6:off
ip6tables	0:off	1:off	2:on	3:on	4:on	5:on	6:off
iptables	0:off	1:off	2:on	3:on	4:on	5:on	6:off
lvm2-monitor	0:off	1:on	2:on	3:on	4:on	5:on	6:off
netfs	0:off	1:off	2:off	3:on	4:on	5:on	6:off
network	0:off	1:off	2:on	3:on	4:on	5:on	6:off
postfix	0:off	1:off	2:on	3:on	4:on	5:on	6:off
rsyslog	0:off	1:off	2:on	3:on	4:on	5:on	6:off
sshd	0:off	1:off	2:on	3:on	4:on	5:on	6:off
udev-post	0:off	1:off	2:on	3:on	4:on	5:on	6:off

---

1 런 레벨 3은 리눅스의 동작 모드를 의미한다. CentOS에서 런 레벨 3은 CUI 로그인에서 사용되는 모드이다.

Minimal로 설치한 경우 기본으로 실행되는 서비스는 표 4.1과 같다.

표 4.1 기본으로 실행되는 서비스

서비스명	설명
auditd	감사 데몬
blk-availability	LVM2의 미러 디바이스 관리 데몬
crond	cron 자동 실행
ip6tables	IPv6의 패킷 필터링
iptables	IPv4의 패킷 필터링
kdump	커널 크래시 덤프 데몬
lvm2-monitor	LVM2 장애 모니터링 데몬
mdmonitor	RAID 모니터링 및 관리 데몬
netfs	NFS 클라이언트 데몬
network	네트워크 서비스
postfix	SMTP 서버
rsyslog	syslog 서비스
sshd	SSH 서버
udev-post	하드웨어 자동 인식을 위한 UDEV 데몬

위 서비스 중 다음 서비스들은 종료시켜도 크게 문제가 없다.

- auditd(명령어를 감시하지 않는다면 불필요)

- ip6tables(IPv6를 사용하지 않는다면 불필요)

- netfs(NFS 클라이언트가 아니면 불필요)

- postfix(SMTP 서버를 사용하지 않으면 불필요)

▶ 불필요한 서비스 종료

```
# service auditd stop ↵
# service netfs stop ↵
# service postfix stop ↵
# chkconfig auditd stop ↵
# chkconfig netfs stop ↵
# chkconfig postfix stop ↵
```

서비스 자동 시작 설정을 빠르게 변경하고 싶다면 ntsysv 명령어를 사용하면 된다(그림 4.3). GUI 가 설치되지 않아도 사용할 수 있지만, Minimal로 설치한 경우 ntsysv 패키지를 별도로 설치해야 한다(yum install ntsysv).

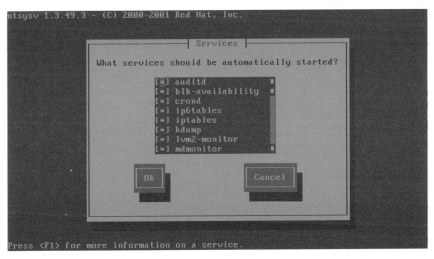

그림 4.3 ntsysv

ntsysv로 설정을 해도 실행 중인 서비스가 바로 종료되지는 않는다. 자동 시작 설정 변경이 반영되었는지를 확인할 겸 시스템을 재시작해보자.

▶ 시스템 재기동

```
# shutdown -r now ⏎
```

4.2.2 사용자 보안

root 계정으로 로그인이 가능한 상태는 위험하다. 실수로라도 암호가 노출되면 모든 시스템이 탈취되기 때문이다. 그러므로 root 계정 로그인은 불가능하게 설정하자. 콘솔에서 root 계정 로그인이 불가능하도록 하려면 다음과 같이 진행하면 된다.

▶ 콘솔에서 root 로그인 금지

```
# echo > /etc/securetty
```

SSH로도 root 계정 로그인을 금지하려면 /etc/ssh/sshd_config 파일을 수정하면 된다.

▶ /etc/ssh/sshd_config 파일의 일부

```
#PermitRootLogin yes
```

이것을 다음과 같이 수정한다.

▶ PermitRootLogin 변경

```
PermitRootLogin no
```

SSH에서 사용하는 포트 번호는 기본으로 22번이다. 기본값으로 설정하면 자주 공격을 받기 때문에 포트 변경을 하는 것이 좋다(필수는 아니다). 포트 번호는 /etc/ssh/sshd_config 파일의 Ports에서 변경할 수 있다. 이때 PermitRootLogin과 같이 '주석을 의미하는 '#'을 삭제해야 한다. 다음은 SSH 기본 포트를 22에서 20022로 변경하는 예다.

▶ SSH 포트를 20022번으로 변경

```
Ports 20022
```

변경 사항을 반영하기 위해 SSH 서버를 재시작하자.

▶ SSH 서버 재시작

```
# service sshd restart ⏎
Stopping sshd:                                               [ OK ]
Starting sshd:                                               [ OK ]
```

4.2.3 네트워크 보안

외부로 열려있는 포트를 확인해보자. 다음 예에서 TCP 포트는 SSH 서비스만 열려 있다. UDP의 68번(DHCP 클라이언트) 포트는 네트워크 설정을 DHCP로 설정한 경우 표시된다.

▶ 열려 있는 포트 확인

```
$ netstat -atun ⏎
Active Internet connections(servers and established)
Proto Recv-Q Send-Q Local Address       Foreign Address     State
tcp       0      0 0.0.0.0:20022        0.0.0.0:*           LISTEN
tcp       0      0 :::20022             :::*               LISTEN
udp       0      0 0.0.0.0:68           0.0.0.0:*
```

CentOS 6은 기본적으로 iptables를 이용한 방화벽이 활성화되어 있다. 설정은 다음과 같이 확인할
수 있다.

▶ iptables를 이용한 방화벽 확인

```
# iptables -L ⏎
Chain INPUT(policy ACCEPT)
target      prot opt source       destination
ACCEPT      all -- anywhere       anywhere      state RELATED,ESTABLISHED
ACCEPT      icmp -- anywhere      anywhere
ACCEPT      all -- anywhere       anywhere
ACCEPT      tcp -- anywhere       anywhere      state NEW tcp dpt:ssh
REJECT      all -- anywhere       anywhere      reject-with icmp-host-prohibited

Chain FORWARD(policy ACCEPT)
target      prot opt source       destination
REJECT      all -- anywhere       anywhere      reject-with icmp-host-prohibited

Chain OUTPUT(policy ACCEPT)
target      prot opt source       destination
```

설정 파일은 /etc/sysconfig/iptables다. 자세한 내용은 7장을 참조하자. 또한 기본적으로는 IPv6
방화벽도 활성화돼 있다. IPv6는 ip6tables 명령어로 확인할 수 있다.

▶ ip6tables를 이용한 방화벽 확인

```
# ip6tables -L ↵
Chain INPUT(policy ACCEPT)
target     prot opt source     destination
ACCEPT     all     anywhere     anywhere     state RELATED,ESTABLISHED
ACCEPT     ipv6-icmp     anywhere     anywhere
ACCEPT     all     anywhere     anywhere
ACCEPT     tcp     anywhere     anywhere     state NEW tcp dpt:ssh
REJECT     all     anywhere     anywhere     reject-with icmp6-adm-prohibited

Chain FORWARD(policy ACCEPT)
target     prot opt source     destination
REJECT     all     anywhere     anywhere     reject-with icmp6-adm-prohibited

Chain OUTPUT(policy ACCEPT)
target     prot opt source     destination
```

여기까지 진행하면 기본적인 보안 서버 설정이 완료된다. 이 장에서 다룬 내용대로 설정하면 실제로 운용 가능한 최소한의 안전성은 확보할 수 있다. Minimal 설치는 man 명령어와 logwatch 등 일반적으로 설치되는 명령이나 도구가 설치되지 않기 때문에 자주 사용하는 도구라면 설치하자.

다음 장부터는 보안을 높이기 위한 구체적인 방법을 자세히 알아보겠다.

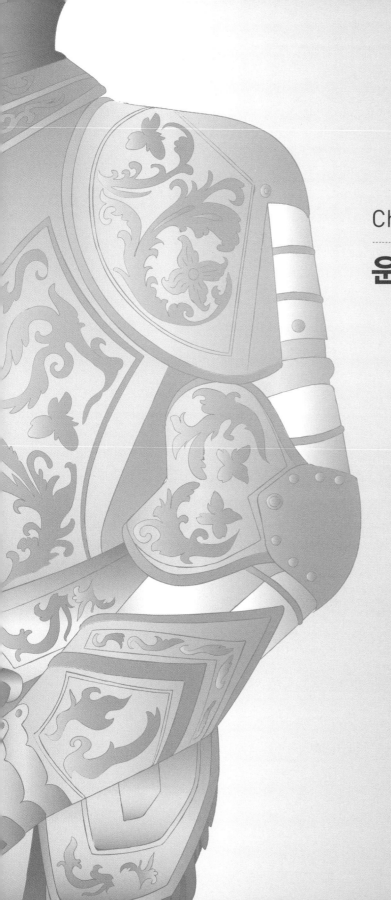

Chapter **5**

운영체제 보안

보안 서버를 구축할 때 토대가 되는 운영체제 보안에 관해 설명한다. 부트 로더, 패키지 관리, 사용자 관리, 서비스 관리 등 다양한 내용을 다룬다.

5.1 부트 로더 암호 설정

부트 로더는 컴퓨터 기동 시 디스크로부터 운영체제를 읽어 기동하기 위한 프로그램이다. CentOS는 부트 로더로 GRUB[1]를 채용하고 있다.

5.1.1 부팅 매개변수

시스템을 부팅할 때 부트 로더의 매개변수를 지정하여 일반 부팅이 아닌 다른 상태로 시스템 부팅이 가능하다. CentOS는 시스템 부팅을 할 때 [A] 혹은 [E] 키를 눌러 매개변수 편집이 가능하다(그림 5.1).

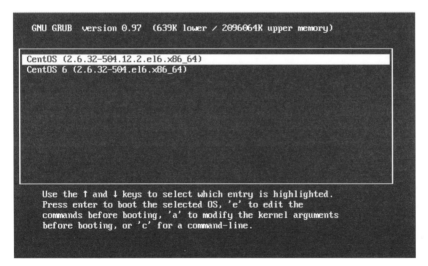

그림 5.1 GRUB 부팅 매개변수 설정

여기서 부팅 매개변수로 'single' '1'로 지정하면 시스템은 유지 보수를 위한 단일 사용자 모드로 부팅된다.

---

1 GRUB는 버전 1과 2가 있는데, CentOS 6에서 사용하는 버전 0.97은 버전 1에 들어간다. 버전 2에서는 설정 파일 등이 바뀐다.

단일 사용자 모드는 보통 패스워드를 입력하지 않고 사용할 수 있다. 이때 사용자는 root 권한을 가지게 된다. 즉, root 사용자의 패스워드를 몰라도 root 권한을 사용할 수 있는 상태가 된다. 단, GRUB에 패스워드가 설정됐다면 시스템 부팅을 할 때 암호를 요구한다. 패스워드를 올바로 입력하지 않으면 매개변수 편집이 불가능하다.

5.1.2 GRUB 패스워드 설정

먼저 grub-md5-crypt 명령어를 실행해 암호화된 패스워드 문자열을 만든다.

▶ GRUB 패스워드 작성

```
# grub-md5-crypt ↵
Password:          ◀─────────────────────────────  패스워드 입력
Retype password:   ◀─────────────────────────────  패스워드 재입력
$1$zzLsF1$cv.ZLyiGj4wh/awgkwWix.
```

출력된 문자열을 GRUB 설정 파일 /boot/grub/grub.conf에 써넣는다. title로 시작되는 행 윗줄에 'password --md5 패스워드' 형식으로 써넣는다.

▶ /boot/grub/grub.conf 설정(일부)

```
boot=/dev/sda
default=0
timeout=5
splashimage=(hd0,0)/grub/splash.xpm.gz
hiddenmenu
password --md5 $1$zzLsF1$cv.ZLyiGj4wh/awgkwWix.   ◀──────  이 사이에 추가
title CentOS(2.6.32-358.11.1.el6.x86_64)
    root(hd0,0)
    kernel /vmlinuz-2.6.32-358.11.1.el6.x86_64 ro root=/dev/mapper/vg_ windsor-lv_root rd_NO_
LUKS
(이하 생략)
```

편집 후 재부팅 해보면 GRUB 메뉴 화면에서 매개변수 편집을 하기 위해 'p' 키를 눌러야 한다는 메시지가 표시된다(그림 5.2).

```
GNU GRUB  version 0.97  (639K lower / 2096064K upper memory)

┌────────────────────────────────────────────────────────────────────────┐
│ CentOS (2.6.32-504.12.2.el6.x86_64)                                      │
│ CentOS 6 (2.6.32-504.el6.x86_64)                                         │
│                                                                          │
│                                                                          │
│                                                                          │
│                                                                          │
│                                                                          │
│                                                                          │
└────────────────────────────────────────────────────────────────────────┘
      Use the ↑ and ↓ keys to select which entry is highlighted.
      Press enter to boot the selected OS or 'p' to enter a
      password to unlock the next set of features.

Password: █
```

그림 5.2 GRUB 패스워드 입력 화면

5.2 소프트웨어 업데이트

소프트웨어의 보안 취약점은 매일같이 발견된다. 사용하는 소프트웨어에 보안 취약점이 존재한다면 즉시 취약점 패치 버전으로 업데이트해야 한다. CentOS는 RPM 형식의 패키지를 이용하기 위한 패키지 관리 시스템으로 YUM을 채택하고 있다. YUM을 사용해 시스템과 응용프로그램을 인터넷을 통해 최신 상태로 유지할 수 있다.

5.2.1 YUM을 사용하기 위한 준비

RPM 패키지는 배포자의 전자 서명이 들어있다. 전자 서명을 사용하여 패키지의 변조나 데이터의 손상 확인이 가능하지만 이를 위해 벤더가 배포하는 GPG 공개 키를 가져와야 한다(단, CentOS 6의 YUM은 벤더의 GPG 공개 키를 자동으로 가져오므로 이 작업은 필요 없다). GPG 공개 키는 다운로드 사이트나 CD-ROM, DVD-ROM에서 찾을 수 있다. 기본 GPG 공개 키는 /etc/pki/rpm-gpg/RPM-GPG-KEY-CentOS-6이라는 디렉터리에 있으며, 다음과 같이 가져올 (import) 수 있다.

▶ 기본 GPG 공개 키 가져오기

```
# rpm --import /etc/pki/rpm-gpg/RPM-GPG-KEY-CentOS-6 ⏎
```

웹 사이트에서 직접 내려받아 가져오는 것도 가능하다.

▶ 웹 사이트에서 GPG 공개 키 가져오기

```
# rpm --import http://mirror.centos.org/centos/RPM-GPG-KEY-CentOS-6 ⏎
```

리포지터리(Repository - 저장소)를 추가하려면 각 사이트에서 배포하는 공개 키를 가져와야
한다.

COLUMN

공식 리포지터리 외에도 EPEL(Extra Packages for Enterprise Linux), RPMforge라는 서드파티 리포지토리가 있
다. 이 책에서도 서드파티 리포지터리를 사용하는 경우가 있으니 필요한 경우 아래와 같이 추가하자.

▶ EPEL 추가

```
# rpm --import http://dl.fedoraproject.org/pub/epel/RPM-GPG-KEY-EPEL-6 ⏎
# rpm -ivh http://dl.fedoraproject.org/pub/epel/6/x86_64/epel-release-6
-8.noarch.rpm ⏎
```

▶ RPMforge 추가

```
# rpm --import http://apt.sw.be/RPM-GPG-KEY.dag.txt ⏎
# rpm -ivh http://pkgs.repoforge.org/rpmforge-release/rpmforge-release-
0.5.3-1.el6.rf.x86_64.rpm ⏎
```

이 외에도 서드파티 리포지터리가 다수 존재한다. 자세한 내용은 http://wiki.centos.org/AdditionalResources/
Repositories에서 확인할 수 있다.

5.2.2 YUM 설정

YUM 설정 파일은 /etc/yum.conf 및 /etc/yum.repos.d 디렉터리의 repo 확장자를 가진 파일이
다(표 5.1).

표 5.1 YUM 설정 파일

파일	설명
/etc/yum.conf	동작 설정 파일
/etc/yum.repos.d/CentOS-Base.repo	인터넷 리포지터리
/etc/yum.repos.d/CentOS-Debuginfo.rep	디버그 정보가 첨부된 패키지용 리포지터리
/etc/yum.repos.d/CentOS-Media.repo	DVD-ROM 등 미디어 리포지터리
/etc/yum.repos.d/CentOS-Vault.repo	구버전 프로그램용 리포지터리

패키지 배포 사이트(리포지터리)는 /etc/yum.repos.d 디렉터리의 각 파일에 저장한다. 기본이 되는 /etc/yum.repos.d/CentOS-Base.repo는 'base', 'updates', 'extras'라는 3개의 저장소가 기본적으로 활성화 돼 있다.[2]

▶ /etc/yum.repos.d/CentOS-Base.repo

```
[base]
name=CentOS-$releasever - Base
mirrorlist=http://mirrorlist.centos.org/?release=$releasever&arch=$basearch&repo=os
#baseurl=http://mirror.centos.org/centos/$releasever/os/$basearch/
gpgcheck=1
gpgkey=file:///etc/pki/rpm-gpg/RPM-GPG-KEY-CentOS-6
#released updates
(이하 생략)
```

5.2.3 YUM 기본 조작

CentOS는 yum을 사용해 패키지를 관리한다. 이 책에서는 상세한 부분까지 다루지 않지만, 기본적인 yum 사용 방법을 소개하겠다.

▶ 형식

```
yum [옵션] 보조명령 [패키지명]
```

---

2 'enabled=0'으로 설정하는 경우 기본값은 비활성화 상태가 된다.

표 5.2 yum의 주 옵션

옵션	설명
-y	모든 질문 프롬프트에 자동으로 Yes
--enablerepo=리포지터리	지정한 리포지터리를 유효화
--disablerepo=리포지터리	지정한 리포지터리를 무효화

표 5.3 yum의 보조명령

보조명령	설명
check-update	업데이트 대상의 패키지 리스트를 표시
groupinstall [그룹]	지정한 패키지 그룹을 설치
groupremove [그룹]	지정한 패키지 그룹을 삭제
grouplist	패키지 그룹 리스트를 표시
info [패키지명]	지정한 패키지 정보를 표시
install [패키지명]	지정한 패키지를 설치
remove [패키지명]	지정한 패키지를 삭제
deplist [패키지명]	지정한 패키지의 의존성을 표시
provides [패키지명]	지정한 패키지에 포함되는 파일을 표시
provides [파일명]	지정한 파일명이 포함되는 패키지를 표시
list	리포지터리에 존재하는 모든 패키지 정보를 표시
repolist	리포지터리 일람 표시
search [키워드]	지정한 키워드로 패키지 정보를 검색
update	시스템을 업데이트
update [패키지명]	지정한 패키지를 업데이트

▶ 시스템 전체를 업데이트

```
# yum update ↵
```

▶ httpd 패키지를 설치

```
# yum install httpd ↵
```

▶ httpd 패키지를 업데이트

```
# yum update httpd ↵
```

▶ httpd 패키지를 삭제

```
# yum remove httpd ↵
```

▶ httpd 패키지 정보를 표시

```
$ yum info httpd ↵
```

▶ Development tools 패키지 그룹을 설치

```
# yum groupinstall "Development tools" ↵
```

패키지 그룹을 지정한 경우 위와 같이 "(큰따옴표)로 감싸야 한다. 지정 가능한 패키지 그룹명은 다음과 같이 영어로 표시되도록 하자.

▶ 패키지 그룹 리스트 표시

```
$ LANG=C yum grouplist ↵
(생략)
Installed Groups:
    Additional Development
    Base
    Compatibility libraries
(이하 생략)
```

5.2.4 시스템 자동 업데이트

yum-cron을 사용하면 소프트웨어 업데이트 정보를 검색해 자동 업데이트할 수 있다.

▶ yum-cron 설치

```
# yum install yum-cron ↵
```

yum-cron을 활성화하기 위해서는 다음과 같이 한다.

▶ yum-cron 활성화

```
# service yum-cron start  yum-cron ↵ ◄───────────────────── 서비스 개시
Enabling nightly yum update:                          [ OK ]
# chkconfig yum-cron on ↵ ◄───────── 기본값으로 yum-cron서비스를 시작
```

설치 후 기본 설정은 하루에 한 번 자동 업데이트를 하는 것이다. yum-cron 설정은 /etc/sysconfig/yum-cron에서 할 수 있다.

▶ etc/sysconfig/yum-cron의 주요 설정

```
# 설치하지 않고 체크만 하는 경우 'yes'
CHECK_ONLY=no
# 설치하지 않고 파일 체크 및 다운로드만 하는 경우 'yes'
DOWNLOAD_ONLY=no
# 지정 사용자에게 메일로 알림
MAILTO=[사용자]
# 실행할 요일을 지정(0: 일요일, 6: 토요일)
# 기본 설정은 매일
DAYS_OF_WEEK="0123456"
# Clean Up을 하는 요일(기본값은 일요일)
CLEANDAY="0"
```

보안을 강화하는 데 있어 시스템 업데이트는 매우 중요하다. 수동 업데이트 설정이라면 주요 업데이트를 놓칠 수 있다. 보안을 위해서라면 될 수 있으면 자동화하여 시스템을 최신 상태로 유지하는 것이 좋다. 하지만 커널 업데이트 등 시스템이나 서비스를 재시작해야 하는 경우도 생긴다. 자동화 시스템을 도입할 때는 이런 경우도 고려하여 적절하게 업데이트가 적용될 수 있도록 해야 한다.

패키지 관리 시스템을 사용하지 않고 소스로부터 컴파일하여 설치한 소프트웨어가 있다면, 해당 소프트웨어는 자동 업데이트 대상에서 제외된다. 이런 소프트웨어가 다수 설치돼 있다면 개별 소프트웨어 업데이트 체크도 꾸준히 해야 하며, 업데이트에도 손이 많이 간다. 설치 패키지가 존재하지 않거나 시스템 환경에 맞게 직접 컴파일해야 할 때를 제외하고 될 수 있으면 패키지 시스템을 이용하는 것이 좋다.

5.3 사용자 계정 관리

5.3.1 일반 사용자의 로그인 관리

시스템을 더는 사용하지 않게 된 사용자[3]의 계정을 내버려두면 문제가 된다. 시스템 침입을 하려는 크래커에게 더 많은 기회를 제공하며, 원래 사용자가 실수(혹은 악의)로 로그인하여 문제를 발생시킬 가능성이 있기 때문이다. 시스템을 더는 사용하지 않는 사용자의 계정은 데이터 백업 후 삭제해야 한다. 하지만 계정을 정말 삭제해야 할지 판단할 수 없는 경우 usermod -L 명령어로 계정 잠금 상태로 만들어 로그인 불가 상태로 만들어두자.

▶ fred 계정 잠금

```
# usermod -L fred ⏎
```

이렇게 하면 기존 로그인 정보를 입력해도 로그인되지 않는다. 계정 잠금을 해제하기 위해서는 -U 옵션을 사용하면 된다.

▶ fred 계정 잠금 해제

```
# usermod -U fred ⏎
```

소프트웨어를 설치할 때나 기타 테스트를 할 때 테스트용 계정을 만드는 경우가 있다. 일반적으로 테스트가 끝난 후 그 계정은 삭제해야 하지만 잊어버리고 내버려둔 채 시스템을 운영하는 것은 위험하다. 테스트용 계정은 대체로 쉬운 패스워드로 설정하는 경우가 많기 때문에[4] 이를 통한 침투 사고가 빈번하게 일어난다. 테스트용 계정은 해당 목적이 완수되면 바로 삭제하자.

셸 로그인이 필요 없는 사용자에게 로그인 허용을 해두는 것도 바람직하지 않다. 서비스 데몬을 구동하기 위해 계정은 필요하지만 로그인할 필요가 없는 계정은 로그인 셸을 /sbin/nologin 또는 /bin/false로 설정하면 로그인되지 않는다. 계정 생성 시 로그인 셸을 다음과 같이 설정하면 된다.[5]

---

3 퇴직자, 휴직자, 부서 변경으로 권한이 없어진 사람

4 예를 들어 ID가 test인 경우 패스워드도 test 혹은 test1234인 경우가 많다.

5 불필요한 계정은 daemon, bin, sys, adm, listen, nobody, nobody4, noaccess, diag, operator, games, gopher 등으로 uid 100 이하 60000 이상의 시스템 계정들이다.

▶ march라는 계정 추가 시 로그인 셸을 /sbin/nologin으로 설정

```
# useradd -s /sbin/nologin march ↵
```

이미 존재하는 계정의 로그인 셸을 /sbin/nologin으로 변경하려면 usermod 명령어를 이용한다.

▶ march 계정의 로그인 셸을 /sbinb/nologin으로 변경

```
# usermod -s /sbin/nologin march ↵
```

5.3.2 root 계정 로그인 금지

두 번 말할 것도 없이 root 계정은 가장 중요하다. root 계정이 직접 로그인 가능한 상태에서 계정의 패스워드가 노출된다면 시스템 전체 권한을 뺏긴 것과 다름없다.[6] 따라서 root 사용자로 직접 로그인은 불가능하게 설정해야 한다. 콘솔에서 root 로그인을 허용하거나 허용하지 않으려면 /etc/securetty 파일을 편집한다. 이 파일에서 root 로그인이 가능한 단말을 설정할 수 있다.

▶ /etc/securetty

```
[root@localhost ~]# cat /etc/securetty
console
vc/1
vc/2
vc/3
vc/4
vc/5
vc/6
vc/7
vc/8
vc/9
vc/10
vc/11
tty1
tty2
tty3
tty4
tty5
tty6
tty7
tty8
tty9
tty10
tty11
[root@localhost ~]# _
```

---

6 SELinux를 사용해 root 권한을 제한하는 방법도 가능하다. 8장 참조

'root 권한이 필요한 경우 su 명령어 혹은 sudo 명령어를 사용'하는 것이 보안에 가장 안전하다. root 로그인이 불가능하게 하려면 해당 파일의 내용을 지우면 된다. 아래 명령어로 파일의 내용만을 지울 수 있다.

▶ 콘솔에서 root 로그인 금지

```
# echo > /etc/securetty ⏎
```

SSH를 사용해서 원격으로도 서버를 이용한다면 SSH에서도 root 로그인을 금지하도록 설정해야 한다('15.2.2 안전한 SSH 서버 설정'을 참고).

5.3.3 su 명령어 사용

시스템 관리자가 1명뿐이라도 root 계정으로 로그인해 작업하는 것은 바람직하지 않다. 평소에는 일반 계정으로 작업하고 root 권한이 필요한 경우만 root 사용자로 작업하는 것이 좋다. su 명령을 사용하면 일시적으로 다른 사용자의 권한으로 작업이 가능하다.

▶ 형식

```
su_[-]_[사용자명]
```

계정을 지정하지 않으면 root 계정을 지정한 것으로 간주한다. 아래 예처럼 실행하고 root 계정의 패스워드를 입력하면 root 사용자로 변경된다. 원래 유저로 돌아가기 위해서는 exit를 입력하면 된다.

▶ su 명령어 사용 예

```
[centuser@windsor ~]$ su - ⏎
Password:
[root@windsor ~]# pwd ⏎
/root
[root@windsor ~]# id ⏎
uid=0(root) gid=0(root) groups=0(root) context=unconfined_u:unconfined_r:uncon
fined_t:s0-s0:c0.c1023
[root@windsor ~]# exit ⏎
logout
[centuser@windsor ~]$
```

옵션의 '−'에 주의하자. '−' 없이 su 명령을 실행하면 다음과 같은 결과를 얻게 된다.

▶ su 명령을 '−' 없이 사용했을 때

```
[centuser@windsor ~]$ su ⏎
Password:
[root@windsor centuser]# pwd ⏎
/home/centuser
[root@windsor centuser]# id ⏎
uid=0(root) gid=0(root) groups=0(root) context=unconfined_u:unconfined_r:uncon
fined_t:s0-s0:c0.c1023
[root@windsor ~]# exit ⏎
logout
[centuser@windsor ~]$
```

'−' 없이 su 명령을 실행하면 원래 사용자 환경을 그대로 가진 채 root 권한을 갖게 된다. 하지만 '−'를 붙여 실행하면 root 계정으로 로그인한 상태가 된다. 즉 현재 디렉터리가 root 계정의 홈 디렉터리가 돼 환경 변수도 초기화된다.

누구나 su 명령을 사용해 root 권한을 가질 수 있는 상태는 위험하므로 su 명령 사용 가능한 사람을 제한하는 것이 좋다. /etc/pam.d/su 파일을 root 권한으로 편집한다. 파일 내에 'auth required pam_wheel.so use_uid' 라는 줄을 추가한다. CentOS 6은 해당 줄이 주석으로 처리되어 있기 때문에 주석 표시(#)를 제거하면 된다.

▶ /etc/pam.d/su

```
#%PAM-1.0
auth      sufficient    pam_rootok.so
# Uncomment the following line to implicitly trust users in the "wheel" group.
#auth     sufficient    pam_wheel.so trust use_uid
# Uncomment the following line to require a user to be in the "wheel" group.
#auth     required      pam_wheel.so use_uid      이 줄의 주석을 제거
auth      include       system-auth
account   sufficient    pam_succeed_if.so uid = 0 use_uid quiet
account   include       system-auth
password  include       system-auth
session   include       system-auth
session   optional      pam_xauth.so
```

이것으로 wheel 그룹에 등록된 사용자 계정만 su 명령어 사용이 가능하게 됐다. 사용자 계정을 wheel 그룹에 추가하기 위해서 usermod 명령어를 이용한다. 다음은 centuser 사용자 계정을 wheel 그룹에 추가하는 예다.

▶ wheel 그룹에 centuser 사용자 계정을 등록

```
# usermod -G wheel centuser ↵
```

5.3.4 root 권한 사용

su 명령을 사용하면 일단 root 권한을 취득하게 된 사용자는 root 계정과 같은 권한을 가진다. 만약 이렇게 권한을 주지 않고 특정 명령어만 root 권한으로 실행하고 싶다면 sudo 명령을 사용할 수 있다. 예를 들어 일반 사용자인 centuser는 shutdown 실행 권한이 없지만 sudo를 이용하면 실행할 수 있다. 선별적으로 권한을 줄 수 있다는 점과 일반 사용자에게 root 패스워드를 노출하지 않아도 된다는 것이 sudo의 장점이다.

■ sudo 설정

sudo 명령어 사용 설정을 위해서 root 계정으로 visudo 명령을 실행한다. 그러면 기본 에디터인 vi 로 /etc/sudoers 파일이 열린다.[7] sudoers 파일 형식은 다음과 같다.

▶ 형식

```
계정명_호스트명=(실행 계정명)_[NOPASSWD:] 명령어
```

표 5.4 /etc/sudoers 파일의 필드별 내용

항목	설명
계정명	명령어 실행 권한을 줄 계정명 또는 그룹명. 모두에게 권한을 준다면 ALL
호스트명	실행할 대상 서버명이나 IP 주소. 모든 서버가 대상이라면 ALL
실행 계정명	명령어를 실행할 때 어떤 계정의 권한을 갖는지 설정. 생략 시 root
명령어	실행을 허용하는 명령어 경로. ALL로 설정 가능
NOPASSWORD	NOPASSWORD로 설정하면 명령어 실행할 때 패스워드를 물어보지 않음

---

7 다른 에디터를 사용해서 직접 편집할 수도 있지만, 파일 권한 설정을 변경하는 등 번거로운 작업이 있으므로 visudo를 사용하는 것이 좋다.

예를 들어 centuser만 shutdown 명령어를 실행할 수 있게 설정하고 싶다면 다음과 같은 행을 추가하면 된다.

▶ /etc/sudoers 설정 예(1)

```
centuser ALL=(ALL) /sbin/shutdown
```

다음은 centuser에게 root 계정의 권한이 필요한 모든 명령어 실행을 허용하는 예다.

▶ /etc/sudoers 설정 예(2)

```
centuser ALL=(ALL) ALL
```

다음은 wheel 그룹을 대상으로 root 계정의 권한이 필요한 모든 명령어를 패스워드 없이 실행할 수 있도록 설정하는 예다.

▶ /etc/sudoers 설정 예(3)

```
%wheel ALL=(ALL) NOPASSWD:ALL
```

3번 예와 같은 설정은 wheel 그룹에 속한 일반 사용자 계정이 공격자에게 탈취되면 root 권한을 뺏긴 것이나 다름 없으므로 바람직하지 않다.

■ sudo 사용

sudo를 사용하려면 sudo [명령어] 식으로 sudo 뒤에 실행하고 싶은 명령어를 입력한다.

▶ 형식

```
sudo_명령어
```

예를 들어 centuser에게 shutdown 명령을 허용했다면 다음처럼 진행된다.

▶ sudo 명령어 실행 예

```
$ sudo /sbin/shutdown -h now ⏎
We trust you have received the usual lecture from the local System
Administrator. It usually boils down to these three things:
```

```
#1) Respect the privacy of others.
#2) Think before you type.
#3) With great power comes great responsibility.

Password:         ◄─────────────────────────────         해당 계정의 패스워드 입력
```

패스워드를 물어볼 때 root 계정 패스워드가 아니라 sudo 명령을 실행하는 사용자의 패스워드를 입력한다. 암호를 정확히 입력했다면 shutdown 명령이 실행된다. sudo 명령어를 한 번 사용하면 일정 시간 동안은 패스워드 없이 sudo 명령 실행이 가능하다.

5.3.5 패스워드 관리

사용자 계정에 간단한 패스워드를 설정하면 추측(Guessing)이나 문자열 조합을 통한 무차별 대응 공격에 쉽게 당할 수 있다. 패스워드는 충분히 복잡한 것으로 하도록 해야 한다. 복잡한 패스워드 사용뿐 아니라 정기적인 패스워드 변경도 정책으로 이용하는 것이 좋다. 하지만 사용자는 좀처럼 패스워드를 바꾸지 않는다. chage 명령을 사용하면 패스워드 만료일 설정이 가능하다.

▶ 형식

```
chage_[옵션]_사용자 계정명
```

▶ 패스워드 유효 기간 설정

```
# chage centuser ↵
Changing the aging information for centuser
Enter the new value, or press ENTER for the default

        Minimum Password Age [0]: 7 ↵
        Maximum Password Age [99999]: 60 ↵
        Last Password Change(YYYY-MM-DD) [2013-05-22]: ↵
        Password Expiration Warning [7]: ↵
        Password Inactive [-1]: 1 ↵
        Account Expiration Date(YYYY-MM-DD) [1969-12-31]: 2014-03-31 ↵
```

변경하지 않아도 되는 항목은 바로 [Enter] 키를 누르면 변경되지 않는다. 위 예제는 centuser의 패스워드 유효기간을 다음과 같이 설정한다.

- 패스워드 변경 후 7일 동안은 다른 패스워드로 변경이 불가능(바로 원래 패스워드로 바꾸는 것을 방지)

- 패스워드 변경 후 60일 이내 다른 패스워드로 변경(패스워드 만료는 60일 후)

- 패스워드 만료 7일 전부터 경고 표시

- 패스워드 만료 1일 후 계정 잠금

- 계정의 유효기간은 2014-03-31까지

패스워드의 유효기간 정보는 chage 명령어의 -l 옵션으로 확인할 수 있다.

▶ 패스워드 유효기간 정보 확인

```
# chage -l centuser ↵
Last password change                            : May 22, 2013  ◄──  마지막으로 패스워드를 변경한 날짜
Password expires                                : Jul 21, 2013  ◄──────────  패스워드 만료일
Password inactive                               : Jul 22, 2013  ◄──  만료일 이후 계정 잠금 까지의 날짜
Account expires                                 : Mar 31, 2014  ◄──────────  계정의 유효기간
Minimum number of days between password change  : 7  ◄───────────  패스워드 변경 후 다시
                                                                   패스워드를 변경할 수 있기까지의 기간

Maximum number of days between password change  : 60  ◄──────────  패스워드의 최대 유효 기간
Number of days of warning before password expires : 7  ◄─────────  패스워드 만료일 전 알림 일자
```

5.4 서비스 관리

서비스는 필요한 최소의 서비스만 가동하고 불필요한 서비스는 작동하지 않게 하는 것이 중요하다. 만약 불필요한 서비스가 가동되고 있고, 그 서비스에 보안 취약점이 존재한다면 서버 침해 사고가 발생할 확률이 높아진다.

5.4.1 불필요한 서비스 중지

서버에 어떤 서비스가 작동하고 있는지는 열려있는 포트를 확인하면 대략 알 수 있다. 다음은 열려 있는 TCP 및 UDP 포트를 확인하는 예다.[8]

---

8 netstat 명령 사용법은 7장 참조

▶ 열려있는 포트 확인

```
# netstat -antup ↵
Active Internet connections(servers and established)
Proto  Recv-Q  Send-Q  Local Address        Foreign Address       State        PID/Program name
tcp    0       0       0.0.0.0:22           0.0.0.0:*             LISTEN       1081/sshd
tcp    0       0       127.0.0.1:25         0.0.0.0:*             LISTEN       1159/master
tcp    0       0       192.168.11.2:22      192.168.11.9:54125    ESTABLISHED  1521/sshd
tcp    0       0       :::22               :::*                  LISTEN       1081/sshd
tcp    0       0       ::1:25              :::*                  LISTEN       1159/master
udp    0       0       0.0.0.0:68           0.0.0.0:*                         1474/dhclient
```

CentOS에서 주로 사용되는 서비스를 표 5.5에 정리했다.

표 5.5 주요 서비스 일람

제어 스크립트	기본값	설명
NetworkManager	on	네트워크 연결을 동적으로 관리
abrt-ccpp	on	코어 덤프를 핸들링하는 서비스
abrt-oops	on	시스템의 oops 메시지를 감시하는 서비스
abrtd	on	세그멘테이션 위반 혹은 oops 메시지를 저장하는 서비스
acpid	on	전원관리 규격인 ACP[9] 이용에 필요한 데몬
anacron	off	시스템이 정지되었을 때의 cron 작업을 나중에 실행하는 서비스
atd	on	날짜를 지정해 명령을 실행하는 at 명령어를 위한 데몬
auditd	off	시스템 감사 로그 데몬
autofs	on	파일 시스템의 마운트와 언마운트를 자동으로 수행하는 서비스
avahi-daemon	off	mDNS를 통한 이름 확인 서비스
bluetooth	on	bluetooth 서비스의 인식/인증을 수행하는 서비스
certmonger	off	PKI 모니터링 서비스
cpuspeed	off	시스템 부하에 따라 CPU 속도를 조절하는 커널 모듈을 로드
crond	off	정기적으로 수행하는 작업을 위해 제공되는 데몬
cups	on	제어 서비스

---

9 Advanced Configuration and Power Interface

제어 스크립트	기본값	설명
dhcpd	off	DHCP 서버
dhcpd6	off	IPv6용 DHCP 서버
diskdump	off	시스템 충돌 시 덤프 파일을 저장하는 서비스
dnsmasq	on	DNS 캐시 서버
dovecot	off	IMAP4/POP3 서버
firstboot	off	설치 후 최초 부팅 시 실행되는 서비스
haldaemon	off	하드웨어 정보를 동적으로 탐지하는 데몬(hald)
httpd	off	Apache Web 서버
iptables	off	패킷 필터링 툴
ip6tables	off	IPv6용 패킷 필터링 툴
irqbalance	on	멀티 CPU 환경에서 IRQ 인터럽트 처리의 분산을 허용
kdump	off	커널 덤프 서비스
lvm2-monitor	on	LVM2의 미러와 스냅샷 모니터링 서비스
mdmonitor	on	소프트웨어 RAID의 모니터링/관리 서비스
messagebus	on	시스템 이벤트와 애플리케이션 메시지 브로드캐스팅 데몬
microcode_ctl	off	Intel IA-32 마이크로코드의 업데이트 등을 수행하는 드라이버
named	off	BIND DNS 서버
ncsd	off	네임 서비스 캐시 데몬
netfs	on	NFS, SMB 파일 시스템을 시작할 때 마운트하는 서비스
netplugd	off	네트워크 케이블 핫플러그 관리 데몬
network	on	네트워크 서비스
nfs	off	NFS 서비스
nfslock	on	NFS의 잠금 기능을 제공하는 데몬
nscd	off	NIS 패스워드와 그룹 정보를 읽어와 캐시에 저장하는 데몬
nslcd	off	디렉터리 서버를 사용한 네임 서비스
ntpd	off	NTP 서버 데몬
portreserve	on	특정 서비스에 TCP 포트가 묶이지 않게 TCP 포트를 풀하는 서비스
postfix	off	SMTP 서버
restorecond	off	SELinux 컨텍스트 서비스

제어 스크립트	기본값	설명
rngd	off	난수 발생 데몬
rpcbind	off	RPC 번호와 서비스를 연결하는 서비스
rpcgssd	off	RPCSEC_GSS 데몬(NFSv4의 보안)
rpcidmapd	off	RPC 이름과 UID/GID의 맵핑 수행 서비스
rpcsvcgssd	off	서버 사이드 RPCSEC_GSS 데몬(NFSv4의 보안)
rsync	off	파일 전송 서비스인 rsync 서비스 데몬
rsyslog	on	시스템 로그 서비스
saslauthd	off	SASL 인증 데몬
slapd	off	OpeLDAP 서버
smartd	on	SMART 대응 하드디스크 감시 데몬
smb	off	Samba 서버
snmpd	off	SNMP 프로토콜로 원격 감시를 가능하게 하는 데몬
spamassassin	off	스팸 필터링 툴
squid	off	프록시 서버
sshd	on	OpenSSH 서버
sysstat	off	시스템 액티비티 로깅 서비스
udev-post	on	udev 장치 인식 서비스
virt-who	on	가상 게스트 리포트 에이전트
vncserver	off	VNC(Virtual Network Computing) 서버
vsftpd	off	FTP 서버
winbind	off	Linux와 Windows의 종합 계정 매니저
xinetd	off	슈퍼 서버
ypbind	off	NIS 바인드 서비스
yum-cron	off	정기적으로 YUM 업데이트를 실행하는 서비스
xinetd 베이스 서비스		
chargen-stream	off	문자열 생성 서비스
chargen-dgram	off	chargen의 UDP 버전
cvs	off	버전 관리 시스템
daytime-stream	off	현재 날짜를 생성하는 서비스

제어 스크립트	기본값	설명
daytime-dgram	off	daytime의 UDP 버전
echo-stream	off	받은 문자열을 그대로 돌려주는 서비스
echo-dgram	off	echo-stream의 UDP 버전
rsync	off	네트워크를 통한 파일 동기화 수행 서비스
telnet	off	TELNET 서비스
time-stream	off	현재 시각을 알려주는 서비스
time-dgram	off	time-stream의 UDP 버전

불필요한 서비스는 service 명령어를 사용해 종료한다.

▶ 형식

```
service_서비스명_[start | stop | restart | status]
```

▶ 불필요한 서비스 중지

```
# service avahi-daemon stop ↵
Stopping Avahi: [ OK ]
# service portreserve stop ↵
Stopping portreserve: [ OK ]
(이하 생략)
```

단, service 명령어로 서비스를 중지하면 다음번 부팅할 때는 서비스가 다시 시작된다. 불필요한 서비스를 애초에 가동하지 않고 싶다면 다음처럼 chkconfig 명령어를 사용하자.

▶ 불필요한 서비스가 기본적으로 실행되지 않게 설정

```
# chkconfig avahi-daemon off ↵
# chkconfig portreserve off ↵
(이하 생략)
```

불필요한 서비스나 프로그램은 정지시키는 것보다 제거하는 편이 좋다. '앞으로 필요할지 모르니까'라는 이유로 남겨둘 필요는 없다(언제든지 YUM으로 최신 버전을 설치할 수 있다). 많은 소프트웨어가 설치돼 있으면 그만큼 보안 대책을 해야 할 부분이 많아진다.

5.4.2 xinetd

표 5.5에 'inetd 기반 서비스'라는 부분이 있다. 이 서비스는 시스템에 있는 형태가 아니라 필요에 따라 슈퍼 서버인 xinetd에서 시작되는 형태로 서비스를 제공한다(그림 5.3). xinetd를 설치하려면 아래와 같이 실행하면 된다. 혹은 xinetd를 필요로 하는 서비스를 설치하면 xinetd도 함께 설치된다.

▶ xinetd 설치

```
# yum install xinetd ⏎
```

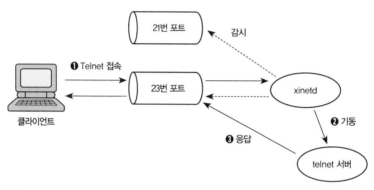

그림 5.3 xinetd 개념

xinetd 기반 서비스를 활성화해두면 시스템 런 레벨에 관계없이 xinetd 데몬이 실행되고 있으면 서비스를 제공한다. 개별 서비스의 활성화/비활성화를 설정하려면 chkconfig 명령을 사용한다.[10] 다음은 rsync 서비스를 활성화하는 예다.[11]

▶ rsync 서비스 활성화

```
# chkconfig rsync on ⏎
```

xinetd 기반 서비스는 각각의 접근 제어 등을 설정할 수 있다. 설정 파일[12]은 /etc/xinetd.d 디렉터리에 있다. 서비스명과 파일명은 동일하게 지정된다.

---

9 xinetd 기반 서비스를 지정한 경우 ―level 옵션으로 런 레벨을 지정한 것은 무효가 된다.

11 rsync는 디렉터리 간, 호스트 간 파일을 동기화하는 서비스다.

12 이 파일들은 /etc/xinetd.conf에 인클루드되어 사용된다.

▶ xinetd 기반 서비스 설정 파일

```
$ ls /etc/xinetd.d ⏎
apgd              daytime-dgram     discard-stream    rsync             time-stream
chargen-dgram     daytime-stream    echo-dgram        tcpmux-server
chargen-stream    discard-dgram     echo-stream       time-dgram
```

다음은 rsync용 설정 파일 /etc/xinetd.d/rsync 내용 예다.

▶ /etc/xinetd.d/rsync

```
# default: off
# description: The rsync server is a good addition to an ftp server, as it \
# allows crc checksumming etc.
service rsync
{
    disable = yes
    flags = IPv6
    socket_type = stream
    wait = no
    user = root
    server = /usr/bin/rsync
    server_args = --daemon
    log_on_failure += USERID
}
```

설정 파일의 주요 설정 항목은 표 5.6에 정리했다. 설정 파일을 변경한 경우 xinetd를 재기동 (restart)하거나 설정을 다시 읽어(reload)오면 변경 내용이 적용된다.

표 5.6 xinetd 기반 서비스 주요 설정 항목

설정항목	설명
access_times	접속을 허용하는 시간 설정
disable	서비스 활성/비활성(yes – 비활성, no – 활성)
flags	옵션 플래그
group	실행 그룹
interface	서비스를 제공할 네트워크 인터페이스
log_on_failure	서비스를 기동하지 못했을 때 로그로 출력할 내용

설정항목	설명
log_on_success	서비스 시작/종료 시 로그에 출력할 내용
no_access	연결을 거부할 클라이언트
only_from	연결을 허용할 클라이언트
passenv	이용할 환경 변수
per_source	동일 IP로부터 허용할 최대 연결 수
protocol	프로토콜
server	서비스 프로그램 경로
server_args	서비스 프로그램에 전달할 인수
socket_typ	통신 종류(TCP – stream, UDP – dgram)
user	실행할 사용자
wait	스레드 종류(yes – Single Thread, no – Multi Thread)

여기서 주요 설정 항목을 살펴보자. 다음은 access_times 설정 예다. 서비스를 제공하는 시간대를 'HH:MMHH:MM' 형식으로 작성한다. 0시부터 23시까지 설정할 수 있기 때문에 밤 12시를 포함한 시간을 설정하려면 '22:00–23:59,0:00–07:00'처럼 나눠서 설정한다.

▶ access_time

```
access_times = 07:00-19:00
```

다음은 disable 설정 예다. 서비스를 활성화할지를 지정한다. 'yes'라면 비활성, 'no'면 활성이다. 사용하지 않는 서비스에 대해 'yes'로 설정해둔다.

▶ disable

```
disable = no
```

다음은 log_on_failure 설정이다. 접근 제한 등 서비스를 시작하지 못했을 때 로그로 출력할 내용을 설정한다. '+='로 설정하면 /etc/xinetd.conf에서 설정한 기본 정보에 원격 상태나 사용자 아이디, 연결 실패 횟수 등의 정보를 추가해 나타낼 수 있다.

▶ log_on_failure

```
log_on_failure += USERID
```

log_on_failure에서 설정할 수 있는 항목은 표 5.7과 같다.

표 5.7 log_on_failure에서 설정 가능한 항목

항목	설명
ATTEMPT	연결 실패 횟수 출력
HOST	접속을 시도한 IP 주소 출력
RECORD	원격 상태를 출력
USERID	사용자 아이디를 출력

다음은 no_access 설정 예다. 연결을 거부할 클라이언트의 IP를 지정한다. 지정되지 않은 호스트에서는 접속할 수 있다.

▶ no_access 설정 예

```
no_access = 172.20.0.0/16
no_access += 172.21.0.5
```

마지막 예는 only_from 설정이다. no_access와 반대로 연결을 허용할 클라이언트의 IP를 지정한다. 지정되지 않은 호스트에서는 접속할 수 없다. no_access에서 설정한 것과 같이 허용할 호스트만을 여기에 써넣는다.[13]

▶ only_from 설정 예

```
only_from = 172.16.0.0/16
only_from += 172.18.0.1
```

5.5 TCP Wrapper

호스트명과 IP 주소에 의해 접근 제한을 수행하는 기능으로 TCP Wrapper가 있다. 여기서는 TCP Wrapper의 설정에 관해 설명한다.

---

13 no_access는 블랙리스트, only_from은 화이트리스트로 접속을 허용한다

5.5.1 TCP Wrapper 개요

TCP Wrapper는 원래 슈퍼 서버 데몬 inetd와 연계하여 데몬의 접근을 제어하는 방식으로 사용돼왔다. 현재는 슈퍼 서버는 xinetd로 대체되었기 때문에 CentOS에서 inetd를 사용하는 일은 없을 것이다. 그러나 inetd를 통하지 않고 libwrap이라는 TCP Wrapper 라이브러리를 사용한 접근 제어 서비스가 몇 가지 있다. CentOS에서는 OpenSSH 서버와 Postfix 등이 TCP Wrapper를 사용한다.

TCP Wrapper 설정 가능 여부는 libwrap 라이브러리에 링크되어 있는지에 달려있다. libwrap 라이브러리 링크 여부는 프로그램이 사용하는 라이브러리를 표시해주는 ldd 명령어를 통해 확인할 수 있다. 다음은 sshd가 libwrap 라이브러리에 링크되어 있는지 확인하는 예다.

▶ libwrap 라이브러리 링크 여부 확인

```
$ ldd /usr/sbin/sshd │ grep libwrap ⏎
    libwrap.so.0 => /lib64/libwrap.so.0(0x00007f7630e4e000)
```

TCP Wrapper는 호스트 기반 접근 제어 기술이다. 접속한 IP 주소나 호스트명, 도메인명에 따라 접근할 수 있는지를 판단한다. 설정 파일은 /etc/hosts.allow 파일과 /etc/hosts.deny 파일이다. /etc/hosts.allow 파일에는 접근을 허가할 서비스와 대상을, /etc/hosts.deny 파일에는 접근을 거부할 서비스와 대상을 써넣는다. 설정에 따라 접근을 어떻게 허용하고 거부하는지는 그림 5.4를 보자.

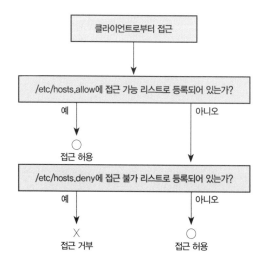

그림 5.4 TCP Wrapper

우선 /etc/hosts.allow를 확인하여 접근 리스트에 존재하는 호스트라면 접근을 허용한다. 이 경우 /etc/hosts.deny 파일을 참조하지 않는다. /etc/hosts.allow에 맞는 조건이 없다면 /etc/hosts. deny를 체크한다. 여기서 접근 불가 리스트에 존재하면 그때 접근을 거부하고 조건에 없다면 접근을 허용한다.

5.5.2 TCP Wrapper 기본 설정

앞서 설명한 것처럼 TCP Wrapper는 /etc/hosts.allow 파일과 /etc/hosts.deny 파일에서 접근 제어 설정을 한다. 이 파일들은 다음과 같은 형식으로 대상 리스트를 써넣는다.

▶ 형식

서비스명: 대상 호스트

서비스명에는 /etc/inetd.conf의 최초 파라미터에 지정돼 있는 것을, 대상 호스트에는 호스트명이나 도메인명 IP 주소 범위를 적는다. 설정에서는 표 5.8과 같이 와일드카드(예약어)를 지정하여 사용할 수 있다.

표 5.8 /etc/hosts.allow와 /etc/hosts.deny에서 사용 가능한 와일드카드

와일드카드	설명
ALL	모든 서비스 또는 호스트
A EXCEPT B	B를 제외한 A
LOCAL	'.'을 포함하지 않는 모든 호스트(로컬 네트워크 세그먼트에 있는 호스트)
PARANOID	호스트명이 주소와 일치하지 않는 호스트

다음 예의 첫 행은 lpic.kr 도메인으로부터 SSH 접근을 허용한다. 2행에서는 192.168.2.0/24 네트워크로부터의 모든 접근을 허용하고 있다. 도메인명의 앞과 IP 주소의 뒤쪽이 '.'으로 되어 있는 것에 주의하자. '.lpic.kr'은 '*.lpic.kr'을, '192.168.2.'은 '192.168.2.*'를 의미한다.

▶ /etc/hosts.allow 파일 설정 예

```
sshd: .lpic.jp
ALL: 192.168.2.
```

/etc/hosts.deny 파일에는 접근 금지할 호스트나 도메인, IP 주소의 범위를 서비스별로 써넣는다. 형식은 /etc/hosts.allow 파일과 같다. 다음은 /etc/hosts.deny 파일에서 모든 호스트로부터 모든 서비스에 대해 접근을 거부하는 예다.

▶ /etc/hosts.deny 파일 설정 예

```
ALL: ALL
```

/etc/hosts.deny에 모든 접근을 거부한 후 /etc/hosts.allow에 접근을 허용할 대상만을 기록하는 방식이 일반적이다. 기본적으로 접근을 허용하고 거부 대상만을 관리하는 방법은 보안에 허점이 생길 위험이 크다. /etc/hosts.deny나 /etc/hosts.allow에 없는 대상은 접근이 허용되기 때문이다.

5.6 프로세스 모니터링

프로세스란 작업 중인 프로그램을 운영체제가 관리하는 기본적인 단위다. 프로그램을 실행하면 프로세스가 생성된다. 프로세스는 실행한 사용자의 권한으로 작동한다. 프로세스가 존재하는 기간은 다양하며, 서버 프로그램처럼 연속으로 작동을 계속하는 것이 있다면, (많은 명령어처럼) 실행 순간에 결과를 반환하고 종료하는 것도 있다. 프로세스를 모니터링하여 악성 프로그램을 발견할 수 있다. 또한 불필요한 서비스가 실행되고 있는지도 확인할 수 있다. 프로세스 모니터링의 기본 명령을 살펴보자.

5.6.1 ps 명령어를 통한 프로세스 모니터링

프로세스 정보를 표시하고 싶은 경우 ps 명령어를 이용한다.

▶ 형식

```
ps [옵션]
```

ps 명령어의 주 옵션[14]은 표 5.9와 같다.

---

14 ps 명령어의 옵션에는 '-'를 붙이지 않는 BSD 옵션, '-'를 붙이는 UNIX 옵션, '--'를 붙이는 GNU 옵션이 있다. '-'의 유무에 따라 같은 옵션이라도 동작이 달라진다는 것에 주의하자.

표 5.9 ps 명령어의 주요 옵션

옵션	설명
a	모든 프로세스를 표시
f	프로세스의 부모 관계를 트리로 표시
l	긴 포맷으로 표시
r	실행 중인 프로세스만 표시
u	실행 유저명도 함께 표시
x	제어 단말이 없는 프로세스도 함께 표시
w	긴 행은 문자열을 잘라 표시
U 사용자	해당 사용자가 실행한 프로세스만 표시
Z	SELinux용 데이터를 표시
–C 명령어	명령어를 선택
–e	모든 프로세스를 표시
–t 콘솔명	접속한 콘솔에서 실행한 프로세스를 표시
–u UID	해당 사용자 ID가 실행한 프로세스를 표시

옵션을 붙이지 않고 ps 명령을 실행하면 ps 명령을 실행한 사용자가 접속한 단말에서 실행하고 있는 프로세스를 표시한다.

▶ 프로세스를 표시

```
$ ps ↵
PID TTY        TIME CMD
4455 pts/0   00:00:00 bash
4505 pts/0   00:00:00 ps
```

시스템상에서 실행되고 있는 모든 프로세스를 보려면 aux 옵션을 사용한다.

▶ 모든 프로세스를 표시

```
$ ps aux ↵
USER       PID %CPU %MEM    VSZ    RSS TTY      STAT START   TIME COMMAND
root         1  0.0  0.0  10372    688 ?        Ss   Feb03   0:04 init [3]
root         2  0.0  0.0      0      0 ?        S<   Feb03   0:44 [migration/0]
root         3  0.0  0.0      0      0 ?        SN   Feb03   0:00 [ksoftirqd/0]
```

```
root          4  0.0  0.0        0      0 ?           S<    Feb03    1:00 [migration/1]
root          5  0.0  0.0        0      0 ?           SN    Feb03    0:01 [ksoftirqd/1]
root          6  0.0  0.0        0      0 ?           S<    Feb03    0:44 [migration/2]
root          7  0.0  0.0        0      0 ?           SN    Feb03    0:00 [ksoftirqd/2]
root          8  0.0  0.0        0      0 ?           S<    Feb03    1:03 [migration/3]
root          9  0.0  0.0        0      0 ?           SN    Feb03    0:01 [ksoftirqd/3]
root         10  0.0  0.0        0      0 ?           S<    Feb03   30:01 [events/0]
root         11  0.0  0.0        0      0 ?           S<    Feb03    0:00 [events/1]
root         12  0.0  0.0        0      0 ?           S<    Feb03    0:00 [events/2]
(이하 생략)
```

표 5.10에 ps 명령어의 표시 항목을 정리했다.

표 5.10 ps 명령어 표시 항목

이름	설명
USER	실행 사용자명
PID	프로세스 ID
%CPU	CPU 사용률
%MEM	메모리 사용률
VSZ	프로세스가 사용한 메모리양
RSS	현재 사용 중인 메모리양
TTY	제어 단말명
STAT	프로세스의 상태(S:슬립 상태, D:인터럽트 불가능한 슬립 상태, R:실행상태, T:트레이스 중 혹은 정지 중인 상태, Z:소멸한 프로세스, W:스왑 아웃한 프로세스)와 우선도(N:우선도 낮음, <:우선도 높음)
TIME	소모한 CPU

5.6.2 top 명령어를 통한 프로세스와 시스템 모니터링

CPU와 메모리 사용률, 시스템 평균 부하 등 시스템의 상태를 지속해서 모니터링 하기 위해 top 명령어를 사용하면 편리하다. top 명령어를 실행하면 시스템의 상태가 3초 간격으로 표시된다. 종료하려면 'Q' 키를 누른다.

▶ top 명령어 실행

```
$ top ↵
(화면 전환)
top - 10:39:23 up 104 days, 16:33,  2 users,  load average: 0.07, 0.02, 0.00
Tasks: 122 total,   1 running, 121 sleeping,   0 stopped,   0 zombie
Cpu(s):  0.0%us,  0.3%sy,  0.0%ni, 99.7%id,  0.0%wa,  0.0%hi,  0.0%si,  0.0%st
Mem:   4043664k total,  3992480k used,    51184k free,   150504k buffers
Swap:  4192956k total,   174896k used,  4018060k free,  3355256k cached

  PID USER      PR  NI  VIRT  RES  SHR S %CPU %MEM    TIME+  COMMAND
    1 root      15   0 10372  688  576 S  0.0  0.0  0:04.84 init
    2 root      RT  -5     0    0    0 S  0.0  0.0  0:44.24 migration/0
    3 root      34  19     0    0    0 S  0.0  0.0  0:00.21 ksoftirqd/0
    4 root      RT  -5     0    0    0 S  0.0  0.0  1:00.76 migration/1
    5 root      34  19     0    0    0 S  0.0  0.0  0:01.61 ksoftirqd/1
    6 root      RT  -5     0    0    0 S  0.0  0.0  0:44.63 migration/2
    7 root      34  19     0    0    0 S  0.0  0.0  0:00.33 ksoftirqd/2
    8 root      RT  -5     0    0    0 S  0.0  0.0  1:03.99 migration/3
    9 root      34  19     0    0    0 S  0.0  0.0  0:01.61 ksoftirqd/3
   10 root      10  -5     0    0    0 S  0.0  0.0 30:01.91 events/0
   11 root      10  -5     0    0    0 S  0.0  0.0  0:00.44 events/1
   12 root      10  -5     0    0    0 S  0.0  0.0  0:00.46 events/2
   13 root      10  -5     0    0    0 S  0.0  0.0  0:00.43 events/3
   14 root      10  -5     0    0    0 S  0.0  0.0  0:01.42 khelper
   55 root      10  -5     0    0    0 S  0.0  0.0  0:00.00 kthread
   62 root      10  -5     0    0    0 S  0.0  0.0  0:01.52 kblockd/0
   63 root      10  -5     0    0    0 S  0.0  0.0  0:00.10 kblockd/1
   64 root      10  -5     0    0    0 S  0.0  0.0  0:00.09 kblockd/2
   65 root      10  -5     0    0    0 S  0.0  0.0  0:00.11 kblockd/3
   66 root      15  -5     0    0    0 S  0.0  0.0  0:00.00 kacpid
  227 root      11  -5     0    0    0 S  0.0  0.0  0:00.00 cqueue/0
```

표 5.11 top 명령어의 표시 항목

표시 항목	설명
PID	프로세스 ID
USER	사용자명
PR	실행 우선도
NI	nice 값

표시 항목	설명
VIRT	사용 중인 가상 메모리(KB)
RES	사용 중인 실제 메모리(KB)
SHR	공유 메모리 크기(KB)
S	프로세스 상태
%CPU	CPU 점유율(%)
%MEM	물리 메모리 점유율(%)
TIME+	프로세스가 시작한 이후 사용한 CPU 시간의 총계
COMMAND	실행한 명령어

top 명령어 실행 중에 표 5.12의 키를 눌러 동작을 전환할 수 있다.

표 5.12 top 명령어 사용 중 조작

키	설명
스페이스 바	즉시 내용을 업데이트
f	대화형 모드로 전환
l	평균 부하 표시/미표시
m	메모리 정보 표시/미표시
t	프로세스와 CPU 상태 표시/미표시
P	CPU 사용률 순으로 정렬
M	메모리 사용률 순으로 정렬
K	프로세스에 TERM 시그널 전송

5.7 바이러스 대책

윈도에는 많은 바이러스와 웜이 존재하여 백신 소프트웨어를 설치하는 것이 당연시돼 있다. 리눅스에 감염되는 바이러스나 웜은 거의 없지만, CentOS 서버에 바이러스가 감염되면 서버를 이용하는 사람들에게도 감염될 가능성이 있기 때문에 백신 소프트웨어 도입이 필요하다. 여기서는 오픈소스 백신 소프트웨어인 Clam AntiVirus를 소개한다.

5.7.1 Clam AntiVirus 설치

Clam AntiVirus는 GPL 라이선스로 공개된 오픈소스 백신 소프트웨어다. http://pkgs.repoforge. org/clamav/에서 레드햇 엔터프라이즈 리눅스 6 및 CentOS 6 용 RPM 패키지를 내려받을 수 있다. 현재 시점(2015년 3월)에서 구할 수 있는 가장 최신 버전은 clamav-0.98.3-1.el6.rf.x86_64. rpm(64비트. 32비트는 clamav-0.98.3-1.el6.rf.i686.rpm)이다. 개별적으로 내려받아 설치해도 상관없지만 RPMforge 리포지터리를 이용하면 yum 명령으로 설치할 수 있으므로 '5.2.1 YUM을 사용하기 위한 준비'의 '서드 파티 리포지터리 추가'를 참고해서 RPMforge 리포지터리를 사용할 수 있게 하자. 그리고 다음과 같이 clamav 패키지를 설치한다.

▶ clamav 패키지 설치

```
# yum install clamav ⏎
```

5.7.2 바이러스 데이터베이스 업데이트

바이러스의 시그니처가 기록된 바이러스 데이터베이스는 매일 갱신된다. 바이러스 데이터베이스를 온라인으로 업데이트하려면 freshclam 명령을 실행한다.[15]

▶ 바이러스 데이터베이스 업데이트

```
# freshclam ⏎
ClamAV update process started at Mon Jun 10 09:20:06 2013
main.cvd is up to date(version: 54, sigs: 1044387, f-level: 60, builder: sven)
WARNING: getfile: daily-17074.cdiff not found on remote server(IP: 120.29.176.126)
(이하 생략)
```

5.7.3 바이러스 스캔

바이러스를 스캔하기 위해서는 스캔하고 싶은 디렉터리로 이동하여 clamscan을 실행한다. 다음은 /home 디렉터리 및 하위 디렉터리에 대해 바이러스 스캔을 실행하는 모습이다(디렉터리 내부를 재귀적으로 스캔하기 때문에 -r 옵션을 지정한다).

---

15 이 책에서처럼 RPM 패키지로 설치한 경우 cron을 이용해 자동으로 업데이트할 수 있게 설정할 수 있다.

▶ 바이러스 스캔 실행

```
# cd /home ↵
# clamscan -r ↵
/home/centuser/.bashrc: OK
/home/centuser/.bash_history: OK
/home/centuser/.bash_profile: OK
/home/centuser/.tcshrc: OK
(중략)
----------- SCAN SUMMARY -----------
Known viruses: 1119346
Engine version: 0.97.3
Scanned directories: 22
Scanned files: 43
Infected files: 0
Data scanned: 4.68 MB
Data read: 3.00 MB(ratio 1.56:1)
Time: 13.551 sec(0 m 13 s)
```

바이러스가 발견되면 다음과 같이 표시된다.

▶ 바이러스가 발견됐을 때의 메시지

```
/tmp/eicar.com: Eicar-Test-Signature FOUND
```

바이러스를 발견해도 기본 옵션으로 실행했다면 삭제되지 않는다. 바이러스가 발견됐을 때 자동으로 삭제하고 싶다면 −remove 옵션을 붙여 실행해야 한다.

▶ 바이러스 자동 삭제

```
# clamscan --remove ↵
```

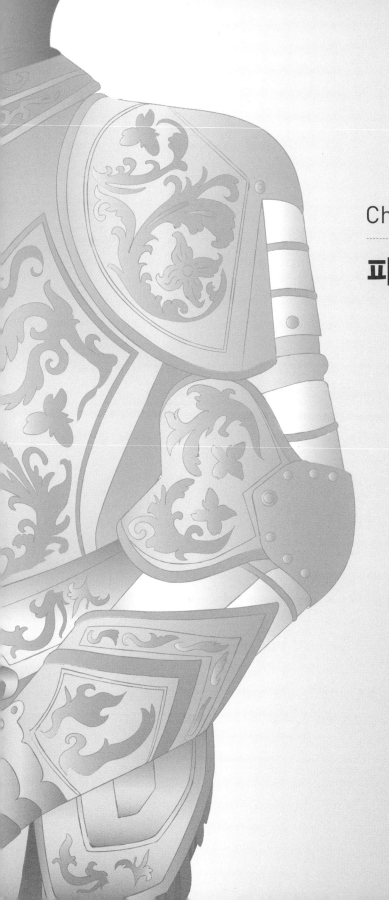

Chapter **6**

파일 시스템 보안

6.1 퍼미션

파일이나 디렉터리에는 접근 권한이 설정돼 있다. 여기서는 파일의 퍼미션에 대해 알아본다.

6.1.1 소유자와 소유 그룹

파일이나 디렉터리는 만든 사용자가 그 소유자가 된다. 동시에 소유자의 기본 그룹(Primary Group)[1]이 파일이나 디렉터리의 그룹이 된다. 예를 들어 smile이라는 그룹에 속한 사용자 happy 가 파일을 만들면 그 파일의 소유자는 happy, 소유 그룹은 smile이 된다. 소유자를 확인하는 명령은 ls –l이다.

▶ 소유자와 소유 그룹 확인

```
$ ls -l samplefile ⏎
-rw-r--r--. 1 happy smile 158 Jun 10 04:55 samplefile
```

6.1.2 접근 권한

파일이나 디렉터리에는 접근 권한이 설정돼 있다. 접근 권한(퍼미션)이란 어떤 사용자에게 어떤 작업을 허용할지에 대한 정보다. 접근 권한은 '소유자(OWNER)', '소유 그룹에 속한 사용자(GROUP)', '그 외 사용자(OTHERS)'의 세 종류에 대해 설정이 가능하다.

파일에 대해 읽기 권한만 부여됐다면 그 파일의 내용을 읽을 수 있지만 변경은 불가능하다. 디렉터리에 대해서도 읽기 권한만 부여됐다면 디렉터리의 파일 목록만을 볼 수 있다.

파일에 대해 쓰기 권한이 부여되면 파일의 내용을 변경하거나 제거할 수 있다. 디렉터리에 쓰기 권한이 부여되면 해당 디렉터리에 파일을 만들거나 삭제할 수 있다.

파일에 실행 권한이 부여되면 해당 파일을 실행할 수 있다. 디렉터리에 실행 권한이 부여되면 해당 디렉터리의 파일에 접근할 수 있고 cd 명령을 통해 그 디렉터리 내부로 이동할 수 있다.

표 6.1에 해당 내용을 정리했다.

---

[1] 사용자가 속한 그룹에서 가장 기본이 되는 그룹이 기본 그룹이다.

표 6.1 파일과 디렉터리 접근 권한

접근 권한	파일	디렉터리
읽기	파일 내용 읽기 가능	디렉터리 내 파일 목록 열람 가능
쓰기	파일 내용 변경/삭제 가능	디렉터리 내 파일 생성/삭제 가능
실행	파일 실행 가능	디렉터리 내 파일에 대해 접근 가능

접근 권한을 확인하려면 ls −l 명령을 실행한다.

▶ 접근 권한 확인

```
$ ls -l
total 12
-rw-r--r--. 1 happy smile 158 Jun 10 04:58 samplefile
-rwxr-xr--. 1 happy smile 4534 Jun 10 04:56 sample.sh
```

실행 결과의 왼쪽에 있는 '−rw−r−−r−−', '−rwxr−xr−−' 부분이 접근 권한이다. 권한은 왼쪽에서부터 세 글자씩 '소유자', '그룹', '그 외 사용자'의 권한을 나타낸다. '−'는 액세스 권한이 없음을 의미한다.[2] sample.sh라는 파일의 권한은 다음과 같다.

- 소유자에 대해 '읽기', '쓰기', '실행' 가능
- 그룹에 대해 '읽기', '실행' 가능
- 그 외 사용자에 대해 '읽기' 가능

그림 6.1 접근 권한

접근 권한 부분에서 가장 왼쪽의 한 글자는 파일의 종류를 표시한다. '−'는 일반 파일, 'd'는 디렉터리, 'l'은 심볼릭 링크를 의미한다.

---

2 접근 권한 표시 바로 뒤에 있는 '.'은 SELinux 관련 정보(보안 컨텍스트)가 저장되어 있는지를 나타낸다. 8장에서 설명한다.

접근 권한은 숫자로도 표시할 수 있다. 숫자로 표현하면 '읽기(r)=4', '쓰기(w)=2', '실행(x)=1'이 된다. 그리고 이 숫자는 소유자와 그룹, 그 외 사용자에게 하나씩 할당된다. 예를 들어 소유자에게는 모든 권한(rwx)이 있고 그룹 사용자에게는 읽기와 실행 권한(r-x), 그 외 사용자에게는 읽기 권한(r--)만 존재한다면 아래 그림과 같이 숫자로 나타낼 수 있다.

소유자	그룹	그 외 사용자	
rwx	r-x	r--	: 기호 표시
421	4 1	4	
↓	↓	↓	
7	5	4	: 숫자 표시

그림 6.2 접근 권한 표기법

그림 6.2의 경우 접근 권한은 '754'다.

6.1.3 접근 권한 변경

접근 권한을 변경하려면 chmod 명령을 사용한다.

▶ 접근 권한 변경

```
chomd_[옵션]_접근 권한_파일명
```

표 6.2 chmod 명령의 주요 옵션

옵션	설명
-R	지정한 디렉터리 아래 있는 모든 파일에 대한 접근 권한을 변경

대상	설명
u	소유자
g	그룹
o	그 외 사용자
a	모든 사용자

조작	설명
+	권한을 추가
−	권한을 삭제
=	권한을 지정
허용 종류	설명
r	읽기 가능
w	쓰기 가능
x	실행 가능
s	SUID 혹은 SGID
t	스틱키 비트(Sticky Bit)

chmod 명령으로 접근 권한을 변경할 때 접근 권한의 지정 방법은 두 가지가 있다. 첫 번째 방법은 기호(영문자)를 이용한다. 권한을 추가하는 경우 '+'를, 권한을 제거하는 경우 '−'를, 권한을 지정하는 경우 '='을 사용한다. 소유자는 'u', 그룹은 'g', 그 외 사용자는 'o'를 사용하며 사용자를 모두 지정한다면 'a'를 사용한다.

다음은 그룹과 그 외 사용자에게 읽기 권한을 추가하는 예다. 변경 전 접근 권한이 'rw−r−−r−−'(644)였다면 변경 후에는 'rw−rw−rw−'(666)이 된다.

▶ 그룹과 그 외 사용자에게 쓰기 권한을 추가

```
$ chmod go+w samplefile ⏎
```

다음 예에서는 그 외 사용자의 읽기 및 쓰기 권한을 제거한다. 변경 전의 접근 권한이 'rwxrwxrwx'(777)였다면 변경 후에는 'rwxrwx−−x'(771)가 된다.

▶ 그 외 사용자의 읽기 및 쓰기 권한 제거

```
$ chmod o-rw samplefile ⏎
```

두 번째 방법은 숫자를 사용하여 지정한다. 다음은 파일 접근 권한을 '644'로 설정하는 예다. 변경 전 접근 권한에 관계없이 변경 후 'rw−r−−r−−'(644)가 된다.

▶ 접근 권한을 644로 설정

```
$ chmod 644 samplefile ↵
```

6.1.4 SUID, SGID

사용자는 passwd 명령을 사용해 자신의 패스워드를 변경할 수 있다. 패스워드는 보통 /etc/ shadow 파일에 저장된다. /etc/shadow 파일의 소유자와 접근 권한은 다음과 같이 설정돼 있다.

▶ /etc/shadow 파일의 소유자 및 접근 권한

```
$ ls -l /etc/shadow ↵
----------. 1 root root 921 Jun 10 04:47 /etc/shadow
```

이 파일의 소유자는 root이며 일반 사용자의 접근이 불가능하다. 그렇다면 왜 passwd 명령을 일반 사용자가 실행해도 그 결과가 /etc/shadow 파일에 저장될까? passwd 명령을 조사해보자.[3]

▶ /usr/bin/passwd 파일 퍼미션

```
$ ls -l `which passwd` ↵
-rwsr-xr-x. 1 root root 30768 Feb 22 2012 /usr/bin/passwd
```

결과를 보면 /ur/bin/passwd의 소유자(root)의 접근 권한은 'rws'로 실행 권한 부분이 'x'가 아닌 's' 다. 이것은 어떤 사용자가 프로그램을 실행해도 파일 소유자의 권한으로 실행된다는 것을 의미한다. 이것을 SUID(Set User ID)라 한다. passwd 명령어는 이 파일의 소유자인 root의 권한으로 실행되기 때문에 /etc/shadow 파일에 일반 사용자가 실행한 결과가 저장된다. SUID를 설정하면 소유자의 실행 권한이 's'가 된다. 숫자로 표시하려면 원래 권한에 4000을 더한다. /usr/bin/passwd라면 '4711'이 된다. 다음 예는 samplefile에 SUID를 설정하는 것을 보여준다.

▶ samplefile에 SUID 설정

```
# chmod u+s samplefile ↵
```

---

3 '명령'을 조사한다고 해도 명령어를 조사하는 것이 아니라 파일 자체를 보는 것이다. 예에서는 'ls -l /usr/bin/passwd'를 실행한 결과를 본다.

SUID가 설정된 파일의 소유자가 root라면(대체로 그렇다) 보안상 주의가 필요하다. 이런 실행 파일에 대한 공격이 성공하여 프로세스가 탈취되면 root 권한까지 뺏길 수 있다. 소유자가 root인 파일 중 SUID가 설정된 파일은 다음과 같이 검색할 수 있다.

▶ SUID 파일 목록 출력

```
$ find / -user root -perm +4000 -ls ⏎
598302   28 -rwsr-xr-x  1 root    root      27936 Aug 11  2010 /usr/bin/passwd
598954   16 -rwsr-xr-x  1 root    root      11328 Nov  7  2011 /usr/bin/rsh
605349 1904 -rws--x--x  1 root    root    1945600 Feb 23  2012 /usr/bin/Xorg
611440  160 ---s--x---  1 root    stapusr  154312 Feb 21  2012 /usr/bin/staprun
615133   12 -rwsr-xr-x  1 root    root       8440 Oct 20  2011 /usr/bin/kpac_dhcp_helper
610854  192 ---s--x--x  2 root    root     186584 Feb 23  2012 /usr/bin/sudoedit
610854  192 ---s--x--x  2 root    root     186584 Feb 23  2012 /usr/bin/sudo
(이하 생략)
```

SUID와 마찬가지로 파일에 그룹의 접근 권한이 적용되게끔 설정할 수도 있다. 이것이 SGID(Set Group ID)다. SGID가 설정되면 그룹의 실행 권한이 's'가 된다. 숫자로는 원래 권한에 2000을 더한다. 다음은 samplefile에 SGID를 설정하는 예다.

▶ samplefile에 SGID 설정

```
# chmod g+s samplefile ⏎
```

디렉터리에 SGID를 설정하면 그 디렉터리에 생성된 파일이나 디렉터리의 소유 그룹은 디렉터리 자체의 소유 그룹이 적용된다. 즉 누가 파일을 생성해도 파일의 소유 그룹은 원래 디렉터리의 소유 그룹으로 적용된다. 여러 사용자가 공유하는 디렉터리에 설정하면 편리하다.

6.1.5 Sticky Bit

/tmp 디렉터리의 접근 권한을 보면 다음과 같이 설정돼 있다.

▶ /tmp 디렉터리 퍼미션

```
$ ls -ld /tmp ⏎
drwxrwxrwt 3 root root 4096 May 19 10:20 /tmp
```

그 외 사용자의 실행 권한이 't'로 되어 있는데, 이것이 스티키 비트(Sticky Bit)다. 스티키 비트가 설정된 디렉터리는 쓰기 권한이 있어도 자신이 소유한 파일 외에는 삭제할 수 없다. /tmp 디렉터리는 모든 유저에게 쓰기 권한이 있지만 스티키 비트가 설정되어 있으므로 다른 사용자가 생성한 파일을 삭제하는 것이 불가능하다.

스티키 비트를 숫자로 표시하려면 원래 권한에 1000을 더한다. /tmp 디렉터리라면 '1777'로 표시될 것이다. 다음은 sampledir 디렉터리에 스티키 비트를 설정하는 예다.

▶ sampledir에 스티키 비트 설정

```
$ chmod o+t sampledir ↵
```

6.1.6 기본 접근 권한

파일이나 디렉터리를 생성할 때 기본적으로 설정되는 접근 권한은 umask 값으로 결정된다. umask 값에서 파일은 '0666', 디렉토리는 '0777'을 뺀 나머지 값이 기본 권한으로 설정된다. umask 명령어로 umask 값 설정과 확인이 가능하다.

▶ 형식

```
umask_[umask 값]
```

umask 값은 사용자(셸)마다 설정된다. umask 명령을 옵션 없이 실행하면 현재 설정된 umask 값을 확인할 수 있다.

▶ umask 값 확인

```
$ umask ↵
0022
```

위의 예에서 설정된 umask 값은 '0022'다. 일반 파일 권한과 마찬가지로 첫 글자를 제외하고 '022'로 표기해도 상관없다. 이 상태에서 파일을 생성하면 접근 권한은 644(=666-022), 디렉터리를 생성하면 접근 권한은 755(=777-022)가 된다.

다음은 umask 값을 027로 설정했을 때 파일을 작성한 경우 생성된 파일의 권한을 보여주는 예다. 666-027=640(639가 아니다)이 되어 그 외 사용자에게는 모든 권한이 없다.

▶ umask 값 변경

```
$ umask 027 ↵
$ touch samplefile ↵
$ ls -l ↵
-rw-r-----. 1 centuser centuser 0 Jun 10 05:07 testfile
```

umask 값 설정은 umask 명령을 실행한 셸에서만 유효하다. 기본 umask 값을 변경하려면 셸 초기화 파일에 umask 값을 설정해야 한다. 다음은 CentOS의 bash 초기화 파일에서 umask 값을 설정하는 부분이다. UID가 200 이상(그리고 GID=UID)인 일반 사용자는 002, 그 외 사용자(root 및 시스템 계정)은 022로 권한이 구분돼 있다.

▶ /etc/bashrc(일부)

```
if [ $UID -gt 199 ] && [ "`id -gn`" = "`id -un`" ]; then
    umask 002
else
    umask 022
fi
```

6.2 ACL

ACL(Access Control List)를 이용하면 소유자와 소유 그룹에 따른 접근 권한 관리 방식에 추가로 임의의 사용자나 그룹에 접근 권한을 부여할 수 있다.

6.2.1 ACL 개요

ACL은 기존 퍼미션 방식에 더 세밀한 접근 제어를 구현하는 방식이다. ACL을 ext3/ext4 파일 시스템에서 사용하려면 마운트 옵션에 'acl'을 지정해야 한다.[4]

▶ /etc/fstab 파일에서 ACL을 활성화시키는 예

```
/dev/mapper/vg_windsor-lv_root/     ext4 defaults,acl    1 1
```

---

4 마운트 옵션은 /etc/fstab 파일에서 설정한다. 마운트 할 때 mount 명령 뒤에 옵션으로 사용할 수도 있다.

ACL 접근 권한은 ACL 항목에서 관리한다. ACL 항목을 확인하려면 getfacl 명령을 사용한다.

▶ ACL 항목 표시

ACL 항목 형식은 표 6.3과 같다.

표 6.3 ACL 항목 형식

ACL 항목	설명
user:rwx	소유자의 접근 권한(1)
group:rwx	소유 그룹의 접근 권한(2)
other:rwx	그 외 사용자의 접근 권한(3)
user:USER:rwx	사용자 'USER'의 접근 권한(4)
group:GROUP:rwx	그룹 'GROUP'의 접근 권한(5)
mask:rwx	마스크 값((2), (4), (5)에 적용)

앞의 예에서는 다음과 같이 접근 권한이 설정돼 있다.

- 소유자 'centuser'와 사용자 'fred'는 읽기와 쓰기가 가능

- 소유 그룹 'tech'에 속한 사용자는 읽기 가능

- 그 외 사용자는 접근 불가

마스크 값은 ACL에서 지정한 사용자와 그룹, 소유 그룹에 적용되는 접근 권한이다. 마스크 값을 사용하면 실수로 큰 권한을 부여하는 것을 방지하고, 일시적으로 소유자 이외의 권한을 제한할 수 있다. 다음 예에서는 마스크 값을 'r--'로 설정했기 때문에 사용자 fred는 실제로 읽기 권한만 얻을 수 있다. 마스크 값의 제한을 받는 경우 실제 적용되는 접근 권한이 '#effective:'로 표시된다.

▶ 마스크 값으로 접근 권한 제어

```
$ getfacl testfile ⏎
# file: testfile
# owner: centuser
# group: tech
user::rwuser:
fred:rw- #effective:r--
group::r--
mask::r--
other::---
```

물론 ACL은 디렉토리에도 설정할 수 있다. ACL은 디렉토리 자체에 대한 접근 권한을 설정하고, 파일이나 서브 파일을 만들 때도 디렉토리를 만들 때 설정한 접근 권한이 기본으로 적용되게끔 설정할 수도 있다(기본 ACL 설정은 선택 사항이다). 다음은 기본 ACL을 일부 설정한 디렉토리의 예다.

▶ 기본 ACL을 설정한 디렉토리의 예

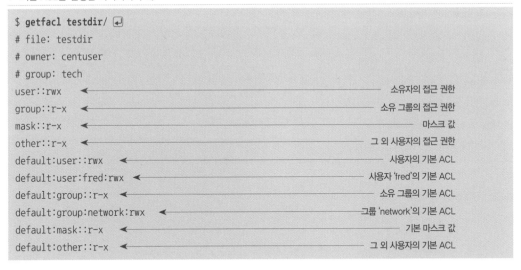

```
$ getfacl testdir/ ⏎
# file: testdir
# owner: centuser
# group: tech
user::rwx          ◀────────────────── 소유자의 접근 권한
group::r-x         ◀────────────────── 소유 그룹의 접근 권한
mask::r-x          ◀────────────────── 마스크 값
other::r-x         ◀────────────────── 그 외 사용자의 접근 권한
default:user::rwx  ◀────────────────── 사용자의 기본 ACL
default:user:fred:rwx  ◀────────────── 사용자 'fred'의 기본 ACL
default:group::r-x ◀────────────────── 소유 그룹의 기본 ACL
default:group:network:rwx ◀────────── 그룹 'network'의 기본 ACL
default:mask::r-x  ◀────────────────── 기본 마스크 값
default:other::r-x ◀────────────────── 그 외 사용자의 기본 ACL
```

6.2.2 ACL 설정

ACL을 설정하려면 setfacl 명령어를 사용한다.

▶ 형식

```
setfacl_[옵션]_대상형태:대상:권한_[경로]
```

ACL을 추가 혹은 변경하려면 −m 옵션을 사용한다. 다음은 사용자 'fred'가 testfile에 대해 읽기와 쓰기가 가능하도록 설정하는 예다.

▶ 사용자 'fred'의 ACL 항목 설정

```
$ setfacl -m user:fred:rw testfile ↵
```

다음은 마스크 값을 'r--'로 설정하는 예다.

▶ 마스크 값 설정

```
$ setfacl -m mask::r testfile ↵
```

ACL 항목은 'user'를 'u', 'group'을 'g', 'mask'를 'm', 'other'를 'o', 'default'를 'd'와 같이 약자로 쓸 수 있다.

▶ 마스크 값 설정(약자로 사용)

```
$ setfacl -m mask::r testfile ↵
```

ACL 항목을 삭제하려면 −x 옵션을 사용한다. 다음은 사용자 'fred'의 ACL 항목을 삭제하는 예다.

▶ 사용자 fred의 ACL 항목 삭제

```
$ setfacl -x user:fred: testfile ↵
```

ACL 항목을 모두 삭제하려면 다음과 같이 한다.

▶ 모든 ACL 항목 삭제

```
$ setfacl --remove-all testfile ↵
```

6.3 파일과 파일 시스템 암호화

여기서는 파일 단위로 암호화하는 방법과 파일 시스템 단위로 암호화하는 방법을 소개한다.

6.3.1 GnuPG를 이용한 파일 암호화

리눅스 시스템에서 파일을 암호화하고 싶다면 GnuPG(GNU Privacy Guard)를 이용할 수 있다. GnuPG는 공개키 암호를 사용해 파일을 암호화하거나 전자 서명을 할 수 있도록 도와주는 오픈소스 소프트웨어다.

GnuPG와 PGP

GnuPG는 암호화 소프트웨어 PGP(Pretty Good Privacy)와 호환성이 있다. PGP는 미국의 규제로 인해 미국 외에서 사용할 수 없었지만, IETF(Internet Engineering Task Force)가 그 사양을 RFC로 정리해 GnuPG로 구현했다.

GnuPG(GPG)를 사용하려면 셸에서 gpg를 입력한다. gpg를 사용한 암호화는 공통 키 암호화 방식을 이용한 암호화와 공개 키 암호화 방식을 이용한 암호화를 지원한다.

■ 공통 키 암호화 방식을 이용한 암호화

단일 암호로 암호화하고 해독하는 방식이다. gpg에 −c 옵션을 붙여 암호화를 수행한다.

▶ samplefile 암호화

```
$ gpg -c samplefile ⏎
```

이렇게 하면 암호 문구(passphrase)를 입력하라는 메시지가 표시된다. 암호 문구는 영문, 숫자, 공백, 기호를 사용해 만들 수 있다.

▶ 암호 문구 입력

```
┌──────────────────────────────────────────┐
│ Enter passphrase                         │
│                                          │
│                                          │
│ Passphrase _____  │
│                                          │
│ <OK>                         <Cancel>    │
└──────────────────────────────────────────┘
```

암호 문구를 입력하면 확인을 위해 재입력을 요구한다. 암호 문구가 확인되면 암호화된 파일이 생성된다. 암호화된 파일은 확장자 '.gpg'가 붙는다.

▶ 원본 파일과 암호화 된 파일

```
$ ls ⏎
samplefile samplefile.gpg
```

암호화된 파일을 원래대로 돌리기(복호화) 위해서는 옵션을 사용하지 않고 gpg 명령만 사용한다.

▶ samplefile.gpg 복호화

```
$ gpg samplefile ⏎
```

암호 문구를 물어볼 때 암호화했을 때의 암호 문구를 입력하면 복호화된 파일이 생성된다.

■ 공개 키 암호화 방식을 이용한 암호화

공개 키 암호화 방식에서는 암호화에 사용하는 공개 키와 복호화에 사용하는 비밀 키의 쌍(pair)을 미리 만들어 둬야 한다. 제삼자에게 암호화 파일을 전송하는 경우 받는 상대는 공개키를 먼저 받아 둬야 한다.

공개 키와 비밀 키의 키 쌍을 만들려면 gpg 명령에 --gen-key 옵션을 붙여 실행한다.

▶ 공개 키와 비밀 키 쌍 생성

```
$ gpg --gen-key ⏎
gpg(GnuPG) 2.0.14; Copyright(C) 2009 Free Software Foundation, Inc.
This is free software: you are free to change and redistribute it.
There is NO WARRANTY, to the extent permitted by law.
gpg: directory `/home/centuser/.gnupg' created
gpg: new configuration file `/home/centuser/.gnupg/gpg.conf' created
gpg: WARNING: options in `/home/centuser/.gnupg/gpg.conf' are not yet active during this run
gpg: keyring `/home/centuser/.gnupg/secring.gpg' created
gpg: keyring `/home/centuser/.gnupg/pubring.gpg' created
Please select what kind of key you want:
    (1) RSA and RSA (default)
    (2) DSA and Elgamal
```

```
    (3) DSA (sign only)
    (4) RSA (sign only)
Your selection? ⏎ ◄───────────────────────────────────────── ❶
RSA keys may be between 1024 and 4096 bits long.
What keysize do you want? (2048) ⏎ ◄───────────────────────── ❷
Requested keysize is 2048 bits
Please specify how long the key should be valid.
    0 = key does not expire
    <n> = key expires in n days
    <n>w = key expires in n weeks
    <n>m = key expires in n months
    <n>y = key expires in n years
Key is valid for? (0) ⏎ ◄─────────────────────────────────── ❸
Key does not expire at all
Is this correct? (y/N) y ⏎ ◄──────────────────────────────── ❹


GnuPG needs to construct a user ID to identify your key.


Real name: Miyuki Hoshizora ⏎ ◄───────────────────────────── ❺
Email address: centuser@example.com ⏎ ◄─────────────────────── ❻
Comment: ⏎ ◄──────────────────────────────────────────────── ❼
You selected this USER-ID:
    "Miyuki Hoshizora <centuser@example.com>"

Change (N)ame, (C)omment, (E)mail or (O)kay/(Q)uit? o ⏎ ◄───── ❽
You need a Passphrase to protect your secret key. ◄───────────── ❾


 ┌──────────────────────────────────────────────────┐
 │  Enter passphrase                                │
 │                                                  │
 │                                                  │
 │  Passphrase _____   │
 │                                                  │
 │         <OK>                      <Cancel>        │
 └──────────────────────────────────────────────────┘


e need to generate a lot of random bytes. It is a good idea to perform  ◄─── ❿
some other action (type on the keyboard, move the mouse, utilize the
disks) during the prime generation; this gives the random number
generator a better chance to gain enough entropy.
```

```
gpg: /home/centuser/.gnupg/trustdb.gpg: trustdb created
gpg: key 4AF358C9 marked as ultimately trusted
public and secret key created and signed.

gpg: checking the trustdb
gpg: 3 marginal(s) needed, 1 complete(s) needed, PGP trust model
gpg: depth: 0 valid: 1 signed: 0 trust: 0-, 0q, 0n, 0m, 0f, 1u
pub 2048R/4AF358C9 2013-06-04
    Key fingerprint = 92E9 544E 508A 47B8 E6F3 2753 F9A5 329A 4AF3 58C9
uid Miyuki Hoshizora <centuser@example.com>
sub 2048R/EA98BFEB 2013-06-04
```

입력해야 할 내용은 아래와 같다.

❶ 암호화 방식을 지정한다. [Enter] 키를 누르면 기본값(RSA and RSA)으로 설정

❷ 키의 길이를 비트 수로 지정한다. 기본값은 2048이다. 역시 [Enter] 키를 누르면 기본값으로 설정

❸ 키의 유효 기간을 지정한다. [Enter] 키를 누르면 무제한으로 설정

❹ 내용을 모두 바르게 입력했다면 [Enter] 키 입력

❺ 이름 입력

❻ 메일 주소 입력. 이 메일 주소로 공개 키를 식별하니 정확히 입력

❼ 특이사항이 있다면 이곳에 입력

❽ 내용을 모두 바르게 입력했다면 [Enter] 키 입력

❾ 암호 문구 두 번 입력

이것으로 키 쌍 생성이 완료된다. 키 쌍을 만들 때 ❿과 같은 메시지가 표시된다면 충분한 난수를 생성하기 위한 사용자의 조작이 필요한 것이니 키보드나 마우스를 조작하거나 디스크 액세스를 발생시키자.

공개 키 값은 다음과 같이 출력할 수 있다. 다른 사람에게 암호화된 파일을 요청하고 싶다면 이렇게 출력한 키 값을 상대방에게 전달해서 암호화를 요청할 수도 있다. 다음은 centuser.pub이라는 파일에 키 값을 저장하는 예다. −o는 출력 파일명을 지정하는 옵션, −a는 ASCII 형태로 출력하는 옵션이다. 메일 주소에는 키 쌍을 생성할 때 입력한 주소를 입력한다.

▶ 공개 키 출력

```
$ gpg -o centuser.pub -a --export centuser@example.com ↵
```

다른 사람에게 공개 키를 받았을 때는 다음과 같이 GPG 데이터베이스에 추가해두자.

▶ 공개 키 anyuser.pub을 GPG 데이터 베이스에 추가

```
$ gpg --import anyuser.pub ↵
gpg: key 69AC4AC5: public key "Akane Hino <aka@example.com>" imported
gpg: Total number processed: 1
gpg:               imported: 1 (RSA: 1)
```

키 쌍을 만들 때 핑거프린트(Finger print - 지문. 여기서는 식별 코드)가 표시된다. 핑거프린트를 사용해 키의 진본 여부를 확인할 수 있다. 다음 명령어로 키의 핑거프린트를 볼 수 있다. 'Key fingerprint' 부분의 16진수 문자열이 핑거프린트이다.

▶ 핑거프린트 확인

```
$ gpg --fingerprint ↵
/home/centuser/.gnupg/pubring.gpg
--------------------------------
pub 2048R/4AF358C9 2013-06-04
    Key fingerprint = 92E9 544E 508A 47B8 E6F3 2753 F9A5 329A 4AF3 58C9
uid Miyuki Hoshizora <centuser@example.com>
sub 2048R/EA98BFEB 2013-06-04

pub 2048R/69AC4AC5 2013-06-04
    Key fingerprint = 4555 9397 9E8E DEC5 221C 1835 E10A 3E9A 69AC 4AC5
uid Akane Hino <aka@example.com>
sub 2048R/CE78D8E0 2013-06-04
```

받은 공개 키를 신뢰할 수 있다면 서명을 해둔다. 서명하지 않아도 사용할 수 있지만 사용할 때마다 경고가 나타난다. 서명하려면 다음과 같이 한다. 인수로 입력하는 메일 주소는 공개 키 소유자의 메일 주소다.

▶ 받은 공개 키 서명

```
$ gpg --sign-key aka@example.com ↵

gpg: checking the trustdb
gpg: 3 marginal(s) needed, 1 complete(s) needed, PGP trust model
gpg: depth: 0 valid: 1 signed: 1 trust: 0-, 0q, 0n, 0m, 0f, 1u
gpg: depth: 1 valid: 1 signed: 0 trust: 1-, 0q, 0n, 0m, 0f, 0u
pub 2048R/69AC4AC5 created: 2013-06-04 expires: never usage: SC
        trust: unknown validity: full
sub 2048R/CE78D8E0 created: 2013-06-04 expires: never usage: E
[ unknown] (1). Akane Hino <aka@example.com>


pub 2048R/69AC4AC5 created: 2013-06-04 expires: never usage: SC
        trust: unknown validity: unknown
Primary key fingerprint: 4555 9397 9E8E DEC5 221C 1835 E10A 3E9A 69AC 4AC5


     Akane Hino <aka@example.com>


Are you sure that you want to sign this key with your
key "Miyuki Hoshizora <centuser@example.com>" (4AF358C9)


Really sign? (y/N) y ↵


You need a passphrase to unlock the secret key for
user: "Miyuki Hoshizora <centuser@example.com>"
2048-bit RSA key, ID 4AF358C9, created 2013-06-04


 ┌─────────────────────────────────────────────────────────────┐
 │ Please enter the passphrase to unlock the secret key for the OpenPGP │
 │ certificate:                                                  │
 │ "Miyuki Hoshizora <centuser@example.com>"                     │
 │ 2048-bit RSA key, ID 4AF358C9,                                │
 │ created 2013-06-04.                                           │
 │                                                               │
 │                                                               │
 │ Passphrase _____  │
 │                                                               │
 │ <OK> <Cancel>                                                 │
 └─────────────────────────────────────────────────────────────┘
```

암호 문구를 입력하면 서명이 완료된다. 이제 공개 키를 사용해 암호화를 해보자.

▶ 형식

```
gpg -a -e -r 상대방 메일 주소 파일명
```

▶ 공개 키를 이용한 암호화

```
$ gpg -a -e -r aka@example.com samplefile ⏎
```

암호화된 파일에는 확장자 '.asc'가 붙는다. −a 옵션을 사용하여 생성한 암호화 파일은 ASCII 텍스트 형식이므로 메일에 첨부해서 보낼 수 있다.

받은 암호화 파일을 복호화하려면 옵션 없이 gpg 명령만 실행한다. 암호 문구를 물어보면 키를 생성할 때 만든 암호 문구를 입력한다.

▶ 암호화 파일을 복호화

```
$ gpg samplefile.asc ⏎
```

이것으로 암호화된 '.asc' 파일의 복호화가 완료된다.

6.3.2 파일 시스템의 암호화

리눅스 시스템에서 파일 시스템 전체를 암호화하여 보호하는 것도 가능하다. 파일 시스템을 암호화하는 방법으로 레드햇 엔터프라이즈 리눅스와 CentOS에서 채택하고 있는 것이 LUKS(Linux Unified Key Setup)다.[5] 파일마다 암호화를 하는 것에 비해 좋은 점은 파일 시스템 전체를 암호화하면 보호해야 할 패스워드는 한 개로 줄어든다는 점이다.

■ 설치 시 암호화

CentOS를 설치할 때 '시스템 암호화'를 체크하면 각 파일 시스템을 암호화 한다(그림 6.3). 그때 암호 문구를 설정한다.

---

5 http://code.google.com/p/cryptsetup/

□ 시스템 암호화(E)

□ 파티션 레이아웃 확인 및 변경(V)

그림 6.3 설치 시 파일 시스템 암호화 옵션

암호화된 파일 시스템은 마운트 할 때 암호 문구를 물어본다. 암호 문구를 정확히 입력하지 않으면 파일 시스템을 사용할 수 없다.

■ 설치 후 암호화

시스템 설치 후 임의의 파일 시스템을 암호화하는 것도 가능하다. 우선 cryptsetup-luks 패키지를 설치한다.

▶ cryptsetup-luks 패키지 설치

```
# yum -y install cryptsetup-luks ↵
```

여기서는 예제로 /dev/sdb1에 파일 시스템을 만들어 암호화하겠다. cryptsetup 명령어 형식은 다음과 같다.

▶ cryptsetup 명령어 형식

```
cryptsetup_creat_이름_디바이스 파일명
```

이름에는 암호화 파일 시스템에 붙일 이름을 지정한다(실행 예에서는 'secret'으로 지정). 여기서 지정한 암호 문구가 암호화에 사용되니 암호 문구는 잘 관리해야 한다.

▶ /dev/sdb1을 암호화

```
# cryptsetup create secret /dev/sdb1 ↵
Enter passphrase:  ◄──────────────────────────── 암호 문구 입력
Verify passphrase: ◄──────────────────────────── 암호 문구 재입력
```

이렇게 하면 /dev/mapper 디렉터리 아래에 지정한 이름(secret)의 디바이스 파일이 만들어진다.

▶ 암호화 할 파일 시스템의 디바이스 명

```
# ls /dev/mapper/ ↵
VolGroup00-LogVol00 VolGroup00-LogVol01 control secret
```

이 디바이스 파일에 임의의 파일 시스템을 생성한다.

▶ /dev/mapper/secret에 ext4 파일 시스템 생성

```
# mkfs -t ext4 /dev/mapper/secret ⏎
```

마운트 포인트(Mount Point)로 /mnt/secret을 만들어 마운트한다.

▶ 암호화 파일 시스템 마운트

```
# mkdir /mnt/secret ⏎
# mount /dev/mapper/secret /mnt/secret ⏎
```

/mnt/secret 아래는 일반 파일 시스템과 동일하게 사용이 가능하다. 사용이 끝나면 언마운트한 뒤 다음 명령을 실행한다.

▶ 형식

```
cryptsetup_remove_이름
```

▶ 암호화 파일 시스템 이용 종료

```
# umount /dev/mapper/secret ⏎
# cryptsetup remove secret ⏎
```

다음번 사용할 때는 다시 cryptsetup를 실행한 뒤 마운트해서 사용한다. 처음 생성했을 때 입력한 암호 문구를 입력하면 된다. 암호 구문을 올바로 입력하지 못하면 사용할 수 없다.

▶ 암호화 파일 시스템 마운트

```
# cryptsetup create secret /dev/sdb1 ⏎
Enter passphrase: ◀─────────────────────── 처음에 입력한 암호 문구
# mount /dev/mapper/secret /mnt/secret ⏎
```

파일을 안전하게 삭제하는 shred

ext3/ext4 파일 시스템에서 파일을 삭제하면 파일명과 I 노드의 링크가 끊어질 뿐 파일 내용은 그대로 남아있다. 이 공간은 나중에 다른 파일이 복사되거나 생성되면 덮어쓰지만 그 전이라면 도구를 이용해 파일을 복구할 수 있다. shred 명령어를 사용하면 지정한 파일을 특수 패턴으로 반복해 덮어씌워 파일 복구를 불가능하게 한다. 파일을 완전히 삭제하려면 -u 또는 --remove 옵션을 지정해 실행한다.

▶ secretfile을 완전 삭제

```
$ shred -u secretfile ⏎
```

-v 옵션을 이용하면 어떤 식으로 삭제 처리가 되는지 볼 수 있다. 랜덤한 패턴으로 몇 번 덮어쓰기를 반복하고 몇 번 파일명을 변경했는지 확인할 수 있다.

▶ secretfile을 완전 삭제할 때 상태 확인

```
$ shred -v -u secretfile ⏎
shred: secretfile: pass 1/3 (random)...
shred: secretfile: pass 2/3 (random)...
shred: secretfile: pass 3/3 (random)...
shred: secretfile: removing
shred: secretfile: renamed to 0000000000
shred: 0000000000: renamed to 000000000
shred: 000000000: renamed to 00000000
shred: 00000000: renamed to 0000000
shred: 0000000: renamed to 000000
shred: 000000: renamed to 00000
shred: 00000: renamed to 0000
shred: 0000: renamed to 000
shred: 000: renamed to 00
shred: 00: renamed to 0
shred: secretfile: removed
```

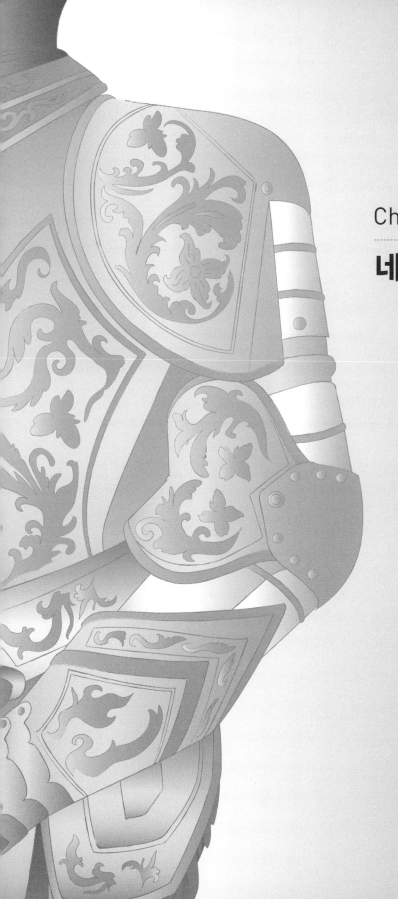

Chapter **7**

네트워크 보안

이 장에서는 네트워크의 보안을 높이는 방법을 살펴본다. 먼저 네트워크의 기본 설정 방법과 네트워크의 기본 명령어를 확인한 뒤 패킷 필터링에 대해 설명한다.

7.1 네트워크 기본 설정

CentOS 네트워크의 기본적인 설정을 보자. 네트워크를 설정할 때 미비한 부분이 있다면 생각지도 못한 보안 홀이 생길 수 있다.

COLUMN

NetworkManager

CentOS 6에는 네트워크 설정을 동적으로 바꿔주는 NetworkManager가 설치돼 있다. NetworkManager를 사용하면 다양한 장소에서 사용하는 노트북 PC 등에서 네트워크를 변경했을 때 네트워크 설정도 자동으로 변경되므로 편리하지만, 네트워크 설정 파일을 덮어쓰기 때문에 관리자가 직접 설정 파일을 관리한다면 오히려 불편해진다. 이 책에서는 NetworkManager를 사용하지 않는다는 것을 전제로 설명한다. NetworkManager가 활성화돼 있다면 다음과 같이 비활성화로 변경해두자.

▶ NetworkManager 비활성화

```
# service NetworkManager stop ⏎
# chkconfig Networkmanager off ⏎
```

7.1.1 네트워크 설정 파일

CentOS뿐 아니라 유닉스 계열 운영체제는 텍스트 파일(설정 파일)에 설정 관련 내용을 써넣어서 시스템을 설정하는 것이 일반적이다. 네트워크 설정에 필요한 설정 파일을 살펴보자.

■ /etc/sysconfig/network

/etc/sysconfig/network 파일에는 호스트명이나 네트워크 기능 사용 여부 등 네트워크 인터페이스에 의존하지 않는 설정을 기록한다(표 7.1).

▶ 형식

```
설정항목=설정 값
```

'='의 앞뒤에는 공백이 없어야 한다.

표 7.1 /etc/sysconfig/network 설정 항목

설정 항목	설명
NETWORKING	네트워크 기능 사용 여부(yes 혹은 no로 입력)
NETWORKING_IPV6	IPv6 사용 여부(yes 혹은 no로 입력)
GATEWAY	기본 게이트웨이의 IP 주소
IPV6_DEFAULTGW	기본 게이트웨이의 IPv6 주소
GATEWAYDEV	기본 게이트웨이의 장치명(네트워크 인터페이스가 여러 개 있을 때)
IPV6_DEFAULTGWDEV	기본 게이트웨이의 장치명(IPv6)
HOSTNAME	호스트명
NOZEROCONF	APIPA[1] 사용 여부(yes 혹은 no로 입력)

호스트명이 centos6.example.com이고 기본 게이트웨이 IP 주소가 192.168.11.2라면 다음과 같이
설정한다.

▶ /etc/sysconfig/network 설정 예

```
NETWORKING=yes
GATEWAY=192.168.11.2
HOSTNAME=centos6.example.com
```

■ /etc/sysconfig/network-scripts/ifcfg-eth0

/etc/sysconfig/network-scripts 디렉터리에는 네트워크 인터페이스마다 구성 파일과 제어 스크
립트가 들어있다. ifcfg-eth0 파일은 'eth0'이라는 네트워크 인터페이스용 설정 파일이다. 다수의
네트워크 인터페이스를 장착했다면 첫 번째가 eth0, 두 번째가 eth1, 세 번째가 eth2…이 된다.

▶ 형식

설정항목=설정 값

---

1 DHCP를 통해 IP를 할당받을 수 없을 때 자동으로 IP를 할당하는 기능이다. 169.254.0.0/16 주소가 할당된다.

표 7.2 /etc/sysconfig/network-scripts/ifcfg-ethX 설정 항목

설정 항목	설명
ONBOOT	시스템 부팅 시 해당 네트워크 인터페이스 활성화 여부(yes 혹은 no로 입력)
DEVICE	네트워크 인터페이스 이름(eth0, eth1 등)
BOOTPROTO	IP 주소 할당 방법(static: 고정 주소, dhcp: 동적 할당, none: 수동)
HWADDR	MAC 주소
IPADDR	IP 주소
NETMASK	네트워크 마스크
BROADCAST	브로드캐스트 주소
GATEWAY	기본 게이트웨이의 IP 주소
TYPE	네트워크 종류(보통 Ethernet)
IPV6INIT	IPv6 사용 여부(yes: 사용 no: 사용하지 않음)
IPV6_AUTOCONF	IPv6 자동 설정(yes: 자동 설정 no: 자동 설정하지 않음)
IPV6_ADDR	IPv6 주소

다음은 /etc/sysconfig/network-scripts/ifcfg-eth0 파일 설정 예다.

▶ /etc/sysconfig/network-scripts/ifcfg-eth0 설정 예(1)

```
DEVICE="eth0"
BOOTPROTO="static"
BROADCAST="192.168.11.255"
HWADDR="00:11:22:33:44:55"
IPADDR="192.168.0.5"
NETMASK="255.255.255.0"
NETWORK="192.168.0.0"
ONBOOT="yes"
TYPE="Ethernet"
```

IPv6를 사용한다면 다음과 같을 것이다.

▶ /etc/sysconfig/network-scripts/ifcfg-eth0 설정 예(2)

```
DEVICE="eth0"
BOOTPROTO="static"
HWADDR="00:11:22:33:44:55"
ONBOOT="yes"
TYPE="Ethernet"
IPV6INIT="yes"
IPV6_AUTOCONF="no"
IPV6_ADDR="fe80::221:85ff:fe60:74b5"
```

■ /etc/resolv.conf

이름을 확인하는 데 사용하는 DNS 서버를 설정한다. 웹 브라우저나 메일 클라이언트의 이름 확인
이 필요할 때 이 애플리케이션이 직접 DNS 서버에 문의하는 것이 아니라 리졸버라고 부르는 라이
브러리가 대응해준다. /etc/resolv.conf는 리졸버의 설정 파일이다(표 7.3).

표 7.3 /etc/resolv.conf 설정 항목

키 워드	설명
domain	호스트명만 지정됐을 때 추가할 도메인명
search	DNS 서버에 질의할 때 덧붙여 찾을 도메인(복수 지정 가능)
nameserver	사용할 DNS 서버의 IP 주소

domain 키워드와 search 키워드를 둘 다 지정할 필요는 없다.[2] nameserver 키워드는 최대 3개까
지 설정할 수 있다. 그 경우 한 행에 하나의 IP 주소만 써넣는다. 기재돼 있는 DNS 서버로부터 응답
이 없다면 다음 행에 지정된 DNS 서버에 질의하게 된다. 행 앞에 '#' 또는 ';'이 있으면 그 행은 주석
행으로 무시된다. 다음은 /etc/resolv.conf 설정 파일 예다.[3]

---

2 환경 변수 LOCAL DOMAIN이 설정된 경우 domain 키워드나 search 키워드로 지정된 도메인명보다 LOCALDOMAIN에 저장된 도메인이 우선시
된다.

3 네트워크 설정에서 DHCP를 이용하고 있다면 /sbin/dhclient-script를 통해 자동으로 생성된다.

▶ /etc/resolv.conf 설정 예

```
; generated by /sbin/dhclient-script
search example.com
nameserver 192.168.0.1
nameserver 8.8.8.8
```

7.1.2 /etc/hosts

IP 주소와 호스트명(혹은 도메인)의 짝을 기록해두는 파일이다. DNS 서버를 사용하지 않는 로컬 네트워크에서 이름을 확인할 때 사용된다. /etc/hosts 파일 설정 예는 다음과 같다.

▶ etc/hosts 파일 설정 예

```
127.0.0.1       localhost localhost.localdomain localhost4 localhost4.localdomain4
::1             localhost localhost.localdomain localhost6 localhost6.localdomain6
192.168.11.2    centos6 centos6.example.com
```

IP 주소 한 개당 한 줄을 사용하며, 그 IP에 대응하는 호스트명을 써넣는다. 공백으로 구분해서 별칭을 지정해도 상관없다. 또한 로컬 루프백(Loopback) 즉, 자신을 나타내는 주소인 127.0.0.1(IPv6는 ::1) 행은 삭제하지 않도록 하자.

■ network 서비스 제어

네트워크 인터페이스 설정을 변경했을 때 등은 network 서비스를 재시작해야 변경 내용이 반영된다.[4] CentOS에서 네트워크 기능을 제어할 때는 service 명령을 사용한다.[5]

▶ network 서비스 재시작

```
# service network restart ⏎
Shutting down interface eth0:                               [ OK ]
Shutting down loopback interface:                          [ OK ]
Bringing up loopback interface:                            [ OK ]
Bringing up interface eth0:
Determining IP information for eth0... done.
                                                           [ OK ]
```

---

4 시스템을 재기동해도 되지만, 그렇게까지 할 필요는 없다.

5 service 명령 대신 제어 스크립트인 /etc/init.d/*를 사용하면 CentOS에서는 예기치 못하게 동작할 가능성이 있다. service 명령을 사용하자.

■ ifconfig 명령

네트워크 인터페이스의 시작이나 종료, 설정 변경, 상태 표시 등을 할 때 ifconfig 명령을 이용한다. 옵션과 함께 실행하면 네트워크 인터페이스 개별 상태를 표시할 수 있다.[6]

▶ 네트워크 인터페이스 상태 표시

```
$ ifconfig ⏎
eth0 Link encap:Ethernet HWaddr 08:00:27:27:88:84
     inet addr:192.168.11.2 Bcast:192.168.11.255 Mask:255.255.255.0
     inet6 addr: fe80::a00:27ff:fe27:8884/64 Scope:Link
     UP BROADCAST RUNNING MULTICAST MTU:1500 Metric:1
     RX packets:2784 errors:0 dropped:0 overruns:0 frame:0
     TX packets:877 errors:0 dropped:0 overruns:0 carrier:0
     collisions:0 txqueuelen:1000
     RX bytes:308680 (301.4 KiB) TX bytes:91182 (89.0 KiB)

lo Link encap:Local Loopback
     inet addr:127.0.0.1 Mask:255.0.0.0
     inet6 addr: ::1/128 Scope:Host
     UP LOOPBACK RUNNING MTU:16436 Metric:1
     RX packets:2 errors:0 dropped:0 overruns:0 frame:0
     TX packets:2 errors:0 dropped:0 overruns:0 carrier:0
     collisions:0 txqueuelen:0
     RX bytes:104 (104.0 b) TX bytes:104 (104.0 b)
```

주요 출력 내용은 표 7.4와 같다.

표 7.4 ifconfig 출력 내용

항목	설명
Link encap	연결 방식 표시. 이더넷은 'Ethernet' 루프백 디바이스는 'Local Loopback'
HWaddr	MAC 주소
inet addr	IP 주소(IPv4)
Bcast	브로드 캐스트 주소
Mask	넷 마스크
inet6 addr	IP 주소(IPv6)

---

6 일반 사용자는 설정을 변경할 수 없다.

항목	설명
UP	네트워크 인터페이스 작동 중
BROADCAST	브로드 캐스트 활성
RUNNING	작동 중
MTU	전송 단위(바이트)
Metric	메트릭(라우팅에 사용하는 가중치)
RX packets	수신한 패킷
TX packets	송신한 패킷
collisions	충돌(Collision) 발생 수
Interrupt	IRQ 번호
Base address	I/O 주소

네트워크 인터페이스를 시작하거나 종료할 때는 네트워크 인터페이스 이름에 up 혹은 down을 써준다. 예를 들어 eth0 인터페이스를 중지할 때는 다음과 같이 입력한다.

▶ eth0 인터페이스 중지

```
# ifconfig eth0 down ⏎
```

네트워크 인터페이스를 설정할 때도 마찬가지다. eth0 인터페이스에 IP 주소를 192.168.0.5, 넷마스크를 255.255.255.0으로 설정하려면 다음과 같이 입력한다.[7]

▶ eth0 인터페이스 설정

```
# ifconfig eth0 inet 192.168.0.5 netmask 255.255.255.0 ⏎
```

■ netstat 명령

netstat은 다양한 네트워크 정보를 표시해주는 명령이다. 옵션과 함께 실행하면 Active Internet connections(활성 네트워크 연결 정보), Active UNIX domain socket(활성 UNIX 도메인 소켓[8] 정보)이 표시된다.

---

7 이 경우 서브넷 마스크는 반드시 입력하지 않아도 된다.

8 UNIX 도메인 소켓은 UNIX 계열 운영체제에서 로컬 프로세스간 통신을 수행한다.

▶ 형식

```
netstat_[옵션]
```

표 7.5 netstat 명령의 주요 옵션

옵션	설명
-a	모든 소켓 표시
-t	TCP만 표시
-u	UDP만 표시
-n	호스트, 포트 번호 등의 이름 확인을 하지 않고 숫자로 표시
-p	소켓을 사용하고 있는 프로세스의 PID 표시
-l	연결 대기 상태인 소켓만 표시
-r	라우팅 테이블 표시

▶ 옵션 없이 netstat 실행

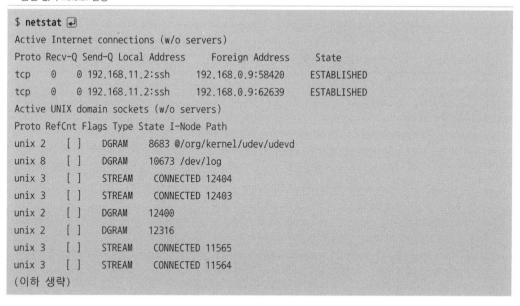

```
$ netstat ⏎
Active Internet connections (w/o servers)
Proto Recv-Q Send-Q Local Address       Foreign Address      State
tcp     0      0 192.168.11.2:ssh      192.168.0.9:58420     ESTABLISHED
tcp     0      0 192.168.11.2:ssh      192.168.0.9:62639     ESTABLISHED
Active UNIX domain sockets (w/o servers)
Proto RefCnt Flags Type State I-Node Path
unix 2     [ ]     DGRAM      8683 @/org/kernel/udev/udevd
unix 8     [ ]     DGRAM      10673 /dev/log
unix 3     [ ]     STREAM     CONNECTED 12404
unix 3     [ ]     STREAM     CONNECTED 12403
unix 2     [ ]     DGRAM      12400
unix 2     [ ]     DGRAM      12316
unix 3     [ ]     STREAM     CONNECTED 11565
unix 3     [ ]     STREAM     CONNECTED 11564
(이하 생략)
```

이 예에서는 SSH가 연결 중이라는 것을 알 수 있다. 주요 출력 내용은 표 7.6과 같다

표 7.6 netstat 명령의 주요 출력 내용

필드	설명
Proto	프로토콜
Recv−Q	소켓에서 프로그램으로 전달되지 않은 데이터 바이트
Send−Q	원격 호스트로 전달되지 않은 데이터 바이트
Local Address	로컬 호스트의 호스트명 또는 IP 주소, 포트 번호
Foreign Address	원격 호스트의 호스트명 또는 IP 주소, 포트 번호
State	연결 상태

State에 나타나는 연결 상태는 표 7.7과 같다

표 7.7 State 필드 값

상태	설명
ESTABLISHED	연결된 상태
TIME_WAIT	상대와 연결을 대기 중인 상태
CLOSED	연결이 닫힌 상태
CLOSE_WAIT	연결 종료를 대기 중인 상태
LISTEN	연결 요청을 받을 수 있는 상태
UNKNOWN	알 수 없는 상태

열려 있는 포트를 확인하려면 다음과 같이 실행한다.

▶ 열려 있는 포트 확인

```
$ netstat -at ↵
Active Internet connections (servers and established)
Proto Recv-Q Send-Q Local Address    Foreign Address      State
tcp    0      0 *:ssh    *:*    LISTEN
tcp    0      0 localhost:smtp    *:*     LISTEN
tcp    0      0 192.168.11.2:ssh    192.168.0.9:58420      ESTABLISHED
tcp    0     52 192.168.11.2:ssh    192.168.0.9:62639      ESTABLISHED
tcp    0      0 *:ssh    *:*    LISTEN
tcp    0      0 localhost:smtp    *:*     LISTEN
```

■ ping 명령

ICMP[9]를 이용해 지정한 호스트에 패킷이 도착하는지 확인하는 명령이 ping이다. 호스트가 가동 중인지, 네트워크 연결이 가능한지 등을 확인하는 데 주로 사용된다. 매개 변수로 호스트명이나 IP 주소를 지정한다.

▶ 형식

```
ping_[옵션]_호스트명(IP)
```

표 7.8 ping 명령의 주요 옵션

옵션	설명
-b	브로드캐스트 주소에 대해 PING 실행
-c 숫자	ICMP 패킷을 보내는 횟수 지정
-n	호스트명에 대한 이름을 확인하지 않음

다음은 192.168.0.1 호스트에 대해 ICMP Echo Request 패킷을 보내는 예이다.

▶ ping 명령 실행 예

```
$ ping 192.168.0.1 ↵
PING 192.168.0.1 (192.168.0.1) 56(84) bytes of data.
64 bytes from 192.168.0.1: icmp_seq=1 ttl=64 time=0.683 ms
64 bytes from 192.168.0.1: icmp_seq=2 ttl=64 time=0.857 ms
64 bytes from 192.168.0.1: icmp_seq=3 ttl=64 time=0.903 ms
64 bytes from 192.168.0.1: icmp_seq=4 ttl=64 time=1.17 ms
64 bytes from 192.168.0.1: icmp_seq=5 ttl=64 time=0.390 ms
^C  ◀──────────────────────────────── [Ctrl]+[C]를 눌러 중지
--- 192.168.0.1 ping statistics ---
5 packets transmitted, 5 received, 0% packet loss, time 4439ms
rtt min/avg/max/mdev = 0.390/0.800/1.170/0.259 ms
```

ping 명령을 실행하면 [Ctrl] + [C] 키를 누를 때까지 계속된다. 횟수를 지정하려면 -c 옵션을 사용한다.

---

9 '3.1.1 어드레스 스캔'의 ICMP 칼럼 참고

▶ ICMP 패킷을 3회 전송

```
$ ping -c 3 192.168.0.1 ⏎
PING 192.168.0.1 (192.168.0.1) 56(84) bytes of data.
64 bytes from 192.168.0.1: icmp_seq=1 ttl=64 time=0.683 ms
64 bytes from 192.168.0.1: icmp_seq=2 ttl=64 time=0.857 ms
64 bytes from 192.168.0.1: icmp_seq=3 ttl=64 time=0.903 ms

--- 192.168.0.1 ping statistics ---
3 packets transmitted, 3 received, 0% packet loss, time 2005ms
rtt min/avg/max/mdev = 0.579/1.059/1.546/0.396 ms
```

브로드캐스트 주소로 전송하면 범위 내의 모든 호스트에 ICMP 패킷을 전송할 수 있다(ping sweep). 다음 예는 192.168.0.0/24 네트워크에 있는 호스트에 ICMP를 전송한다.

▶ 192.168.0.0/24 네트워크에 있는 호스트에 ICMP 패킷 전송

```
# ping -b 192.168.11.255 ⏎
```

3장에서 설명한 것과 같이 ping sweep은 공격 전 정보 획득을 위해 사용한다. 따라서 관리 범위가 아닌 호스트에 대해서는 절대 실행하지 않도록 하자.

■ traceroute 명령

지정한 호스트에 도달할 때까지 경유하는 릴레이 호스트(라우터) 정보를 표시하는 명령이다.[10] 인수로 호스트 이름 또는 IP 주소를 지정한다. traceroute 명령은 ICMP Time Exceeded를 이용하기 때문에 경로 중간에 방화벽이나 라우터에서 이를 허용하지 않도록 설정되었다면 경로 중간까지만 볼 수 있다. 다음 예를 보면 www.centos.org에 도달할 때까지 18개의 라우터를 경유한다는 것을 알 수 있다.

---

10 설치되지 않았다면 traceroute 패키지를 설치하자.

▶ www.centos.org 까지 도달하는 경로 확인

```
$ traceroute www.centos.org ⏎
traceroute to www.centos.org (72.232.194.162), 30 hops max, 60 byte packets
1 gw (192.168.11.1) 9.960 ms 9.599 ms 7.731 ms
2 10x80x227x145.ap58.ftth.example.net (10.80.227.145) 7.424 ms 7.190 ms 4.612 ms
3 172x24x43x57.ap221.ftth.example.net (172.24.43.57) 4.314 ms 4.079 ms 1.904 ms
4 172x24x50x1.ap221.ftth.example.net (172.24.50.1) 4.608 ms 4.507 ms 4.403 ms
5 172x16x1x133.ap221.ftth.example.net (172.16.1.133) 4.518 ms 4.411 ms 4.299 ms
(일부 생략)
19 www.centos.org (72.232.194.162) 183.071 ms !X 166.931 ms !X 165.610 ms !X
```

■ host 명령

DNS 서버에 이름 확인을 요청하는 명령이다. 기본 동작으로 호스트명과 IP 주소를 변환한다.

▶ sv1.lpi.kr 의 IP 주소 질의

```
$ host sv1.lpi.jp ⏎
sv1.lpi.jp has address 203.174.74.34
```

▶ 203.174.74.34의 호스트명 질의

```
$ host 203.174.74.34 ⏎
34.74.174.203.in-addr.arpa domain name pointer sv1.lpi.jp.
```

7.1.4 네트워크 탐지 대책

공격자가 IP 주소를 알기 위한 수단 중 하나로 ping sweep이 있다(앞의 'ping 명령'을 참조). 이에 대한 대책으로 서버가 ICMP 패킷에 대한 요청에 응답하지 않도록 설정하다. 다음 명령을 실행하면 모든 유형의 ICMP 패킷이 무시된다.

▶ ICMP 패킷 무시

```
# echo "1" > /proc/sys/net/ipv4/icmp_echo_ignore_all ⏎
```

하지만 이렇게 하면 네트워크 관리용으로 ping 명령을 사용할 때 지장이 생긴다. 다음 명령을 실행하면 브로드캐스트 메시지만 무시하게 된다. 이 설정은 Smurf 공격('3.2.1 DoS/DDoS 공격'을 참조) 대책으로도 유용하다.

▶ 브로드캐스트로 전달된 ICMP 패킷만 무시

```
# echo "1" > /proc/sys/net/ipv4/icmp_echo_ignore_broadcasts ↵
```

이 설정은 시스템을 재기동하면 사라진다. 설정을 저장하고 싶다면 /etc/sysctl.conf 파일에 해당 설정을 추가해야 한다.

▶ /etc/sysctl.conf 파일에 설정 추가

```
net.ipv4.icmp_echo_ignore_broadcasts="1"
```

7.2 방화벽

리눅스 커널에는 패킷 단위로 필터링을 수행하는 패킷 필터링 기능이 포함돼 있다. 패킷 필터링은 호스트로 들어오는 패킷과 나가는 패킷, 통과하는 패킷 등을 검사해 불필요한 패킷이나 잘못된 패킷을 폐기한다. 이 기능을 활용한 것이 방화벽이다. 여기서는 패킷 필터링의 개요와 설정 방법을 알아본다.

7.2.1 패킷 필터링 방법

리눅스에서 네트워크 인터페이스로 들어온 패킷은 커널을 거쳐 서버의 로컬 프로세스에 전달된다 (그림 7.1).

그림 7.1 패킷 흐름

리눅스 패킷 필터링은 Netfilter라는 커널 기능에서 처리한다. 즉 패킷 필터링을 위한 추가 소프트웨어 필요 없이 자체적으로 패킷 필터링 기능을 이용할 수 있다. 패킷 필터링을 이용하면 여러 조건으로 패킷을 검사해 허용한 패킷만 로컬 프로세스에 전달하는 것이 가능하다. 커널에 들어오고 나간 패킷이 어떤 식으로 처리되는지는 그림 7.2를 참고하자

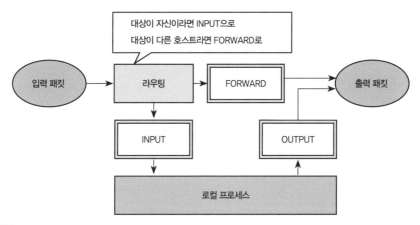

그림 7.2 체인

호스트에 들어온 패킷이 통과하는 것이 INPUT 체인, 나가는 패킷이 통과하는 것이 OUTPUT 체인, 다른 호스트로 전달되는 패킷이 통과하는 것이 FORWARD 체인이다. 이 체인에 필터링 규칙을 추가시켜두면 각각의 경로를 통과할 때 패킷을 검사할 수 있다. 패킷 필터링은 다음 순서로 설정한다.

- 체인의 기본 동작(허용이나 거부)을 설정
- 패킷을 검사할 규칙(Rule)을 체인에 추가

필터링 규칙에 맞는 패킷에 대한 처리를 '대상(Target)'이라고 한다. 주요 대상에는 다음과 같은 것이 있다.

- ACCEPT : 허용
- DROP : 파기
- REJECT : 거부
- LOG : 로그 출력

ACCEPT는 규칙에 맞는 패킷을 허용한다. DROP은 룰에 맞는 패킷을 삭제한다. REJECT는 규칙에 맞는 패킷을 거부해 패킷의 출발지에 에러를 돌려준다.

7.2.2 체인과 테이블

체인에는 사용자가 자유롭게 만들 수 있는 체인과 처음부터 준비돼 있는 내장 체인이 있다. 앞서 언급한 INPUT 체인, OUTPUT체인, FORWARD 체인은 모두 내장 체인이다. 패킷 필터링에 사용되는 이런 체인들은 filter 테이블에 포함돼 있다. 테이블은 다양한 목적으로 준비된 체인의 세트로, 표 7.9과 같이 4개의 테이블이 준비돼 있다.

표 7.9 Netfilter 테이블

테이블	설명
filter	패킷 필터링에 사용되는 테이블(기본값)
nat	출발지 및 목적지 IP 주소와 포트 번호를 변환하는 NAT에서 사용되는 테이블
mangle	패킷 헤더의 특별한 갱신에 사용되는 테이블
raw	연결을 추적하지 않는 패킷의 처리에 사용되는 테이블

7.2.3 iptables 명령

패킷 필터링을 설정할 때 iptables(IPv4) 또는 ip6tables(IPv6) 명령을 사용한다. iptables 명령과 함께 쓸 수 있는 주요 옵션, 체인, 대상, 규칙을 표 7.10에 정리했다.

표 7.10 iptables 명령의 주요 옵션, 체인, 대상, 규칙

옵션	설명
-A	지정한 체인의 마지막에 규칙을 추가
-D	지정한 체인에서 규칙을 삭제
-P	지정한 체인의 정책을 변경
-L [체인]	규칙 리스트를 표시
-N 체인	지정한 이름으로 사용자 정의 체인을 생성
-X 체인	지정한 사용자 정의 체인을 삭제

옵션	설명
-I	규칙 번호를 지정해 규칙을 삽입
-F 체인	지정한 체인 내 규칙을 모두 제거
-t 테이블	테이블을 지정
-v	상세 내용을 표시
-n	숫자 값으로 표시(IP 주소나 포트 번호 등)
--line-numbers	규칙 번호를 표시

체인	설명
INPUT	호스트에 들어온 패킷
OUTPUT	로컬 호스트에서 만들어진 패킷
FORWARD	호스트를 통과하는 패킷
PREROUTING	들어온 패킷을 변환
POSTROUTING	나가는 패킷을 변환

대상	설명
ACCEPT	허용
DROP	파기
REJECT	거부(출발지에 에러 반환)
MASQUERADE	출발지 IP 주소와 포트 번호를 변환
SNAT	출발지 IP 주소 변환
DNAT	목적지 IP 주소 변환
LOG	로그 출력

규칙	설명
-s 출발지	출발지 IP 주소
-d 목적지	목적지 IP 주소
--sport 포트 번호	출발지 포트 번호
--dport 포트 번호	목적지 포트 번호
-j 대상	사용할 대상
-p 프로토콜	프로토콜(tcp, udp, icmp, all 등)
-i 인터페이스	입력 인터페이스(eth0, ppp0 등)
-o 인터페이스	출력 인터페이스(eth0, ppp0 등)
-m state --state 상태	패킷 상태(ESTABLISHED, NEW, RELATED, INVALID)

-L 옵션을 사용하면 현재 설정돼 있는 규칙을 확인할 수 있다.

▶ iptables 규칙 확인

```
# iptables -L ↵
Chain INPUT (policy ACCEPT)
target     prot opt source        destination
ACCEPT     all -- anywhere        anywhere          state RELATED,ESTABLISHED
ACCEPT     icmp -- anywhere       anywhere
ACCEPT     all -- anywhere        anywhere
ACCEPT     tcp - anywhere         anywhere          state NEW tcp dpt:ssh
REJECT     all -- anywhere        anywhere          reject-with icmp-host-prohibited

Chain FORWARD (policy ACCEPT)
target     prot opt source        destination
REJECT     all -- anywhere        anywhere          reject-with icmp-host-prohibited

Chain OUTPUT (policy ACCEPT)
target     prot opt source        destination
```

체인 정책을 설정하려면 -P 옵션을 사용한다.

▶ 형식

```
iptables_-P_체인_대상
```

INPUT 체인 정책을 DROP 하려면 다음과 같이 한다.[11]

▶ INPUT 체인 정책을 DROP

```
# iptables -P INPUT DROP ↵
```

체인에 규칙을 추가하려면 -A 옵션을 사용한다.

▶ 형식

```
iptables_-A_체인 규칙_-j_대상
```

---

11 다른 머신에서 SSH 등을 사용해 네트워크를 통해 연결돼 있다면 이 명령을 실행하면 안 된다. 연결 가능한 규칙이 설정돼 있지 않다면 바로 접속
   이 끊길 수 있다.

규칙 작성 예를 표 7.11에 정리했다.

표 7.11 규칙 작성 예

규칙 작성 예	설명
-p tcp	TCP 프로토콜
-s 192.168.0.0/24	출발지 IP 주소가 192.168.0.0/24
--sport 22	출발지 포트 번호가 22번(SSH)
-d 172.16.0.1	목적지 IP 주소가 172.16.0.1
--dport 53	목적지 포트 번호가 53번(DNS)
-i eth0	패킷을 받는 인터페이스는 eth0
-o eth1	패킷을 보내는 인터페이스는 eth1
--state ESTABLISHED	TCP로 연결된 상태인 것만

출발지 주소가 192.168.0.0/24, 목적지 포트가 22번(SSH)인 패킷을 허용하려면 다음과 같이 한다.

▶ INPUT 체인에 규칙 추가

```
# iptables -A INPUT -p tcp -s 192.168.0.0/24 --dport 22 -j ACCEPT ↵
```

설정한 규칙을 삭제하려면 -D 옵션을 사용한다.

▶ 형식

```
iptables_-D_체인_규칙 번호 또는 규칙
```

INPUT 체인의 2번째 규칙[12]을 삭제하려면 다음과 같이 한다.

▶ INPUT 체인의 2번째 규칙 삭제

```
# iptables -D INPUT 2 ↵
```

INPUT 체인의 모든 규칙을 삭제해 초기화하려면 -F 옵션을 사용한다.[13]

---

12 규칙 번호는 -L 옵션으로 규칙 목록을 표시할 때 --line-numbers 옵션을 같이 붙이면 확인할 수 있다.

13 체인을 지정하지 않으면 filter 테이블의 모든 체인 규칙을 삭제한다.

▶ INPUT 체인의 모든 규칙 삭제

```
# iptables -F INPUT ⏎
```

iptables 명령으로 설정한 내용은 시스템을 재기동하면 사라진다. 설정 내용을 보존하려면 다음과 같이 한다.

▶ iptables 설정 저장

```
# service iptables save ⏎
```

설정은 /etc/sysconfig/iptables에 저장된다.[14] iptables 서비스가 활성화돼 있다면 시스템 기동 시 설정이 자동으로 적용된다. 수동으로 설정을 적용하려면 다음과 같이 한다.

▶ iptables 설정 적용

```
# service iptables start ⏎
```

또한 CentOS 6.6에서는 기본 설정이 다음과 같이 돼 있다. 주석을 넣어두었으니 참고하자.

▶ iptables

```
# iptables -L ⏎
Chain INPUT (policy ACCEPT)
target prot opt source destination
# DNS 및 DHCP 패킷 허용
ACCEPT udp -- anywhere anywhere udp dpt:domain
ACCEPT tcp -- anywhere anywhere tcp dpt:domain
ACCEPT udp -- anywhere anywhere udp dpt:bootps
ACCEPT tcp -- anywhere anywhere tcp dpt:bootps
# 연결이 수립된 패킷이나 ICMP 패킷 허용
ACCEPT all -- anywhere anywhere state RELATED,ESTABLISHED
ACCEPT icmp -- anywhere anywhere
ACCEPT all -- anywhere anywhere
# SSH 연결 허용
ACCEPT tcp -- anywhere anywhere state NEW tcp dpt:ssh
```

---

14 system-config-firewall 툴을 사용하면 이 설정 파일을 덮어씌우니 주의하자.

```
# 연결 거부할 때 icmp-host-prohibited으로 에러 패킷 반환
REJECT all -- anywhere anywhere reject-with icmp-host-prohibited
Chain FORWARD (policy ACCEPT)
target prot opt source destination
# 로컬 네트워크 내 송수신 허용
ACCEPT all -- anywhere 192.168.1.0/24 state RELATED,ESTABLISHED
ACCEPT all -- 192.168.1.0/24 anywhere
ACCEPT all -- anywhere anywhere
# 거부할 때 icmp-port-unreachable 및 icmp-host-prohibited로 에러 패킷 반환
REJECT all -- anywhere anywhere reject-with icmp-port-unreachable
REJECT all -- anywhere anywhere reject-with icmp-host-prohibited
Chain OUTPUT (policy ACCEPT)
target prot opt source destination
```

기본 설정 파일 외 다른 파일에 저장할 때는 iptables-save 명령을 사용한다. 다음은 /etc/iptables.tmp 파일에 설정을 저장하는 예다.

▶ iptables-save 명령으로 설정 저장

```
# iptables-save > /etc/iptables.tmp ⏎
```

파일은 다음과 같은 형식으로 저장된다.

▶ iptables-save 명령으로 저장된 파일 예

```
# Generated by iptables-save v1.4.7 on Wed Jun 26 12:49:42 2013
*filter
:INPUT ACCEPT [0:0]
:FORWARD ACCEPT [0:0]
:OUTPUT ACCEPT [7998:1121215]
-A INPUT -m state --state RELATED,ESTABLISHED -j ACCEPT
-A INPUT -p icmp -j ACCEPT
-A INPUT -i lo -j ACCEPT
(이하 생략)
```

이 파일의 내용으로 설정을 되돌리려면 iptables-restore 명령을 사용한다.

다음은 /etc/iptables.tmp 파일로부터 설정을 되돌리는 예다.

▶ /etc/iptables.tmp 파일의 설정으로 복원

```
# iptables-restore < /etc/iptables.tmp ↵
```

7.2.4 기본적인 패킷 필터링 설정

실제 패킷 필터링 설정을 하기 전에 필터링 방침을 정해두자.

- 각 체인의 기본 동작(규칙에 맞지 않는 패킷을 허용할지 거부할지)
- 어떤 패킷을 허용할지(포트 번호, 출발지 주소 등)

일반적으로 외부로부터 들어온 패킷에 대해서는 기본값으로 거부를 하고 내부로부터 외부로 나가는 패킷에 대해서는 기본값으로 허용을 하는 것이 좋다. 외부로부터 온 패킷에 대해서는 신중하게 대응해야 할 필요가 있기 때문이다.

SSH 서버, 메일 서버, DNS 서버, 웹 서버, POP 서버를 운영하는 시스템[15]이 있다고 가정하고 그 시스템의 규칙을 다음 표와 같이 정리해보자. 호스트의 IP 주소는 192.168.11.2라고 가정한다.

표 7.12 필터링 규칙 1

프로토콜	출발지 주소	출발지 포트	목적지 주소	목적지 포트	허용 / 거부
TCP	–	–	192.168.11.2	22	허용
TCP	–	–	192.168.11.2	25	허용
TCP	–	–	192.168.11.2	53	허용
TCP	–	–	192.168.11.2	53	허용
TCP	–	–	192.168.11.2	80	허용
TCP	–	–	192.168.11.2	110	허용

로컬 루프백 주소로부터의 패킷도 허용한다(표 7.13).

표 7.13 필터링 규칙 2

프로토콜	출발지 주소	출발지 포트	목적지 주소	목적지 포트	허용 / 거부
모두			127.0.0.1		허용

---

15 여기서는 예이기 때문에 이렇게 서버를 구성했지만, 복수의 서비스를 한 대의 서버에 운영하는 것은 바람직하지 않다.

ping 등에 사용하는 ICMP 패킷도 통과시킨다(표 7.14).

표 7.14 필터링 규칙 3

프로토콜	출발지 주소	출발지 포트	목적지 주소	목적지 포트	허용 / 거부
ICMP			–		허용

RELATED와 ESTABLISHED 패킷도 허용한다(표 7.15). 이 설정이 없으면 해당 호스트가 외부 네트워크를 이용하려 해도 응답 패킷을 받아들일 수 없게 된다.

표 7.15 필터링 규칙 4

프로토콜	TCP 상태	허용 / 거부
	RELATED, ESTABLISHED	허용

그러면 이제까지 검토한 내용을 iptables 명령으로 설정해보자.

▶ iptables 명령 실행

```
# iptables -P INPUT DROP ⏎
# iptables -P FORWARD DROP ⏎
# iptables -P OUTPUT ACCEPT ⏎
# iptables -A INPUT -i lo -j ACCEPT ⏎
# iptables -A INPUT -p icmp -j ACCEPT ⏎
# iptables -A INPUT -m state --state ESTABLISHED,RELATED -j ACCEPT ⏎
# iptables -A INPUT -p tcp -d 192.168.11.2 --dport 22 -j ACCEPT ⏎
# iptables -A INPUT -p tcp -d 192.168.11.2 --dport 25 -j ACCEPT ⏎
# iptables -A INPUT -p tcp -d 192.168.11.2 --dport 53 -j ACCEPT ⏎
# iptables -A INPUT -p udp -d 192.168.11.2 --dport 53 -j ACCEPT ⏎
# iptables -A INPUT -p tcp -d 192.168.11.2 --dport 80 -j ACCEPT ⏎
# iptables -A INPUT -p tcp -d 192.168.11.2 --dport 110 -j ACCEPT ⏎
```

설정 후 문제가 없다면 저장하는 것을 잊지 말자.

▶ iptables 설정 저장

```
# service iptables save ⏎
```

7.2.5 iptables 응용

여기서는 좀 더 고급 iptables 사용 방법을 살펴본다.

■ 로그 기록

패킷 필터링 결과를 로그로 기록해야 할 경우도 있다. iptables에서는 대상에 LOG를 지정하면 퍼실리티를 kernel로 하는 로그 메시지를 만든다. 다음 명령을 실행하면 출발지가 192.168.10.0/24인 패킷은 모두 로그에 기록된다.

▶ 규칙에 맞는 패킷을 로그에 기록

```
# iptables -A INPUT -s 192.168.10.0/24 -j LOG ↵
```

기본으로 생성되는 커널 로그 파일은 /var/log/messages이며, 이곳에 로그가 저장된다.

▶ iptables 로그 예

```
Jul 7 11:24:32 windsor kernel: IN=eth0 OUT= MAC=08:00:27:27:88:84:04:20:9a :40:b7:e5:08:00
SRC=192.168.10.9 DST=192.168.11.2 LEN=40 TOS=0x00 PREC=0x00 TTL=128 ID=4709 DF PROTO=TCP
SPT=50423 DPT=22 WINDOW=253 RES=0x00 ACK URGP=0
```

'SRC=192.168.10.9'로 돼 있는 것이 출발지 주소, 'DST=192.168.11.2'로 돼 있는 것이 목적지 주소다. 일치하는 패킷마다 이렇게 로그가 만들어지기 때문에 모든 것을 기록하려면 엄청난 분량이 된다. 그러므로 보통은 거부한 패킷만 기록하는 등의 방법을 사용한다. 다음은 192.168.10.9에서 보낸 패킷을 거부하고 그 결과를 로그에 기록하는 예제다.

▶ 192.168.10.9에서 전송된 패킷을 로그에 기록하고 거부

```
# iptables -A INPUT -s 192.168.10.9 -j LOG ↵
# iptables -A INPUT -s 192.168.10.9 -j DROP ↵
```

이것만 가지고는 나중에 로그를 살펴볼 때 어떤 패킷이었는지 확인할 수 없다. --log-prefix 옵션을 사용하면 로그에 첨부할 메시지를 지정할 수 있다. 다음 예는 'Dropped IP:'라는 문자열을 추가한다.

▶ 192.168.10.9에서 전송된 패킷에 메시지를 첨부하여 로그에 기록한 뒤 거부

```
# iptables -A INPUT -s 192.168.10.9 -j LOG --log-prefix "Dropped IP :" ↵
# iptables -A INPUT -s 192.168.10.9 -j DROP ↵
```

이제 지정한 문자열이 로그 메시지의 앞부분에 추가된다.

▶ iptables 로그 예

```
Jul 7 11:34:35 windsor kernel: Dropped IP :IN=eth0 OUT= MAC=08:00:27:27:88:
84:04:20:9a:40:b7:e5:08:00 SRC=192.168.10.9 DST=192.168.11.2 LEN=40 TOS=0x00 PREC=0x00 TTL=128
ID=5485 DF PROTO=TCP SPT=50423 DPT=22 WINDOW=254 RES=0x00 ACK URGP=0
```

■ IP 위장 대책

공격자는 공격지를 들키지 않기 위해 패킷의 출발지 IP 주소를 위장하는 경우가 많다. 한 개의 IP 패킷만을 가지고 이것이 위장된 것인지 판단하는 것은 무리지만, 출발지 IP 주소로 사설 IP 주소가 설정된 패킷이 인터넷상에 있는 서버에 도착한다면 주의가 필요하다. 사설 IP 주소의 범위는 다음과 같다.

- 10.0.0.0/8(10.0.0.0 ~ 10.255.255.255)
- 172.16.0.0/12(172.16.0.0 ~ 172.32.255.255)
- 192.168.0.0/16(192.168.0.0 ~ 192.168.255.255)

사설 IP 주소는 내부 네트워크 내에서만 이용되기 때문에 인터넷에는 그 주소가 전송되지 않는다. 그런데도 출발지 IP 주소가 사설 IP 주소라면 출발지의 정보가 위장됐다고 생각해도 지장 없을 것이다. 그런 패킷을 받지 않도록 설정하려면 다음 예와 같이 한다.

▶ IP 위장 대책 설정(1)

```
# iptables -A INPUT -s 10.0.0.0/8 -j DROP ↵
# iptables -A INPUT -s 172.16.0.0/12 -j DROP ↵
# iptables -A INPUT -s 192.168.0.0/16 -j DROP ↵
```

그리고 다음 주소도 서버에서 거부하는 것이 좋다.

- 127.0.0.0/8(로컬 루프백)
- 169.254.0.0/16(링크 로컬 주소)

- 192.0.2.0/24(TEST NET)

- 224.0.0.0/4(클래스 D)

- 240.0.0.0/5(클래스 E)

설정은 다음과 같다.

▶ IP 위장 대책 설정(2)

```
# iptables -A INPUT -s 127.0.0.0/8 -j DROP ⏎
# iptables -A INPUT -s 169.254.0.0/16 -j DROP ⏎
# iptables -A INPUT -s 192.0.2.0/24 -j DROP ⏎
# iptables -A INPUT -s 224.0.0.0/4 -j DROP ⏎
# iptables -A INPUT -s 240.0.0.0/5 -j DROP ⏎
```

그리고 특별한 브로드캐스트 주소인 0.0.0.0/8과 255.255.255.255는 Smurf 공격('3.2.1 DoS/
DDoS 공격' 참조)의 출발지 주소로 사용되는 경우가 있으므로 다음과 같이 설정해 위험을 예방하
도록 하자.

▶ Smurf 공격 대책

```
# iptables -A INPUT -d 0.0.0.0/8 -j DROP ⏎
# iptables -A INPUT -d 255.255.255.255 -j DROP ⏎
```

7.2.6 ip6tables 명령

iptables 명령으로 IPv6 패킷 필터링은 설정할 수 없다. IPv6는 ip6tables 명령을 사용한다.
ip6tables 명령 사용 방법은 iptables 명령과 같다. 다음은 규칙 리스트를 확인하는 예다.

▶ iptables 규칙 확인(IPv6)

```
# ip6tables -L -n ⏎
Chain INPUT (policy ACCEPT)
target prot opt source      destination
ACCEPT   all       ::/0     ::/0      state RELATED,ESTABLISHED
ACCEPT   icmpv6    ::/0     ::/0
ACCEPT   all       ::/0     ::/0
ACCEPT   tcp       ::/0     ::/0      state NEW tcp dpt:22
ACCEPT   tcp       ::/0     ::/0      state NEW tcp dpt:80
REJECT   all       ::/0     ::/0      reject-with icmp6-adm-prohibited
```

```
Chain FORWARD (policy ACCEPT)
target    prot opt source    destination
REJECT    all      ::/0    ::/0    reject-with icmp6-adm-prohibited

Chain OUTPUT (policy ACCEPT)
target    prot opt source    destination
```

7.2.7 CUI 툴을 이용한 패킷 필터링 설정

CentOS는 iptables/ip6tables 대신 system-config-firewall 도구에서도 패킷 필터링을 설정할 수 있다. system-config-firewall을 설치하려면 다음 명령을 실행한다.

▶ system-config-firewall 설치

```
# yum install system-config-firewall ⏎
```

root 권한으로 실행하면 그림 7.3과 같은 화면을 볼 수 있다.

▶ system-config-firewall 실행

```
# system-config-firewall ⏎
```

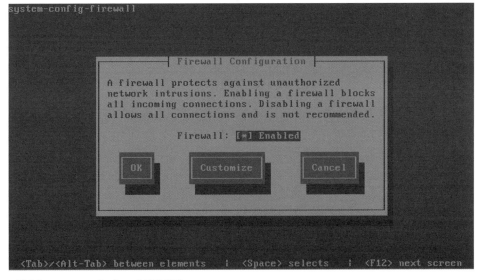

그림 7.3 system-config-firewall 초기 화면

[Tab] 키를 눌러 'Customize'에 포커스를 맞춰 [Enter] 키를 누르면 설정 화면으로 이동한다(그림 7.4).

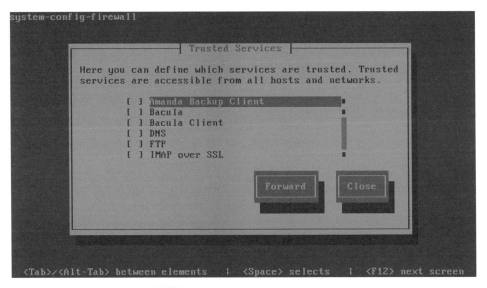

그림 7.4 system—config—firewall 설정 화면

연결을 허용하고 싶은 항목을 커서 키 [↑] [↓]로 선택해 [스페이스 바]를 누르면 [ ] 안에 *로 체크가 되고 해당 항목은 활성화된다. 체크를 없애면 그 서비스는 외부로부터 접근할 수 없다.

설정을 저장하고 종료하면 /etc/sysconfig/iptables 및 /etc/sysconfig/ip6tables에 내용이 저장된다. 그러므로 수동으로 이 파일들을 관리하고 있다면 이 툴은 사용하지 않도록 하자.

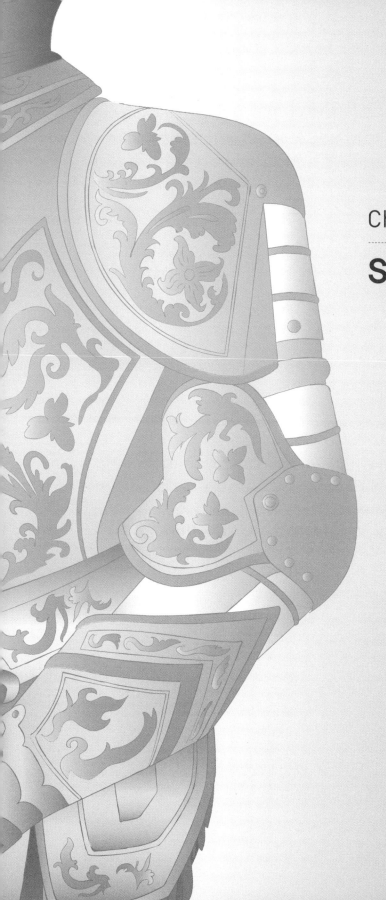

Chapter **8**

SELinux

이 장에서는 SELinux의 개요와 기본적인 사용 방법을 다룬다. SELinux는 어렵다고 생각할 수 있어서 비활성화하는 경우도 적지 않다. 하지만 예전에 알려진 SELinux의 문제들은 대부분 없어졌기 때문에 도입을 고려해도 좋을 것이다. SELinux를 도입함으로써 보안 침해 발생률을 줄일 수 있다.

8.1 SELinux 개요

SELinux(Security Enhanced Linux)는 미국 국가 안전 보장국(NSA)이 중심이 돼 개발한 보안 강화 커널 모듈로 리눅스에 Secure OS 기능을 추가했다.

8.1.1 SELinux 기본 개념

먼저 SELinux의 개념과 특징을 살펴보자

■ 의무 접근 제어

이제까지의 리눅스에서는 각각의 파일이나 디렉터리 소유자가 파일이나 디렉터리의 권한을 자유롭게 설정할 수 있었다. 이것을 임의 접근 제어(DAC: Discretionary Access Control)라 하며 표준 리눅스 보안으로 채택돼 있다. 사용자들이 각각 원하는 대로(가능한 범위에서) 권한을 설정할 수 있으므로 시스템 관리자가 시스템 전체를 통합적으로 관리할 수 없고, 이로 인한 보안 취약점이 발생할 가능성이 있었다.[1]

SELinux는 시스템 관리자가 파일과 디렉터리의 권한을 중앙에서 관리할 수 있다. 이것을 의무 접근 제어(MAC: Mandatory Access Control)라 한다. 시스템 관리자는 '정책 파일'을 이용해 시스템 전체를 종합적으로 관리할 수 있다(그림 8.1).

---

[1] DAC 모델에서, 파일과 자원에 대한 결정권은 오직 해당 객체(objects)의 사용자에게 있고 소유권에 따라 이뤄진다. 각 사용자와 그 사용자에 의해 실행된 프로그램은 자기에게 할당된 객체에 대해 전적으로 자유재량권을 가진다. 이러한 상황에서는 악의 있는 일반 혹은 root 사용자(혹은 setuid와 setgid로 실행 가능한 파일가 실행시킨 결함이 있는 소프트웨어를 통해 악의적인 행위를 해도 막아낼 방법이 없으며 보안 정책을 시스템 전체에 걸쳐 시행되도록 할 방법도 없다.

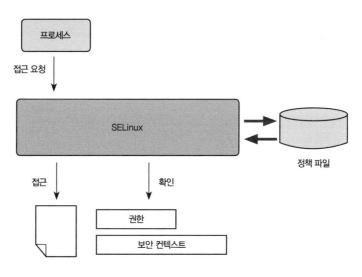

그림 8.1 SELinux

■ 최소 권한

이제까지의 리눅스는 root 사용자가 절대적인 권한을 가지고 있었다. 아무리 보안 수준을 높여도 root 사용자의 계정이 탈취되면 한 번에 전체 시스템 조작 권한이 침입자에게 넘어가게 된다.

SELinux에서는 root 권한을 분할해 사용자와 서비스에 최소한의 권한만을 부여해 만약의 상황이 발생하더라도 피해를 최소화하는 구조로 돼 있다. 이것을 최소 권한이라 한다. 시스템 관리에 필요한 권한은 롤(Role)이라는 역할로 구분하고, 사용자에게 필요 최소한의 역할만을 할당해준다(역할 기반 접근 제어=RBAC:Role Base Access Control).

■ TE

SELinux에서는 파일, 디렉터리, 장치 등의 시스템 자원에 대해 타입(Type)이라는 레이블(식별자)을 붙인다. 또한 프로세스에 붙는 레이블은 도메인(Domain)이라고 부른다. 프로세스에 대해 타입(도메인)을 할당하여 제어하는 구조를 TE(Type Enforcement)라고 한다. TE 구조에서는 취약점이 있는 프로세스를 통해 침해 사고가 발생한다 해도 침해를 입은 프로세스에 허용된 최소한의 권한만 뺏기게 된다(그림 8.2).

161

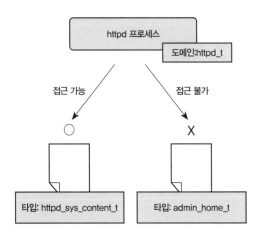

그림 8.2 TE

■ 도메인 전이

부모 프로세스에서 생성된 자식 프로세스에는 부모 프로세스보다 작은 권한을 가진 도메인을 할당하는데, 이것을 도메인 전이라고 한다(그림 8.3). 웹 서버인 아파치를 예로 들면, 아파치는 root 권한으로 기동하는 하나의 부모 프로세스와 일반 사용자 권한으로 기동 되는 여러 개의 자식 프로세스로 구성되는데, 이것과 같은 관계라고 생각하면 된다.

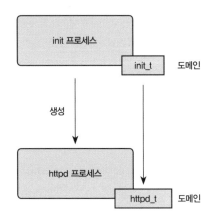

그림 8.3 도메인 전이

■ SELinux의 한계

이처럼 SELinux는 접근 권한을 제어하고 '시스템 침해' 시 피해를 최소화하기 위한 수동적인 보안 메커니즘이다. 많은 노력을 기울여도 시스템 침입을 100% 방지한다는 것은 불가능에 가깝다. 침입을 당하더라도 침입자가 접근할 수 있는 범위를 가능한 한 줄여 피해 범위를 최소화하는 것이 SELinux의 역할이다.

8.1.2 보안 컨텍스트(Security Context)

파일과 프로세스, 유저에게는 보안 컨텍스트라는 레이블이 붙는다. 확인하려면 관련 각 명령에 Z(대문자) 옵션을 사용한다.

파일의 보안 컨텍스트를 확인하려면 ls 명령에 −Z 옵션을 지정한다. 권한 바로 뒤에 '.'이 붙어있는 파일에는 보안 컨텍스트를 붙일 수 있다.

▶ 파일의 보안 컨텍스트 확인

```
$ ls -lZ /etc/inittab ⏎
-rw-r--r--. root root system_u:object_r:etc_t:s0 /etc/inittab
```

보안 컨텍스트의 형식을 레이블이라고 한다. 위에서는 'system_u:object_r:etc_t:s0'가 레이블이다. 형식은 그림 8.4를 보자.

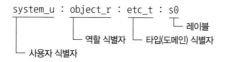

그림 8.4 보안 컨텍스트

프로세스의 보안 컨텍스트를 표시하려면 ps 명령에 −Z 옵션을 지정한다. 다음 예에서는 −C 옵션으로 login이라는 이름의 프로세스를 지정해 login 프로세스의 보안 컨텍스트를 확인한다.

▶ 프로세스의 보안 컨텍스트 확인

```
$ ps -C login -Z ⏎
LABEL                              PID TTY       TIME CMD
system_u:system_r:local_login_t:s0-s0:c0.c1023 1261 ? 00:00:00 login
system_u:system_r:local_login_t:s0-s0:c0.c1023 1966 ? 00:00:00 login
```

사용자의 보안 컨텍스트를 확인하려면 id 명령에 −Z 옵션을 지정한다.

▶ 사용자의 보안 컨텍스트 확인

```
$ id -Z ⏎
unconfined_u:unconfined_r:unconfined_t:s0-s0:c0.c1023
```

8.1.3 동작 모드

SELinux는 세 가지 동작 모드가 있다. 각각 Enforcing 모드, Permissive 모드, Disabled 모드라고 한다.

Enforcing 모드는 SELinux가 활성화된 상태다. 접근 제어 위반을 하면 거부를 하고 감사 로그에 기록한다. CentOS는 기본적으로 Enforcing 모드로 동작한다.

Permissive 모드에서 SELinux는 경고 메시지를 표시하기만 할 뿐 실제로 접근을 제어하지 않는다. 단, 접근 제어 위반은 감사 로그에 기록한다. SELinux의 동작을 테스트할 때 사용한다.

Disabled 모드는 SELinux가 비활성화된 상태다. 어떤 접근 제어 동작도 하지 않는다.

표 8.1 SELinux 동작 모드

동작 모드	설명
Enforcing	SELinux가 활성화된 상태(접근 제어 활성화)
Permissive	SELinux가 활성화된 상태(접근 제어 비활성화)
Disabled	SELinux가 비활성화된 상태

현재 동작 모드를 확인하고 싶으면 getenforce 명령을 실행한다.

▶ SELinux 동작 모드 확인

```
$ getenforce ⏎
Enforcing
```

root 사용자라면 setenforce 명령으로 동작 모드를 변경할 수 있다. 다음은 동작 모드를 Permissive 모드[2]로 변경한 후 확인하는 예이다.

▶ SELinux를 Permissive 모드로 변경

```
# setenforce permissive ⏎
# getenforce ⏎
Permissive
```

▶ 형식

```
setenforce_동작 모드
```

시스템을 기동할 때 기본적으로 동작하는 모드는 /etc/selinux/config[3]에서 설정할 수 있다.

▶ /etc/selinux/config

```
# This file controls the state of SELinux on the system.
# SELINUX= can take one of these three values:
# enforcing - SELinux security policy is enforced.
# permissive - SELinux prints warnings instead of enforcing.
# disabled - No SELinux policy is loaded.
SELINUX=enforcing   ◀───────────────────────────── 기본 동작 모드
(이하 생략)
```

8.1.4 정책

도메인이 시스템 자원을 얼마나 사용할 수 있는지 정의한 접근 제어 규칙 세트를 정책(Policy)이라 한다. 접근 제어를 엄격히 준수해야 하는 mls와 네트워크 서비스 관련 정책은 SELinux를 통해 제 어를 하고, 일반적인 시스템 운영은 일반 리눅스와 동일하게 조작할 수 있는 targeted 정책을 이용

---

2 동작 모드를 지정할 때 Enforcing을 '1', Permissive를 '0'으로 해도 상관없다.

3 심볼릭 링크인 /etc/sysconfig/selinux를 이용해도 된다.

한다. mls 정책 쪽이 보안 레벨이 높지만 운영이 어려워지는 문제가 있다. targeted 정책은 침입에 알맞은 보호 기능을 제공해 사용자도 SELinux를 그다지 의식하지 않고 사용할 수 있다. CentOS는 targeted 정책을 기본 정책으로 적용하고 있다.

기본 정책은 /etc/selinux/config 파일에서 설정할 수 있다.

▶ /etc/selinux/config

```
(생략)
# SELINUXTYPE= can take one of these two values:
# targeted - Targeted processes are protected,
# mls - Multi Level Security protection.
SELINUXTYPE=targeted        ◀──────────────────────────────  기본 정책
```

현재 적용된 정책과 SELinux 상태를 보려면 sestatus 명령을 이용한다.

▶ SELinux 상태 확인

```
# sestatus ⏎
SELinux status:              enabled
SELinuxfs mount:             /selinux
Current mode:                enforcing
Mode from config file:       enforcing
Policy version:              24
Policy from config file:     targeted
```

8.2 SELinux 설정

이제부터 보다 실제적인 SELinux 사용 방법을 알아보자.

8.2.1 논리 매개변수 설정

정책을 적용할 범위를 조정하려면 논리 매개변수를 변경한다. 논리 매개변수는 범위별로 각 설정을 ON, OFF 할 수 있다. 어떤 논리 매개변수가 있는지는 getsebool −a 명령으로 확인할 수 있다.

▶ 논리 매개변수 확인

```
$ getsebool -a ↵
abrt_anon_write --> off
abrt_handle_event --> off
allow_console_login --> on
allow_cvs_read_shadow --> off
allow_daemons_dump_core --> on
allow_daemons_use_tcp_wrapper --> off
allow_daemons_use_tty --> on
allow_domain_fd_use --> on
allow_execheap --> off
allow_execmem --> on
allow_execmod --> on
allow_execstack --> on
allow_ftpd_anon_write --> off
(이하 생략)
```

논리 매개변수를 변경하려면 setsebool 명령을 사용한다.

▶ 형식

```
setsebool_[-P]_논리 매개변수_on ¦ off
```

Apache HTTP Server로 예를 들면, Apache HTTP Server에서 사용자의 홈 디렉터리를 게시할 때 기존에는 httpd.conf 파일에서 공개로 설정하고 사용자의 홈 디렉터리 권한을 711로 설정하면 게시할 수 있었다. 하지만 CentOS 6은 SELinux 기본 설정으로 홈 디렉터리의 접근을 금지하고 있기 때문에 게시할 수 없다. httpd_enable_homedir이라는 논리 매개변수를 확인해보자.

▶ httpd_enable_homedirs 확인

```
# getsebool httpd_enable_homedirs ↵
httpd_enable_homedirs --> off
```

off로 돼 있기 때문에 홈 디렉터리 접근이 불가능하다. 이것을 on으로 변경하려면 다음과 같이 명령을 실행한다.

▶ httpd_enable_homedirs 매개변수를 ON으로 변경

```
# setsebool httpd_enable_homedirs on ↵
```

이제 홈 디렉터리에 접근할 수 있게 됐다. 하지만 이 설정은 시스템이 재기동되면 기본값으로 돌아 간다. 설정을 영구적으로 변경하고 싶으면 -P 옵션을 함께 사용한다.

▶ httpd_enable_homedirs를 영구적으로 ON으로 변경

```
# setsebool -P httpd_enable_homedirs on ⏎
```

8.2.2 파일 보안 컨텍스트 변경

시스템에 패키지를 설치할 때 기본적으로 적절한 보안 컨텍스트가 설정된다. 하지만 파일을 카피하 거나 일반적인 이용에서 벗어난 운용을 할 경우 프로세스가 파일에 접근할 수 없는 에러가 발생할 수 있다. 그런 경우 chcon 명령을 사용해 파일의 보안 컨텍스트를 변경한다.

▶ 형식

```
chcon_컨텍스트_파일
chcon_--reference=참조파일_파일
```

파일의 컨텍스트를 변경할 때 컨텍스트를 직접 지정하거나 다른 파일을 참조해서 같은 컨텍스트로 설정할 수 있다. 예를 들어 /root/install.log 파일을 /var/www/html 디렉터리에 이동하더라도 웹 브라우저에서는 볼 수 없다. 아파치에서 접근할 수 있는 보안 컨텍스트가 아니기 때문이다.

▶ /root/install.log 파일의 원래 보안 컨텍스트

```
# ls -lZ /var/www/html/install.log ⏎
-rw-r--r--. root root system_u:object_r:admin_home_t:s0 /var/www/html/install.log
```

이 컨텍스트를 아파치가 접근할 수 있도록 설정하려면 다음과 같이 한다.

▶ 보안 컨텍스트 변경

```
# chcon system_u:object_r:httpd_sys_content_t:s0 /var/www/html/install.log ⏎
# ls -lZ /var/www/html/install.log ⏎
-rw-r--r--. root root system_u:object_r:httpd_sys_content_t:s0 /var/www/html/install.log
```

아니면 다른 파일을 참조해 같은 보안 컨텍스트로 만들 수 있다. --reference 옵션을 이용해 참 조 파일을 지정하면 된다. 다음은 index.html 파일을 참조해 install.log 파일의 보안 컨텍스트를 index.html 파일과 같게 설정하는 예다.

▶ 파일을 참고해 보안 컨텍스트를 변경

```
# chcon --reference=/var/www/html/index.html /var/www/html/install.log ⏎
# ls -lZ /var/www/html/install.log ⏎
-rw-r--r--. root root system_u:object_r:httpd_sys_content_t:s0 /var/www/html/install.log
```

그리고 restorecond 명령을 사용하면 표준 보안 컨텍스트로 설정할 수 있다. 표준 설정을 하고 싶다면 chcon 설정보다 restorecond 명령이 편하다.

▶ 표준 보안 컨텍스트로 설정

```
# restorecond /var/www/html/install.log ⏎
# ls -lZ /var/www/html/install.log ⏎
-rw-r--r--. root root system_u:object_r:httpd_sys_content_t:s0 /var/www/html/install.log
```

▶ 형식

```
restorecond_[-R]_파일 또는 디렉터리
```

-R 옵션을 사용하면 지정한 디렉터리 아래의 모든 파일을 표준 보안 컨텍스트로 설정한다. 다음은 /var/www/html 디렉터리 아래의 모든 파일을 표준 보안 컨텍스트로 설정하는 예다.

▶ /var/www/html 디렉터리 이하 모든 파일을 표준 보안 컨텍스트로 설정

```
# restorecond -R /var/www/html ⏎
```

그리고 restorecond 서비스를 실행하고 있으면 파일을 모니터링해서 자동으로 표준 보안 컨텍스트로 설정해준다. restorecond 서비스를 시작하려면 다음과 같이 한다.

▶ restorecond 서비스 시작

```
# service restorecond start ⏎
```

시스템을 시작할 때 restorecond 서비스도 같이 시작하고 싶다면 chkconfig 명령으로 설정한다.

▶ restorecond 서비스 자동 시작

```
# chkconfig restorecond on ⏎
```

8.2.3 파일 복사와 백업

파일의 보안 컨텍스트를 유지한 상태로 파일을 복사하려면 cp 명령에 '--preserve=context' 또는 '--preserve=all' 옵션을 추가한다. 옵션의 유무에 따라 어떤 차이가 있는지 확인해보자.

▶ 보안 컨텍스트를 유지한 채 복사

```
$ cp /etc/passwd passwd1 ↵
$ cp --preserve=all /etc/passwd passwd2 ↵
$ ls -lZ /etc/passwd ↵
-rw-r--r--. root root system_u:object_r:etc_t:s0      /etc/passwd
$ ls -lZ passwd* ↵
-rw-r--r--. centuser centuser unconfined_u:object_r:user_home_t:s0 passwd1
-rw-r--r--. centuser centuser system_u:object_r:etc_t:s0      passwd2
```

다음과 같이 '--preserve=all' 옵션을 붙여준 파일(passwd2)은 보안 컨텍스트가 유지된 것을 확인할 수 있다.

tar 명령을 사용해 파일을 백업할 때도 주의가 필요하다. tar 명령을 이용하면 SELinux에서 설정한 보안 컨텍스트 내용이 유지되지 않기 때문에 star 명령을 사용한다. 사용 방법은 tar 명령과 거의 같지만 보안 컨텍스트를 유지하는 -xattr 옵션과 보안 컨텍스트를 유지할 수 있는 형식인 exustar를 지정해야 한다. 다음은 /home 디렉터리를 home.tar.gz로 압축해 백업하는 예이다.[4]

▶ /home 디렉터리를 백업

```
# star -H=exustar -xattr -cvz -f home.tar.gz /home ↵
```

star 가 설치되지 않았다면 star 패키지를 설치해야 한다.

▶ star 패키지 설치

```
# yum install star ↵
```

---

4 tar 명령과 같이 '-cvzf'로 옵션을 붙이면 에러가 발생한다.

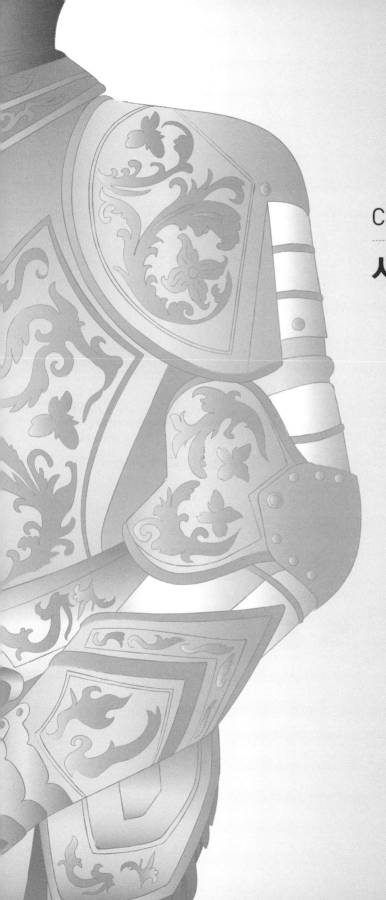

리눅스 시스템이나 서버 서비스의 작동 상태는 로그에 기록된다. 보안 침해나 시스템 문제가 발생했을 때 로그는 중요한 단서가 되기 때문에 로그에 익숙해질 필요가 있다.

9.1 시스템 로그 개요

리눅스는 각종 서버 프로그램과 커널 등이 생성하는 메시지를 로그 파일에 기록하거나 콘솔에 출력할 수 있다. 시스템 로그 툴(시스템 로거 – System Logger)에는 예전부터 많은 유닉스 계열 및 리눅스 배포판에서 사용해온 syslog와 최근 널리 사용되는 rsyslog 등이 있다. CentOS 6에서는 syslog 대신 rsyslog를 기본으로 채택하고 있다.[1]

9.1.1 로그 저장 구조

각종 서버 프로그램이 만들어내는 시스템 로그 메시지는 syslog/rsyslog 데몬이 모아서 처리한다 (그림 9.1). 로그 메시지를 생성한 프로그램이나 우선도에 따라 분류한 뒤 설정 파일에서 지정한 대상으로 발송한다. 따라서 설정에 따라 로그 메시지를 로그 파일에 보존하는 것 외에도 화면으로 출력할 수도 있다. 덧붙여 Apache HTTP Server나 Samba처럼 syslog/rsyslog에 의존하지 않고 독립적으로 로그를 처리하는 서비스도 있다.

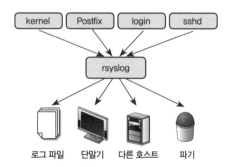

그림 9.1 syslog/rsyslog 구조

syslog/rsyslog는 네트워크를 통해 다른 호스트에 로그 메시지를 보낼 수도 있다. 즉 로그 서버를 준비해 로그만을 모아 관리할 수 있다(그림 9.2). 로그 서버에 로그를 전송하도록 구성하면 서버에 침해 사고가 발생해 로그가 변조됐다고 해도 이전 로그가 로그 서버에 남아있기 때문에 공격 분석에 도움이 될 수 있다.[2]

---

1 다른 시스템 로그 패키지인 syslog-ng를 사용할 수도 있다.

2 로컬 호스트에 저장된 로그를 로그 서버로 전송한다.

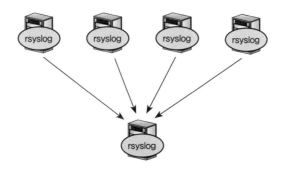

그림 9.2 로그 서버

각종 서비스와 데몬이 생성하는 로그 메시지는 해당 로그가 어디에서 생성됐는지 표시하는 '퍼실리티(Facility - 기능)'와 중요도를 표시하는 '프라이어리티(Priority - 우선순위)' 태그가 붙는다.

퍼실리티는 메시지를 생성한 곳이다. 대표적으로 커널과 실행 중인 프로세스, 서브 시스템을 들 수 있다. 주요 퍼실리티는 표 9.1과 같다.

표 9.1 퍼실리티

퍼실리티	설명
auth, authpriv	인증 시스템(login과 su)으로부터 생성
cron	cron으로부터 생성
daemon	각종 데몬이 생성
kern	커널이 생성
lpr	프린트 시스템이 생성
mail	메일 시스템이 생성
syslog	syslog 기능이 생성
local0~local7	독자 설정

우선순위는 메시지의 우선 순위를 나타낸다. 우선순위를 낮게 설정할수록 로그에 출력되는 정보가 많아진다. 표 9.2에 우선순위가 높은 순서부터 정리했다. none은 우선순위와는 상관없이 해당 내용을 출력하지 않게 설정한다.

표 9.2 우선순위

우선순위	설명
emerg	위기 상황
alert	긴급 대응 필요
crit	위험한 상태
err	일반적인 에러
warning	시스템 경고
notice	시스템 중요 알림
info	시스템 정보
debug	디버그 정보
none	퍼실리티 사용 안함

9.1.2 syslog 설정

여기서는 syslog 설정에 관해 설명한다. rsyslog는 syslog의 단점을 보완해 만든 새로운 로그 저장 데몬이지만, 기존 syslog의 기능을 대부분 사용할 수 있다.

syslog의 동작을 설정하려면 syslog 설정 파일인 /etc/syslog.conf에 작동할 내용을 써넣으면 된다. 이 파일은 어떤 종류의 로그를 어디에 출력할 것인지 지정한다. /etc/syslog.conf 파일의 형식은 다음과 같다.

▶ 형식

```
퍼실리티.프라이어리티_액션
```

퍼실리티와 프라이어리티는 '.'으로 구분한다. 퍼실리티와 프라이어리티에는 와일드카드인 '*'를 사용할 수 있다. 액션에는 로그 파일이 저장될 경로 등을 지정한다. 퍼실리티.프라이어티와 액션 항목은 탭 혹은 스페이스로 구분해야 한다. /etc/syslog.conf 파일 설정을 살펴보자.

▶ /etc/syslog.conf 파일 형식 예

```
kern.*      /var/log/kernel
kern.err    @windsor
kern.err    /dev/console
*.emerg     *
```

첫 행은 커널이 생성하는 메시지를 모두 /var/log/kernel 이라는 로그 파일에 저장한다. 2행과 3행은 커널이 생성하는 메시지 중에서 err 혹은 그 이상의 레벨인 메시지를 windsor라는 호스트로 전송하고 콘솔 화면에 출력한다. 마지막 행은 모든 긴급 메시지를 로그인한 모든 사용자의 콘솔에 출력한다.

/etc/syslog.conf 파일의 구체적인 설정 예는 다음과 같다(설명은 주석인 #으로 시작되는 행).

▶ /etc/syslog.conf 파일 설정 예

```
# 모든 커널 메시지를 콘솔에 출력
kern.*      /dev/console

# 프라이어리티가 info 이상. 단, 퍼실리티가
# authpriv, mail, cron이 아닌 로그를 저장
*.info;mail.none;authpriv.none;cron.none /var/log/messages

# 퍼실리티가 authpriv인 로그를 저장
authpriv.*      /var/log/secure

# 퍼실리티가 mail인 로그를 저장
mail.*      -/var/log/maillog³

# 퍼실리티가 cron인 로그를 저장
cron.*      /var/log/cron

# 긴급 메시지를 모든 사용자에게 전달
*.emerg      *
```

/etc/syslog.conf 파일을 변경하면 syslog 데몬을 재시작해야 한다.

▶ syslog 데몬 재기동

```
# service syslog restart
```

덧붙여 프라이어리티를 지정할 때 '='를 앞에 붙여주면 지정한 프라이어리티만 대상이 된다. 예를 들어 'kern.err'로 지정하면 err 이상인 모든 메시지에 대해 메시지를 출력하지만 'kern.=err'로 지정하면 프라이어리티가 err인 것만 출력한다.

---

3 /etc/rsyslog.conf 파일은 /etc/rsyslog.d/ 디렉토리의 conf 파일들을 불러올 수 있게 돼 있다.

9.1.3 rsyslog 설정

rsyslog 설정은 /etc/rsyslog.conf[4] 파일에서 할 수 있다. rsyslog 설정은 세 부분으로 나눠 설명한다. '#'로 시작하는 행은 주석이다.

▶ /etc/rsyslog.conf 설정(1/3)

```
#### MODULES ####

$ModLoad imuxsock # provides support for local system logging (e.g. via logger command)
$ModLoad imklog # provides kernel logging support (previously done by rklogd)
#$ModLoad immark # provides --MARK-- message capability

# Provides UDP syslog reception
#$ModLoad imudp
#$UDPServerRun 514

# Provides TCP syslog reception
#$ModLoad imtcp
#$InputTCPServerRun 514
```

rsyslog는 플러그인(Plug-in) 모듈을 통해 각종 기능을 확장할 수 있도록 돼 있다(표 9.3). 위 설정 부분에는 사용할 플러그인 모듈과 관련 매개변수를 지정한다.

▶ 형식

```
지시어(Directive)_매개변수
```

표 9.3 rsyslog의 주요 플러그인 모듈

플러그인 모듈	설명
Imuxsock	UNIX 소켓을 통한 로컬 로깅 서포트
Imklog	커널 로그 서포트
Immark	마크(--MARK--) 서포트
Imudp	UDP로 syslog 메시지를 수신(기본 포트는 514)
Imtcp	TCP로 syslog 메시지를 수신(기본 포트는 514)

---

4 로그가 저장될 파일명 앞에 '-'이 붙어있으면 바로 저장되지 않고 버퍼에 일정 데이터가 쌓인 후 파일에 저장된다. 이렇게 하면 디스크 쓰기 횟수가 줄어 시스템 성능 향상을 꾀할 수 있다. 하지만 시스템 다운 등의 문제가 발생했을 때 마지막으로 파일에 저장한 시점에 따라 로그 손실 우려가 있다.

▶ /etc/rsyslog.conf 설정(2/3)

```
#### GLOBAL DIRECTIVES ####

# Use default timestamp format
$ActionFileDefaultTemplate RSYSLOG_TraditionalFileFormat
# File syncing capability is disabled by default. This feature is usually not required,
# not useful and an extreme performance hit
#$ActionFileEnableSync on


# Include all config files in /etc/rsyslog.d/
$IncludeConfig /etc/rsyslog.d/*.conf
```

이 부분은 로그 파일의 서식을 지정한다. 기본값으로 기존 syslog에 준하는 서식을 사용한다.

▶ /etc/rsyslog.conf 설정(3/3)

```
# Log all kernel messages to the console.
# Logging much else clutters up the screen.
#kern.*          /dev/console

# Log anything (except mail) of level info or higher.
# Don't log private authentication messages!
*.info;mail.none;authpriv.none;cron.none          /var/log/messages

# The authpriv file has restricted access.
authpriv.*          /var/log/secure

# Log all the mail messages in one place.
mail.*          -/var/log/maillog

# Log cron stuff
cron.*          /var/log/cron

# Everybody gets emergency messages
*.emerg          *

# Save news errors of level crit and higher in a special file.
uucp,news.crit          /var/log/spooler

# Save boot messages also to boot.log
local7.*          /var/log/boot.log
```

이 부분의 형식은 syslog.conf와 같다. 어느 메시지를 어디에 출력할지 지정한다.

COLUMN

로그 MARK

/etc/rsyslog.conf에 immark 플러그인 모듈을 활성화하면 20분 간격으로 'rsyslogd:-- MARK --'라는 타임스탬프 마크를 출력한다. 이는 rsyslog가 정상적으로 가동하는지를 확인하는 데 사용할 수 있다. 크래커가 시스템에 침입해서 아무런 로그도 출력하지 않도록 rsyslog를 변경해도 로그를 확인하면 '-- MARK --'가 출력되지 않았기 때문에 침입 사실을 파악할 수 있다. 별도로 설정하지 않았다면 로그에 타임스탬프가 찍히지 않기 때문에 침해 사실을 알아채기 힘들다.

9.1.4 로그 서버 설정

rsyslog를 이용해 로그를 다른 호스트로 전송하려면 설정 파일에서 출력할 곳을 지정할 때 '@호스트명' 또는 '@IP 주소'를 입력하면 된다.

▶ 로그를 IP 주소가 192.168.11.2인 서버로 전송(UDP)

```
*.warning    @192.168.11.2
```

위와 같이 설정하면 UDP를 사용해 로그 서버의 514번 포트로 로그를 전송한다.[5] 로그 서버에서는 /etc/rsyslog.conf에 다음과 같은 설정을 추가해야 한다. 기본적으로 주석 처리가 돼 있기 때문에 주석을 제거하자.

▶ 로그 서버의 /etc/rsyslog.conf 설정(UDP)

```
$ModLoad imudp.so
$UDPServerRun 514
```

UDP는 TCP와는 달리 비연결지향[6] 프로토콜이기 때문에 로그 서버가 모든 정보를 제대로 받았다고 확신할 수 없다. rsyslog는 TCP를 통한 송신도 가능하다. TCP로 로그 메시지를 전송하려면 출력할 곳 지정을 할 때 '@@호스트명' 또는 '@@IP 주소'를 지정한다. 위처럼 192.168.11.2인 서버에 로그를 전송하려면 /etc/rsyslog.conf 파일에 다음과 같이 설정한다.

5 로그를 받을 서버는 514번 포트를 개방해 로그를 받을 수 있도록 설정해야 한다.

6 TCP는 상대방과 연결(커넥션)이 수립된 후 통신을 시작하기에 신뢰성이 높다. 하지만 UDP는 연결 수립과 관계 없이 패킷을 전송하기 때문에 상대방이 패킷을 제대로 전달받았는지 여부를 확인할 수 없다.

▶ 로그를 IP 주소가 192.168.11.2인 서버로 전송(TCP)

```
*.warning @192.168.11.2
```

TCP로 전송할 때도 UDP와 마찬가지로 로그 서버에서 수신할 수 있도록 /etc/rsyslog.conf를 설정해야 한다. 역시 기본적으로 주석 처리가 돼 있으니 주석을 삭제하자.

▶ 로그 서버의 /etc/rsyslog.conf 설정(TCP)

```
$ModLoad imtcp.so
$TCPServerRun 514
```

위에서는 514번 포트를 통해 로그를 받는다. 하지만 514번 포트는 알려진 포트로 공격당하기 쉬우므로 다른 포트로 변경하는 것이 좋다. 다음은 10514번 포트로 변경해 수신받도록 설정하는 예다.

▶ 로그 서버 /etc/rsyslog.conf 설정(TCP 10514번 포트)

```
$ModLoad imtcp.so
$TCPServerRun 10514
```

로그를 보내는 호스트에서 포트 번호를 변경하려면 다음과 같이 한다.

▶ 로그를 IP 주소가 192.168.11.2인 서버로 전송(TCP 10514번 포트)

```
*.warning @@192.168.11.2:10514
```

9.1.5 로그 로테이션

로그 파일에는 각종 서비스가 작동한 기록이 누적된다. 그러므로 관리 없이 내버려두면 로그 파일이 거대해져 곤란하게 될 때가 있다. 이런 상황을 방지하기 위해 CentOS는 logrotate를 사용해 로그의 순환(로테이션 – Rotation)이 이루어지게 한다.[7] 로그 로테이션이란 간단히 말해서 정기적으로 로그 파일을 분리해 백업하는 것이다.

다음 예와 같이 /var/log/messaes 파일을 보면 'messages-날짜' 형태의 파일명으로 백업이 이루어지고 있는 것을 볼 수 있다.

---

[7] 로테이션 기록은 /var/lib/logrotate.status에 저장된다.

▶ /var/log/messages 백업

```
$ ls /var/log/mes* ⏎
/var/log/messages /var/log/messages-20130210
/var/log/messages-20120812 /var/log/messages-20130217
/var/log/messages-20120819 /var/log/messages-20130224
/var/log/messages-20120826 /var/log/messages-20130303
(이하 생략)
```

기본 설정은 백업 파일이 4개까지 작성된다. 즉 1개월 전까지의 로그만 남고 그 이전의 로그 파일은 자동으로 삭제된다. 백업 파일 수를 늘리려면 /etc/logrotate.conf 파일의 설정을 변경한다.

▶ /etc/logrotate..conf

```
# see "man logrotate" for details
# rotate log files weekly
weekly          ◄─────────────────────────────────────────  기본값으로 매주 로테이션을 실시

# keep 4 weeks worth of backlogs
rotate 4  ◄──────────────────────────────────────────────  백업할 파일 수 지정

# create new (empty) log files after rotating old ones
create  ◄────────────────────────────────────────────────  로테이션 후 로그 파일 신규 생성

# use date as a suffix of the rotated file
dateext

# uncomment this if you want your log files compressed
#compress

# RPM packages drop log rotation information into this directory
include /etc/logrotate.d  ◄───────────────────────────────  불러올 외부 설정 파일

# no packages own wtmp and btmp -- we'll rotate them here
/var/log/wtmp {
    monthly
    create 0664 root utmp
    minsize 1M
    rotate 1
}
```

```
/var/log/btmp {
    missingok
    monthly
    create 0600 root utmp
    rotate 1
}
```

표 9.4에 logrotate.conf의 주요 설정을 정리했다. 필요에 따라 적절히 변경해서 사용하자.

표 9.4 /etc/logrotate.conf 주요 설정

설정 항목	설명
daily	매일 로테이션 수행
weekly	매주 로테이션 수행
monthly	매월 로테이션 수행
rotate 숫자	백업 로그 저장 수
create 퍼미션 소유자 그룹	퍼미션, 소유자, 그룹을 지정해 새로운 로그 파일을 생성
dataext	백업 파일명에 날짜 추가
compress	백업 로그 파일을 gzip으로 압축
mail 메일주소	로테이션이 완료되면 메일로 알림
include 디렉터리	지정한 디렉터리 내 파일을 불러옴

9.2 로그 모니터링

리눅스의 로그 파일은 대부분 일반 텍스트 파일이다. 텍스트 뷰어나 grep 명령어 등 일반적인 명령을 사용해 로그를 확인할 수 있다.

9.2.1 로그 파일 모니터링

로그는 보통 /var/log 디렉터리 아래에 저장된다(표 9.5).

표 9.5 주요 로그 파일

로그 파일	설명
/var/log/messages	시스템 범용 로그
/var/log/secure	인증 관련 로그
/var/log/boot.log	서비스 시작/정지 로그
/var/log/cron	cron 작업 실행 로그
/var/log/dmesg	커널이 출력한 메시지 로그
/var/log/lastlog	로그인 로그
/var/log/maillog	메일 서브 시스템 로그
/var/log/wtmp	로그인 로그
/var/log/yum.log	YUM으로 조작한 패키지 정보 관련 로그

대부분의 로그 파일은 cat, less, tail 명령어 등으로 볼 수 있다.[8] 또한 grep 명령을 사용해 찾고자 하는 키워드로 검색할 수도 있다.

▶ su 실행 기록만을 찾고 싶을 때

```
# grep 'su: pam_unix' /var/log/secure ↵
Jul 10 03:22:05 windsor su: pam_unix(su-l:session): session opened for user
root by centuser(uid=500)
Jul 10 03:22:09 windsor su: pam_unix(su-l:session): session closed for user
root
Jul 10 03:23:44 windsor su: pam_unix(su-l:session): session opened for user
root by centuser(uid=500)
```

로그 파일을 지속적으로 모니터링 하려면 tail −f 명령을 사용한다. [Ctrl] + [C] 키를 누를 때까지 계속 로그의 마지막 부분을 표시해준다. 실시간으로 로그를 조사할 때 유용하다.

▶ 로그 실시간 모니터링

```
# tail -f /var/log/secure ↵
Jul 10 04:48:39 windsor sshd[1268]: Received disconnect from 192.168.11.9: 2:
disconnected by server request
Jul 10 04:48:39 windsor sshd[1264]: pam_unix(sshd:session): session closed for
user centuser
```

---

8 대부분의 로그 파일은 열람시 root 권한이 있어야 한다.

```
Jul 10 04:48:44 windsor login: pam_unix(login:session): session closed for use
r root
Jul 10 04:48:44 windsor sshd[1126]: Received signal 15; terminating.
Jul 10 04:49:20 windsor sshd[1091]: Server listening on 0.0.0.0 port 22.
Jul 10 04:49:20 windsor sshd[1091]: Server listening on :: port 22.
Jul 10 04:52:10 windsor sshd[1206]: Accepted password for centuser from 192.16
8.11.9 port 58420 ssh2
Jul 10 04:52:10 windsor sshd[1206]: pam_unix(sshd:session): session opened for
user centuser by (uid=0)
Jul 10 04:54:18 windsor su: pam_unix(su-l:session): session opened for user ro
ot by centuser(uid=500)
Jul 10 04:54:25 windsor su: pam_unix(su-l:session): session opened for user ha
ppy by centuser(uid=0)
    로그의 마지막 부분 표시
```

9.2.2 logwatch

매일 생성되는 로그의 양은 대단히 많기 때문에 그것들을 모두 눈으로 확인하는 것은 불가능하다.
또한 로그의 대부분은 정상적으로 작동한 결과를 기록하고 있기 때문에 이상이 발생하더라도 그것
을 찾아내기란 매우 힘들다. 그럴 때 유용하게 사용할 수 있는 도구가 logwatch다.

logwatch는 로그 파일 중에서 중요하다고 생각되는 내용만을 정기적으로 root 사용자에게 메일
로 보내준다.[9] logwatch의 최신 버전은 http://www.logwatch.org/에서 내려받을 수 있지만,
CentOS는 기본적으로 패키지가 준비돼 있다. 설치돼 있는지 여부는 rpm 명령을 통해 확인할 수
있다.

▶ logwatch 설치 여부 확인

```
$ rpm -q logwatch ↵
logwatch-7.3.6-49.el6.noarch
```

설치되지 않았다면 다음과 같이 설치한다.

---

9 logwatch는 cron 작업을 통해 동작한다. 기본적으로 매일 4시 전후에 하루 전 내용에 대한 보고서를 작성해 메일로 전송해준다.

▶ logwatch 설치

```
# yum install logwatch ⏎
```

기본 설정으로 logwatch는 로그 파일 내용으로부터 보고서를 만들어 root 사용자에게 하루에 한 번 메일로 전송한다. logwatch가 만든 보고서는 여러 개의 섹션으로 나누어져 있다. 다음 보고서 예를 참고하자.[10]

▶ logwatch 보고서 예

```
################## Logwatch 7.3.6 (05/19/07) ####################
      Processing Initiated: Mon May 27 04:32:07 2013
      Date Range Processed: yesterday
            ( 2013-May-26 )
               Period is day.
      Detail Level of Output: 0
         Type of Output: unformatted
         Logfiles for Host: windsor.example.com
###################################################################


--------------------- httpd Begin ------------------------    ◀——— Web 서버의 에러 기록

Requests with error response codes
      403 Forbidden
         /: 4 Time(s)
      404 Not Found
         /favicon.ico: 2 Time(s)
         /manager/html: 1 Time(s)
         /robots.txt: 6 Time(s)
--------------------- httpd End ------------------------


--------------------- pam_unix Begin ------------------------    ◀——— 사용자 인증 기록

sshd:
Authentication Failures:
      unknown (static-host-192.168-94-164.example.com): 3663 Time(s)
      unknown (172.16.148.150): 1082 Time(s)
```

---

10 이 보고서에서 볼 수 있는 SSH의 의심스러운 로그인 부분은 SSH를 기본 포트로 설정해 운영할 때 많이 발생한다. SSH 기본 포트를 변경해 운영한다면 실제로 많이 발생하지 않는다.

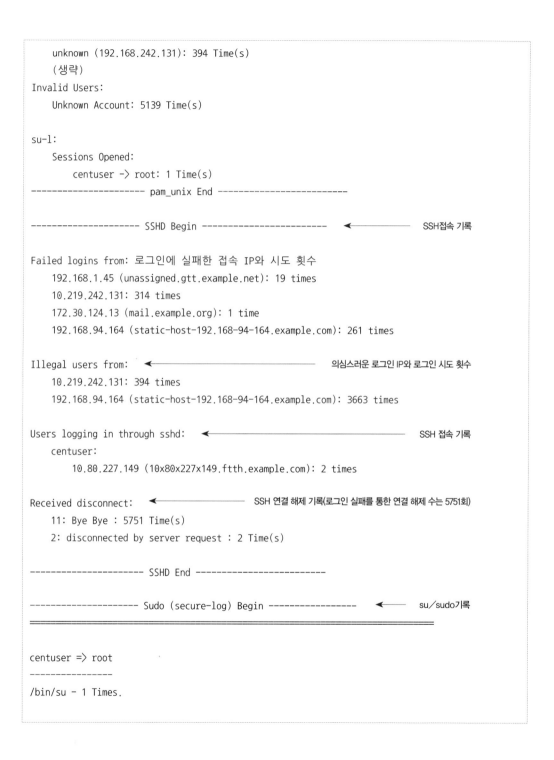

```
       unknown (192.168.242.131): 394 Time(s)
       (생략)
Invalid Users:
       Unknown Account: 5139 Time(s)


su-l:
       Sessions Opened:
             centuser -> root: 1 Time(s)
--------------------- pam_unix End ------------------------


--------------------- SSHD Begin ------------------------     ◄─────────── SSH접속 기록


Failed logins from: 로그인에 실패한 접속 IP와 시도 횟수
       192.168.1.45 (unassigned.gtt.example.net): 19 times
       10.219.242.131: 314 times
       172.30.124.13 (mail.example.org): 1 time
       192.168.94.164 (static-host-192.168-94-164.example.com): 261 times


Illegal users from:  ◄─────────────────────────── 의심스러운 로그인 IP와 로그인 시도 횟수
       10.219.242.131: 394 times
       192.168.94.164 (static-host-192.168-94-164.example.com): 3663 times


Users logging in through sshd:  ◄──────────────────────── SSH 접속 기록
       centuser:
             10.80.227.149 (10x80x227x149.ftth.example.com): 2 times


Received disconnect:  ◄──────────── SSH 연결 해제 기록(로그인 실패를 통한 연결 해제 수는 5751회)
       11: Bye Bye : 5751 Time(s)
       2: disconnected by server request : 2 Time(s)


--------------------- SSHD End ------------------------

--------------------- Sudo (secure-log) Begin ----------------   ◄─────── su/sudo기록
=======================================================================


centuser => root
----------------
/bin/su - 1 Times.
```

```
-------------------- Sudo (secure-log) End ------------------------

-------------------- yum Begin ----------------------    ◀--------    YUM을 통한 패키지 설치

Packages Installed:
    perl-Date-Manip-6.24-1.el6.noarch
    perl-YAML-Syck-1.07-4.el6.x86_64
    logwatch-7.3.6-49.el6.noarch

-------------------- yum End ------------------------

-------------------- Postfix Begin ----------------------    ◀--------    Postfix관련

2.354K Bytes accepted 2,411
2.354K Bytes delivered 2,411
====== ==========================================

    1 Accepted 100.00%
-------- --------------------------------------------
    1 Total 100.00%
====== ==========================================

    1 Removed from queue
    1 Sent via SMTP




-------------------- Postfix End ------------------------

-------------------- Disk Space Begin --------------------    ◀--------    df명령을 사용한
                                                                          파일 시스템 사용
Filesystem Size Used Avail Use% Mounted on
/dev/sda3 97G 9.8G 82G 11% /
/dev/sda1 243M 116M 115M 51% /boot

-------------------- Disk Space End ------------------------
```

기본 설정은 설정 파일 /usr/share/logwatch/default.conf/logwatch.conf에 기록돼 있다. 주요
설정 항목은 다음과 같다. 모두 '설정항목=값'의 형식이다.

▶ /usr/share/logwatch/default.conf/logwatch.conf 주요 설정 항목

```
# 로그 디렉터리를 지정
LogDir = /var/log

# 보고서 메일을 받을 사용자를 지정
MailTo = root

# 상세 레벨을 Low(0)~Med(5)~High(10)로 지정
Detail = Low
```

파일 안에 상세한 주석이 있으니 설명을 참고해 설정하자. 또한 호스트 고유 설정을 하려면 /etc/logwatch/conf/logwatch.conf에 설정을 추가한다.

9.2.3 swatch

swatch(Simplg Log Watcher)를 사용하면 임의의 로그파일을 실시간으로 확인하거나 지정한 메시지가 탐지될 때 특정 조치를(관리자에게 메일을 보내는 등) 취할 수 있다.

■ swatch 설치

swatch는 CentOS의 기본 패키지에 포함돼 있지 않기 때문에 EPEL 리포지터리 설정을 해야 한다 (5장의 칼럼 '서드 파티 리포지터리 추가' 참고). 리포지터리 설정이 돼 있다면 swatch 패키지를 설치한다. swatch는 Perl로 작성돼 있기 때문에 Perl 패키지가 설치돼 있지 않다면 Perl 패키지도 함께 설치하도록 지정한다.[11]

▶ swatch 설치

```
# yum install swatch perl-File-Tail ⏎
```

먼저 swatch로 어떤 것이 가능한지 테스트해보자. 설정 파일로 사용하기 위해 ~/.swatchrc 파일을 만든다.

---

11 perl-File-Tail 패키지 외에도 종속 패키지를 설치해야 하지만 이 패키지만은 반드시 명시해야 한다.

▶ /root/.swatchrc

```
watchfor /Accepted password/
    echo
```

이것은 'Accepted password'라는 문자열이 로그 파일에서 발견되면 2번째 행의 'echo' 명령을 통해 화면에 출력하라는 의미다. 이 내용을 시도해보자.

▶ swatch 시작

```
# swatch -c .swatchrc -t /var/log/secure ⏎

*** swatch version 3.2.3 (pid:3243) started at Fri Mar 31 20:25:36 JST 2013
```

-c 옵션으로 설정 파일을 지정하고 -t 옵션으로 모니터링할 로그 파일을 지정한다. 서버에 원격 단말로부터 SSH로 접속해서 로그인해보면 화면에 다음과 같은 메시지가 표시된다.

▶ swatch 출력 예

```
Mar 31 20:25:50 www18284ue sshd[3247]: Accepted password for centuser from 10.
80.227.149 port 52294 ssh2
```

■ swatch 설정

설정 파일은 다음과 같은 형식으로 작성한다.

▶ 형식

```
watchfor /패턴/
    액션
```

'패턴'에 맞는 문자열이 나타나면 액션에 지정된 처리를 실행한다(표 9.6). 액션은 여러 행을 지정할수 있다. 패턴은 정규표현식[12]을 사용해 작성한다.

---

12 정규표현식(regular expressions)은 문자열의 패턴을 나타내기 위한 표준 표기법이다. 'man 7 regex'로 매뉴얼(영문) 확인이 가능하다.

표 9.6 주요 액션

액션 예	설명
Echo	표준 출력으로 출력
exec 명령	지정한 명령을 실행
bell	벨을 울림(횟수 지정 가능)
mail address=메일주소, subject=제목	지정한 메일 주소에 '제목'을 지정해 로그 메시지를 전송

로그인에 실패한 메시지가 로그에 나타났을 때 통지해주는 경우를 예로 들어보자. 콘솔에서 로그인할 때와 SSH를 통해 원격으로 로그인할 때 로그파일에 저장되는 로그 내용은 다르다.

▶ 로그인 실패 메시지 예

```
Jul 30 19:13:13 windsor login: FAILED LOGIN 2 FROM (null) FOR cent, User not known to the
underlying authentication module
Jul 30 19:13:30 windsor sshd[1993]: Failed password for centuser from ::1 port 42907 ssh2
```

두 개를 비교해보면 처음에 'FAILED' 또는 'Failed'라는 문자열이 있고 다음에 'LOGIN' 또는 'password'라는 문자열이 있다. 이것을 정규표현식으로 표현하면 'Failed \(login | password\)' 가 된다. (A | B)는 '문자열 A 또는 문자열 B'를 뜻한다. 정규표현식은 대소문자를 구분하기 때문에 대문자와 소문자를 무시하도록 마지막에 'i' 옵션을 추가한다. 완성된 패턴은 '/Failed \(login | password\)/i' 가 된다. 이 메시지가 발견되면 root 사용자에게 메일을 보내도록 하려면 설정 파일에 다음과 같이 기입한다.

▶ swatch 설정 예

```
watchfor /Failed \(login|password\)/i
        echo
        mail root@localhost,subject="Failed Login"
```

추가로 swatch에는 '--daemon' 옵션을 붙여 백그라운드로 실행되도록 할 수 있다.

▶ 백그라운드로 swatch 실행

```
# swatch -c .swatchrc -t /var/log/secure --daemon ⏎
```

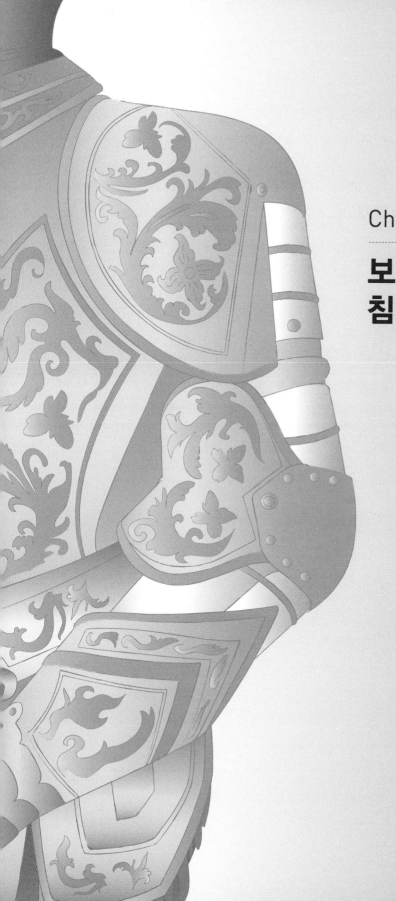

Chapter

10

보안 체크와
침입 탐지

이 장에서는 도구를 사용해서 서버의 보안을 체크하는 방법을 다룬다. 그리고 적극적으로 침입을 방지하는 도구도 소개한다.

10.1 포트 스캔과 패킷 캡처

포트 스캔과 패킷 캡처는 시스템 관리자가 보안을 체크하기 위한 방법이지만 악의를 가지고 실행하면 공격을 위한 조사가 된다. 여기서는 표준 도구를 사용한 포트 스캔 및 패킷 캡처를 다룬다.

10.1.1 nmap

nmap 명령을 사용하면 포트가 열려있는지 닫혀있는지 확인하는 포트 스캔을 할 수 있다. 포트 스캔은 공격 준비를 위해 사용하는 경우가 많기 때문에 자신이 관리하는 호스트만을 대상으로 실시해야 한다. 인터넷상에서 임의의 서버에 포트 스캔을 한다면 공격이라고 판단해 바로 차단되거나 신고를 당할 수 있다. 이 점은 반드시 명심해두고 사용하자. nmap 명령이 설치되지 않았다면 다음과 같이 설치한다.

▶ nmap 설치

```
# yum -y install nmap ↵
```

nmap 명령은 다음과 같은 형식이다.

▶ 형식

```
nmap_[옵션]_대상 호스트 또는 네트워크
```

표 10.1 nmap 명령의 주요 옵션

옵션	설명
–sT	TCP 스캔 실시
–sU	UDP 스캔 실시
–sS	TCP SYN 스캔 실시(기본값)
–sF	TCP FIN 스캔 실시

옵션	설명
-sN	NULL 스캔 실시
-sX	Xmas 트리 스캔 실시
-sR	RPC 스캔 실시
-v	상세 결과 표시
-A	서버 버전 스캔
-O	OS 스캔(root 권한 필요)

다음은 호스트 windsor.example.com에 대해 nmap을 실행한 결과다. 열려있는 포트 번호와 서비스명을 확인할 수 있다. 이 예에서는 22번 포트(SSH)와 25번 포트(SMTP)가 열려 있다.

▶ windsor.example.com 포트스캔 결과

```
$ nmap windsor.example.com ⏎
Starting Nmap 5.51(http://nmap.org ) at 2013-06-30 11:23 JST
Nmap scan report for windsor.example.com(192.168.11.2)
Host is up(0.00051s latency).
Not shown: 997 closed ports
PORT STATE SERVICE
22/tcp open ssh
25/tcp open smtp
Nmap finished: 1 IP address(1 host up) scanned in 0.148 seconds
```

STATE 필드가 'open'으로 돼 있는 것은 포트가 열려 있다는 의미다(표 10.2).

표 10.2 nmap의 STATE

STATE 필드	설명
open	어떠한 응용프로그램이 포트를 사용하고 있음
filtered	방화벽에 패킷 필터링이 돼 있어 포트가 열려있는지 확인 불가
closed	포트가 닫혀 있음(사용하는 응용프로그램이 없음)
unfiltered	반응은 있으나 열려있는지 확인 불가

-A옵션을 사용하면 서버 소프트웨어에 대한 상세 정보를 조사할 수 있다. 다음 예에서는 SSH 서버가 OpenSSH 5.3이고 SSH 프로토콜로 2.0을 사용하고 있다는 것과 SSH 호스트 키(공개키)가 표시

되는 것을 볼 수 있다. 단, 이것은 nmap이 획득한 정보를 기반으로 판단한 것이기에 반드시 정확한 정보라고 할 수는 없다.

▶ 서버 소프트웨어 상세 조사

```
$ nmap -A windsor.example.com ↵

Starting Nmap 5.51(http://nmap.org) at 2013-06-30 14:00 JST
Nmap scan report for windsor.example.com(192.168.11.2)
Host is up(0.00044s latency).
Not shown: 998 closed ports
PORT STATE SERVICE VERSION
22/tcp open ssh OpenSSH 5.3(protocol 2.0)
| ssh-hostkey: 1024 d9:a1:30:69:d1:fa:08:96:1b:49:b7:ad:6b:33:2c:e2(DSA)
|_2048 35:4d:2d:27:3c:29:e2:65:2f:57:c1:4b:c9:3e:fb:2b(RSA)

Service detection performed. Please report any incorrect results at http://nmap.org/submit/ .
Nmap done: 1 IP address(1 host up) scanned in 121.68 seconds
```

nmap은 여러 형태의 포트 스캔을 수행할 수 있다. 다음 명령은 Xmas 트리 스캔을 수행하는 예다. Xmas 트리 스캔이란 TCP 헤더의 FIN, URG, PSH 플래그를 ON으로 한 패킷을 전송해 반응을 확인하는 방법이다. 일반적으로는 있을 수 없는 패턴의 플래그를 설정해 반응을 살펴보는 것이다.

▶ Xmas 트리 스캔

```
$ nmap -sX www.example.net ↵
```

그리고 기본적으로는 자주 사용하는 포트만 스캔한다. 모든 포트를 스캔하려면 다음과 같이 스캔할 포트를 지정한다.

▶ 모든 포트를 스캔

```
$ nmap -p 0-65535 windsor.example.com ↵
```

포트는 ','으로 구분해 여러 개를 지정할 수 있다. 다음 예는 1023번까지의 포트(Well Known Port – 잘 알려진 포트)와 60000번 이상의 포트를 스캔한다.

▶ 1023번 까지의 포트 및 60000번 이상 포트 스캔

```
$ nmap -p 0-1023,60000- windsor.example.com ⏎
```

10.1.2 tcpdump

tcpdump 명령[1]은 지정한 네트워크 인터페이스를 모니터링해 그 인터페이스에 도달한 데이터를 콘솔에 표시하는, 즉 패킷을 캡처하는 도구이다. 암호화되지 않은 패스워드 등은 평문으로 전송되기 때문에 tcpdump로 네트워크를 도청하면 계정 정보를 훔칠 수도 있다. 하지만 수상한 행동을 하는 프로그램이 있다면 그 프로그램이 외부와 어떤 패킷을 주고받는지를 분석하는 등의 용도로 사용할 수 있다. 리눅스 호스트가 어떤 패킷을 주고받는지 자세히 알고 싶을 때 유용하다.

tcpdump 명령은 다음과 같이 사용한다.

▶ 형식

```
tcpdump_[옵션]_[조건식]
```

표 10.3 tcpdump의 주요 옵션

옵션	설명
-i 인터페이스	모니터링할 인터페이스 지정
-s 바이트 수	패킷으로부터 가져올 바이트 크기를 지정
-X	16진수와 ASCII 문자로 표시
-n	IP 주소를 그대로 표시
-N	호스트의 도메인명을 표시
-l	표준 출력을 버퍼링
-t	시각을 표시하지 않음
-v	상세 내용을 출력
조건식	설명
port	포트 번호 지정
proto	프로토콜 지정

---

1 tcpdump가 설치되지 않았다면 tcpdump 패키지를 설치해야 한다.

다음은 53번 포트로 접근한 패킷을 확인하는 예다. 클라이언트 IP는 172.16.0.5이며 1029번 포트를 사용해 DNS 서버 172.16.0.1에 이름 확인을 요청했다는 것을 알 수 있다.

▶ 53번 포트 접근 모니터링

```
# tcpdump -nli eth0 port 53 ↵
tcpdump: verbose output suppressed, use -v or -vv for full protocol decode
listening on lo, link-type EN10MB(Ethernet), capture size 96 bytes
17:22:30.623188 IP 172.16.0.5.1029 > 172.16.0.1.domain: 18259+ A? lpic.example.jp.(33)
17:22:30.624005 IP 172.16.0.1.domain > 172.16.0.5.1029: 18259* 1/1/1 A 172.16.0.3(86)
17:22:33.522276 IP 172.16.0.5.1029 > 172.16.0.1.domain: 24980+ A? myhost.example.jp.(35)
17:22:33.522971 IP 172.16.0.1.domain > 172.16.0.5.1029: 24980* 1/1/0 A 127.0.0.1(65)
(이하 생략)
```

-X 옵션을 사용하면 16진수와 ASCII 문자로 통신 내용을 표시해준다. 다음 예는 53번 포트의 통신 내용이다.

▶ 53번 포트 통신 내용 표시

```
# tcpdump -X -i eth0 -n port 53 ↵
tcpdump: verbose output suppressed, use -v or -vv for full protocol decode
listening on lo, link-type EN10MB(Ethernet), capture size 96 bytes
17:23:25.657227 IP 127.0.0.1.1029 > 127.0.0.1.domain: 4765+ A? lpic.example.jp.(33)
        0x0000: 4500 003d 0000 4000 4011 3cae 7f00 0001  E..=..@.@.<....
        0x0010: 7f00 0001 0405 0035 0029 fe3c 129d 0100  .......5.).<....
        0x0020: 0001 0000 0000 0000 046c 7069 6307 6578  .........lpic.ex
        0x0030: 616d 706c 6502 6a70 0000 0100 01        ample.jp.....
17:23:25.658146 IP 127.0.0.1.domain > 127.0.0.1.1029: 4765* 1/1/1 A 172.16.0.3(86)
        0x0000: 4500 0072 0005 4000 4011 3c74 7f00 0001  E..r..@.@.<t....
        0x0010: 7f00 0001 0035 0405 005e fe71 129d 8580  .....5...^.q....
        0x0020: 0001 0001 0001 0001 046c 7069 6307 6578  .........lpic.ex
        0x0030: 616d 706c 6502 6a70 0000 0100 01c0 0c00  ample.jp........
        0x0040: 0100 0100 0151 8000 04ac 1000 03c0 1100  .....Q..........
        0x0050: 0200                                     ..
(이하 생략)
```

다음 예에서는 ICMP 패킷만을 표시하고 있다. 172.16.0.209 호스트에서 ICMP Echo Requst가 전송되고 172.16.0.164에서 ICMP Echo Relay를 되돌려주고 있다. 172.16.0.209 호스트에서 172.16.0.164 호스트로 ping 명령을 실행했다는 것을 알 수 있다.

▶ ICMP 패킷 모니터링

```
# tcpdump -nli eth0 proto \\icmp ⏎
tcpdump: verbose output suppressed, use -v or -vv for full protocol decode
listening on eth0, link-type EN10MB(Ethernet), capture size 96 bytes
17:14:12.887179 IP 172.16.0.209 > 172.16.0.164: icmp 40: echo request seq 52224
17:14:12.887351 IP 172.16.0.164 > 172.16.0.209: icmp 40: echo reply seq 52224
17:14:13.880146 IP 172.16.0.209 > 172.16.0.164: icmp 40: echo request seq 52480
17:14:13.880188 IP 172.16.0.164 > 172.16.0.209: icmp 40: echo reply seq 52480
17:14:14.881694 IP 172.16.0.209 > 172.16.0.164: icmp 40: echo request seq 52736
17:14:14.881736 IP 172.16.0.164 > 172.16.0.209: icmp 40: echo reply seq 52736
17:14:15.883132 IP 172.16.0.209 > 172.16.0.164: icmp 40: echo request seq 52992
17:14:15.883173 IP 172.16.0.164 > 172.16.0.209: icmp 40: echo reply seq 52992
(이하 생략)
```

다음은 telnet 연결 상태를 표시하는 예나.

▶ telnet 연결 모니터링

```
# tcpdump -nli eth0 port 23 ⏎
17:10:12.106712 IP 172.16.0.209.1563 > 172.16.0.164.telnet: . ack 1 win 65535
17:10:12.151497 IP 172.16.0.164.telnet > 172.16.0.209.1563: P 1:13(12) ack 1 win 5840
17:10:12.180292 IP 172.16.0.209.1563 > 172.16.0.164.telnet: P 1:25(24) ack 13 win 65523
17:10:12.180612 IP 172.16.0.164.telnet > 172.16.0.209.1563: . ack 25 win 5840
(이하 생략)
```

COLUMN

Wireshare

tcpdump 명령은 명령줄에서 일일이 명령을 내려 수행한다. GUI로 패킷을 캡처하고 싶다면 Wireshare를 사용하면 된다. 그림 10.1은 리눅스용 Wireshare의 화면이지만, 윈도나 OS X용도 있다. 리눅스에서 사용하기 위해서는 X 윈도 시스템을 설치해야 하는 번거로움이 있으니 꼭 리눅스에서 사용할 필요는 없다. Wireshark는 http://www.wireshark.org/ 에서 내려받을 수 있다. CentOS 는 EPEL 리포지터리에서 받을 수 있다.

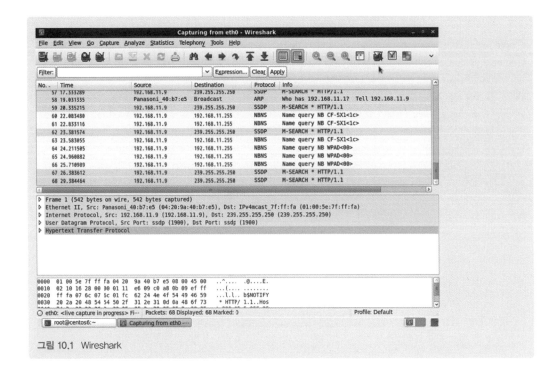

그림 10.1 Wireshark

10.2 Tripwire

Tripwire는 서버에 누군가 침입해서 파일을 변조했을 때 변조된 파일을 찾기 위해 사용할 수 있는
도구다. 파일의 해시 값과 속성을 저장한 데이터베이스를 미리 준비해두고 데이터베이스에 저장된
정보와 현재의 파일 정보를 대조해 변조된 파일을 찾아낸다.[2]

10.2.1 Tripwire 설치

Tripwire는 CentOS의 기본 패키지에 포함돼 있지 않기 때문에 EPEL 리포지터리 설정을 해야 한
다(5장의 칼럼 '서드 파티 리포지터리 추가' 참고). 리포지터리 설정이 돼 있다면 다음 명령으로 설치
한다.

---

[2] 파일 변조를 실시간으로 확인할 수는 없다.

▶ Tripwire 설치

```
# yum install tripwire ⏎
```

다음으로 Tripwire에서 이용할 사이트 키와 로컬 키를 만들어 암호 문구(8자리 이상)를 설정한다. 사이트 키(site.key)는 설정 파일과 정책 파일의 암호화 등에 사용하는 키다. 로컬 키(Hostname-local.key)는 데이터베이스 파일을 사용할 때 이용된다. 각각 다른 암호 문구를 설정해두는 것이 좋다.[3]

▶ 생성

```
# tripwire-setup-keyfiles ⏎

--------------------------------------------
The Tripwire site and local passphrases are used to sign a variety of
files, such as the configuration, policy, and database files.

Passphrases should be at least 8 characters in length and contain both
letters and numbers.

See the Tripwire manual for more information.

--------------------------------------------
Creating key files...

(When selecting a passphrase, keep in mind that good passphrases typically
have upper and lower case letters, digits and punctuation marks, and are
at least 8 characters in length.)

Enter the site keyfile passphrase:         ◀──────────── 사이트 키 암호 문구 입력
Verify the site keyfile passphrase:        ◀──────────── 사이트 키 암호 문구 재입력
Generating key(this may take several minutes)...Key generation complete.

(When selecting a passphrase, keep in mind that good passphrases typically
have upper and lower case letters, digits and punctuation marks, and are
at least 8 characters in length.)

Enter the local keyfile passphrase:        ◀──────────── 로컬 키 암호 문구 입력
```

---

3 암호 문구는 최소 8자리 이상으로 설정하자.

```
Verify the local keyfile passphrase:         ◄──────────────────── 로컬 키 암호 문구 재입력
Generating key(this may take several minutes)...Key generation complete.
---------------------------------------------
Signing configuration file...
Please enter your site passphrase:         ◄──────────────────── 사이트 키 암호 문구 입력
Wrote configuration file: /etc/tripwire/tw.cfg


A clear-text version of the Tripwire configuration file:
/etc/tripwire/twcfg.txt
has been preserved for your inspection. It is recommended that you
move this file to a secure location and/or encrypt it in place(using a
tool such as GPG, for example) after you have examined it.


---------------------------------------------
Signing policy file...
Please enter your site passphrase:         ◄──────────────────── 사이트 키 암호 문구 입력
Wrote policy file: /etc/tripwire/tw.pol


A clear-text version of the Tripwire policy file:
/etc/tripwire/twpol.txt
has been preserved for your inspection. This implements a minimal
policy, intended only to test essential Tripwire functionality. You
should edit the policy file to describe your system, and then use
twadmin to generate a new signed copy of the Tripwire policy.
(이하 생략)
```

10.2.2 Tripwire 설정

Tripwire 설정은 전체적인 동적 설정을 수행하는 /etc/tripwire/tw.cfg와 파일을 어떻게 확인할지를 설정하는 정책 파일인 /etc/tripwire/tw.pol, 두 개의 파일로 구성된다. 침입자가 설정을 볼 수 없도록 tw.cfg와 tw.pol 파일은 암호화 돼 있다. 그러므로 설정을 변경하려면 각각 설정용 twcfg.txt, twpol.txt라는 텍스트 파일을 사용해 설정한 뒤 사이트 키를 사용해 암호화하도록 돼 있다.

표 10.4 Tripwire 설정 파일

파일명	설명
tw.cfg	Tripwire의 전체 설정 파일
twcfg.txt	전체 설정 파일용 서식

파일명	설명
tw.pol	정책 파일
twcfg.txt	정책 파일용 서식
site.key	사이트 키 파일
hostname—local.key	호스트 키 파일

■ 전반적인 동작 설정

우선 전반적인 설정을 수행하는 tw.cfg 파일의 서식인 /etc/tripwire/twcfg.txt에 설정을 한다(기본값을 사용해도 상관없다).

▶ /etc/tripwire/twcfg.txt

```
# Tripwire 배치
ROOT =/usr/local/sbin
# 정책 파일 지정
POLFILE =/etc/tripwire/tw.pol
# 기준 데이터베이스 파일 지정
DBFILE =/usr/local/lib/tripwire/$(HOSTNAME).twd
# 보고서 파일 지정
REPORTFILE =/usr/local/lib/tripwire/report/$(HOSTNAME)-$(DATE).twr
# 사이트 키 파일 지정
SITEKEYFILE =/etc/tripwire/site.key
# 로컬 키 파일 지정
LOCALKEYFILE =/etc/tripwire/windsor.example.com-local.key
# 보고서 편집을 위한 에디터 지정
EDITOR =/bin/vi
# 암호 문구 입력시 프롬프트 속도 지정
LATEPROMPTING =false
# 확인 대상 디렉터리에 파일의 추가/삭제가 있을 때
# 파일 및 디렉터리 양쪽에서 변화를 감지하는 것을 방지
LOOSEDIRECTORYCHECKING =false
# 이상이 없어도 메일로 알림(true가 알림)
MAILNOVIOLATIONS =true
# 메일로 전송할 보고서의 레벨 지정(0~4)
EMAILREPORTLEVEL =3
# 보고서 레벨 지정(0~4)
REPORTLEVEL =3
```

```
# sendmail로 메일 전송
MAILMETHOD =SENDMAIL
# 기준 데이터베이스의 초기화, 일관성 검사 등의 메시지를
# syslog에 출력할지 여부 ( user.notice )
SYSLOGREPORTING =false
# 메일 전송 프로그램
MAILPROGRAM =/usr/sbin/sendmail -oi -t
# 외부 메일 서버를 지정하는 경우
SMTPHOST =mail.example.com
# SMTP 포트 번호
SMTPPORT =25
```

설정이 끝나면 twadmin 명령을 이용해 암호화를 수행하면 tw.cfg 파일이 만들어진다.

▶ 형식

```
twadmin_-m_F_-c_tw.cfg_-S_사이트 키_twcfg.txt
```

▶ tw.cfg 파일 생성

```
# cd /etc/tripwire ↵
# twadmin -m F -c tw.cfg -S site.key twcfg.txt
Please enter your site passphrase:        ←        사이트 암호 문구 입력
Wrote configuration file: /etc/tripwire/tw.cfg
```

■ 정책 설정

'어떤 파일(디렉터리)'을 '어떻게 검사하느냐'를 설정하는 것이 정책 파일이다. 검사 대상을 개체 (Object), 검사 항목을 속성(Property)이라 한다. 검사 정책 설정 형식은 다음과 같다.

▶ 검사 정책 설정 형식

```
(
rulename = "규칙 이름",
[severity = 중요도,]
[recurse = 검사 계층,]
)
{
개체-> 속성;
}
```

rulename은 검사 규칙에 붙이는 임의의 이름이다. severity는 규칙의 중요도를 0~1000000 사이의 숫자로 표시한다. recurse는 검사하는 디렉터리의 계층을 나타낸다. −1로 하면 최하위까지 재귀적으로 검사[4]한다(기본값). 오브젝트에는 파일이나 디렉터리의 경로를 지정한다. 속성에는 표 10.5에 있는 문자열을 넣을 수 있다.

표 10.5 속성

프로퍼티	설명
+	속성 추가
−	속성 제거
a	접근 시각
b	블럭 수
c	i 노드 타임스탬프
d	i 노드가 저장된 디바이스 ID
g	소유 그룹
i	i 노드 번호
l	파일 사이즈 증가
m	파일 변경일시
n	링크 수
p	권한
r	i 노드가 나타내는 장치 ID
s	파일 사이즈
t	파일 타입
u	소유자
C	CRC32 해시 값
H	Haval 해시 값
M	MD5 해시 값
S	SHA 해시 값

---

4 단, 동일한 파일 시스템에서만 가능하다. 예를 들어 /usr와 /usr/local이 별도의 파티션이라면 /usr를 지정해도 /usr/local은 검사되지 않는다.

/etc/fstab 파일에 대한 권한과 크기를 검사하고 싶다면 다음처럼 기입한다. 여기서는 명시하고 있지만, '+'는 생략해도 관계없다.

▶ 정책 기입

```
/etc/fstab -> +ps;
```

한 글자씩 써서 속성을 설정하는 것은 꽤 힘들기 때문에 속성을 나타내는 변수가 준비돼 있다. 보통은 이렇게 사용하는 것이 좋다(표 10.6). 변수는 '$(ReadOnly)'처럼 '$()'를 써서 사용한다.

표 10.6 속성을 나타내는 변수

변수	설명
ReadOnly	읽기 전용 파일(+pinugtsdbmCM−rlacSH와 동일)
Dynamic	내용이나 사이즈가 변경되는 파일(+pinugt−srlbamcCMSH와 동일)
Growing	사이즈가 증가하고 감소하지 않는 파일(+pinugtdl−srbamcCMSH와 동일)
Device	디바이스 파일(+pugsdr−intlbamcCMSH와 동일)
IgnoreAll	검사하지 않음(−pinugtsdrlbamcCMSH와 동일)
Temporary	임시 파일(+pugt와 동일)
SEC_CRIT	변경될 수 없는 중요 파일
SEC_SUID	SUID나 SGID가 설정된 파일
SEC_BIN	변경될 수 없는 바이너리 파일
SEC_CONFIG	접근은 많지만 변경은 자주 되지 않는 설정 파일
SEC_LOG	크기는 바뀌지만 소유자는 바뀌지 않는 파일
SEC_INVALIANT	소유자와 권한이 변경되지 않는 디렉터리

twpol.txt에 서식이 준비돼 있으니 그것을 기본으로 변경하는 것이 빠를 것이다. 시스템 환경에 따라 존재하지 않는 파일이 적혀 있는 경우도 있으니 그런 내용이 보이면 주석 처리하거나 삭제하자. 정책 파일 설정이 끝나면 twadmin 명령을 사용해 암호화된 tw.pol 파일을 만든다.

▶ 형식

```
twadmin_-m_P_-S_사이트 키_twpol.txt
```

▶ tw.pol 파일 생성

```
# twadmin -m P -S site.key twpol.txt ⏎
Please enter your site passphrase:        ◄─────────────────── 사이트 암호 문구 입력
Wrote policy file: /etc/tripwire/tw.pol
```

10.2.3 Tripwire 운영

이제 Tripwire를 실행할 준비가 끝났다. 먼저 정책 파일에 따라 현재 파일 상태를 확인하고 Baseline Database(기준 데이터베이스)를 초기화한다. 실행할 때 로컬 암호 문구를 입력해야 한다. 기준 데이터베이스에는 정책 파일에서 설정한 파일 또는 디렉터리의 현재 정보가 저장되고 이것이 검사의 기준이 된다.

▶ 기준 데이터베이스 초기화

```
# tripwire --init ⏎
Please enter your local passphrase:       ◄─────────────────── 로컬 암호 문구 입력
Parsing policy file: /etc/tripwire/tw.pol
Generating the database...
*** Processing Unix File System ***
Wrote database file: /var/lib/tripwire/windsor.example.com.twd
The database was successfully generated.
```

정책 파일에서 지정한 파일이 존재하지 않는다는 에러가 표시된다면 정책 파일을 확인하자. 다음은 '/initrd 없음'이라는 에러가 난 예다.

▶ 정책 파일에서 지정한 파일이 존재하지 않아 발생한 에러

```
### Warning: File system error.
### Filename: /initrd
### No such file or directory
### Continuing...
```

twpol.txt에서 해당 부분을 주석처리 하거나 삭제해야 한다.

▶ twpol.txt(수정할 부분만)

```
# /initrd -> $(Dynamic) ;
```

수정이 끝나면 반드시 twadmin 명령을 다시 실행해 새로운 tw.pol 파일을 만들어야 한다. 에러가 없다면 기준 데이터베이스를 다시 초기화한다.

▶ tw.pol 파일 재생성 및 기준 데이터베이스 초기화

```
# twadmin -m P -S site.key twpol.txt ⏎
# tripwire --init ⏎
```

이것으로 파일 변조에 대한 확인이 가능한 상태가 됐다. 설정에 관련된 텍스트 파일(twcfg.txt, twpol.txt)은 안전한 저장 장치에 옮긴 뒤 삭제해야 한다. 파일이 그대로 남아있다면 침입자가 정책을 보는 것을 대비해 설정한 암호화의 의미가 사라진다. 설정 관련 텍스트 파일은 설정이 끝난 뒤에는 없어도 동작에 지장이 없으니 백업 후 삭제하자.

Tripwire를 사용해 파일 변조 검사를 하려면 다음 명령을 실행한다.

▶ 파일 변조 확인

```
# tripwire --check ⏎
Parsing policy file: /etc/tripwire/tw.pol
*** Processing Unix File System ***
Performing integrity check...
Wrote report file: /var/lib/tripwire/report/windsor.example.com-20130630-065657.twr


Open Source Tripwire(R) 2.4.1 Integrity Check Report

Report generated by:     root
Report created on:     Sun 30 Jun 2013 06:56:57 AM JST
Database last updated on:     Never

===========================================================
Report Summary:
===========================================================


Host name:     windsor.example.com
Host IP address:     192.168.11.2
```

```
Host ID:                    None
Policy file used:           /etc/tripwire/tw.pol
Configuration file used:    /etc/tripwire/tw.cfg
Database file used:         /var/lib/tripwire/windsor.example.com.twd
Command line used:          tripwire - check
(이하 생략)
```

이 명령은 cron 등을 이용해 정기적으로 실행되도록 하자. Tripwire의 실행결과는 보고서 형태로
'/var/lib/tripwire/report/호스트명-일시.twr'에 저장된다. 보고서를 확인하려면 twprint 명령을
사용한다.

▶ 보고서 확인

```
# twprint -m r -r /var/lib/tripwire/report/windsor.example.com-20130630-065657.twr ⏎
```

다음은 보고서 내용이다.

▶ Tripwire 보고서 예

```
(생략)
* Critical configuration files 100    0    0    1
(생략)
------------------------------------------------------------------------
Rule Name: Critical configuration files(/etc/hosts)
Severity Level: 100
------------------------------------------------------------------------

Modified:
"/etc/hosts"
(이하 생략)
```

/etc/hosts 파일을 수정했기 때문에 검출된 것이다. Tripwire는 기준 데이터베이스의 정보와 현재
의 파일 정보를 정책에 따라 조합할 뿐이기에 꼭 변조가 아니더라도 파일 내용에 변경이 생기면 그
내용을 잡아낸다. 그렇게 수정한 내용도 모두 잡아낸다면 보고서를 매번 확인해야 하는 번거로움이
생긴다. 하지만 단순한 수정에 불과하다는 사실을 알고 있다면 이후 보고서에 더는 알리지 않도록
설정할 수 있다. 다음 명령을 실행하면 이미 알고 있는 수정 사실에 대한 내용을 보고서에서 뺀다.

▶ 기준 데이터베이스 업데이트

```
# tripwire -m u -r /var/lib/tripwire/report/windsor.example.com-20130630-065657.twr ⏎
```

명령을 실행하면 vi 편집기에 해당 보고서가 나타난다. 줄 앞에 'x' 표시가 있는 파일에 대해서는 더 이상 보고서에 작성하지 않는다. 나중에도 보고서에서 계속 보고 싶다면 'x'를 삭제한다. 보고서에 기록된 내용이 정상적인 업데이트라면 아무것도 하지 않고 그대로 저장 후 종료(:wq)하면 된다.

10.3 Rootkit Hunter와 fail2ban 사용

여기서는 rootkit의 검사 등을 하는 다목적 보안 도구인 Rootkit Hunter와 침입 방지 시스템(IPS : Intrusion Prevent System)인 fail2ban을 다룬다.

10.3.1 Rootkit Hunter

Rootkit Hunter는 rootkit 대응을 중심으로 한 IDS다. rootkit 및 파일의 변조 검사뿐 아니라 주요 서버 소프트웨어 등의 취약점도 점검할 수 있는 도구다. 간단하지만 시스템 보안을 종합적으로 검사할 수 있다. 여기서는 Rootkit Hunter 설치부터 보안 검사까지의 방법을 소개한다.

Rootkit Hunter는 CentOS의 표준 패키지에 포함돼 있지 않기 때문에 EPEL 리포지터리 사용 설정을 해야 한다(5장의 칼럼 '서드 파티 리포지터리 추가' 참고). 리포지터리 설정이 돼 있다면 다음 명령으로 설치한다.

▶ Rootkit Hunter 설치

```
# yum install rkhunter ⏎
```

Rootkit Hunter는 rootkit 정보를 저장한 데이터베이스를 온라인으로 업데이트할 수 있다. rootkit 데이터베이스를 업데이트하려면 다음 명령어를 실행한다.

▶ rootkit 데이터베이스 업데이트

```
# rkhunter --update ⏎
[ Rootkit Hunter version 1.4.0 ]

Checking rkhunter data files...
```

```
Checking file mirrors.dat                              [ No update ]
Checking file programs_bad.dat                         [ No update ]
Checking file backdoorports.dat                        [ No update ]
Checking file suspscan.dat                             [  Updated  ]
Checking file i18n/cn                                  [ No update ]
Checking file i18n/de                                  [  Updated  ]
Checking file i18n/en                                  [ No update ]
Checking file i18n/zh                                  [ Updated ]
Checking file i18n/zh.utf8                             [ Updated ]
```

그러면 시스템 보안 검사를 해보자. Rootkit Hunter는 다음과 같은 관점으로 조사를 수행해 결과를 콘솔에 표시한다.

- 명령어가 변조돼 있는가

- rootkit이나 웜이 있는가

- 백도어나 트로이 목마가 있는가

- 부트 영역에 의심스러운 파일이 있는가

- 패스워드 설정이 돼 있지 않은 계정이 있는가

- SSH를 통한 root 로그인이 가능한가

- SSH 버전 1이 사용 가능한가

- syslog/rsyslog 데몬은 가동 중인가

- /dev 이하에 의심스러운 파일은 없는가

- Apache나 BIND 등의 소프트웨어는 문제 없는 버전인가

▶ Rootkit Hunter 실행

```
# rkhunter --check
[ Rootkit Hunter version 1.4.0 ]

Checking system commands...         ◀───────────────        변조된 시스템 명령이나 디렉터리 체크

Performing 'strings' command checks
    Checking 'strings' command                             [ OK ]

Performing 'shared libraries' checks
    Checking for preloading variables                      [ None found ]
```

209

```
    Checking for preloaded libraries                              [ None found ]
    Checking LD_LIBRARY_PATH variable                             [ Not found ]


Performing file properties checks
    Checking for prerequisites                                    [ Warning ]
    /sbin/chkconfig                                               [ OK ]
    /sbin/depmod                                                  [ OK ]
    /sbin/fsck                                                    [ OK ]
    /sbin/fuser                                                   [ OK ]


(생략)


Checking for rootkits...          ◀──────────────────────────────── rootkit체크


Performing check of known rootkit files and directories
    55808 Trojan - Variant A                                      [ Not found ]
    ADM Worm                                                      [ Not found ]
    AjaKit Rootkit                                                [ Not found ]


(생략)


Performing malware checks         ◀──────────────────────────────── 악성 코드 체크
    Checking running processes for suspicious files              [ None found ]
    Checking for login backdoors                                 [ None found ]
    Checking for suspicious directories                          [ None found ]
    Checking for software intrusions                             [ None found ]
    Checking for sniffer log files                               [ None found ]
Performing trojan specific checks   ◀────────────────────────────── 트로이 목마 체크
    Checking for enabled xinetd services                         [ Not found ]
    Checking for Apache backdoor                                 [ Not found ]


Performing Linux specific checks    ◀────────────────────────────── 리눅스 커널 모듈 체크
    Checking loaded kernel modules                               [ OK ]
    Checking kernel module names                                 [ OK ]


Checking the network...           ◀──────────────────────────────── 네트워크 관련 체크


Performing checks on the network ports   ◀───────────────────────── 백 도어 체크
    Checking for backdoor ports                                  [ None found ]
    Checking for hidden ports                                    [ Skipped ]


Performing checks on the network interfaces   ◀──────────────────── 네트워크 인터페이스 체크
```

```
        Checking for promiscuous interfaces                     [ None found ]
Checking the local host...


Performing system boot checks        ◄────────────────────     시스템 기동 체크
    Checking for local host name                                [ Found ]
    Checking for system startup files                           [ Found ]
    Checking system startup files for malware                   [ None found ]
    Checking system startup files for malware                   [ None found ]


Performing group and account checks   ◄───────────────────     계정 체크
    Checking for passwd file                                    [ Found ]
    Checking for root equivalent(UID 0) accounts                [ None found ]
    Checking for passwordless accounts                          [ None found ]
    Checking for passwd file changes                            [ Warning ]
    Checking for group file changes                             [ Warning ]
    Checking root account shell history files                   [ OK ]


Performing system configuration file checks  ◄─────────        시스템 설정 파일 체크
    Checking for SSH configuration file                         [ Found ]
    Checking if SSH root access is allowed                      [ Not set ]
    Checking if SSH protocol v1 is allowed                      [ Not allowed ]
    Checking for running syslog daemon                          [ Found ]
    Checking for syslog configuration file                      [ Found ]
    Checking if syslog remote logging is allowed                [ Not allowed ]


Performing filesystem checks         ◄────────────────────     파일 시스템 체크
    Checking /dev for suspicious file types                     [ None found ]
    Checking for hidden files and directories                   [ None found ]


ystem checks summary
======================

File properties checks...
    Required commands check failed
    Files checked: 132
    Suspect files: 0
Rootkit checks...
    Rootkits checked : 304
    Possible rootkits: 0
(이하 생략)
```

몇 번에 걸쳐 '[Press ⟨ENTER⟩ to continue]'라는 표시가 나오는데, 확인 후 [Enter] 키를 누르면 된다.

'[OK]', '[Not Found]'와 같이 녹색으로 표시되는 항목은 문제없다는 것을 나타내고 있다. '[Warning]'과 같이 노란색 혹은 적색으로 표시되는 항목은 소프트웨어의 버전이 낮거나 뭔가의 문제가 발견됐다는 것을 의미하니 확인해야 한다.[5] 하지만 CentOS처럼 패키지 버전의 숫자가 최신이 아니더라도 적절한 보안 패치가 된 업데이트판을 배포한다면 문제는 없다.[6]

Rootkit Hunter 로그는 기본적으로 /var/log/rkhunter/rkhunter.log에 저장된다.

10.3.2 fail2ban

fail2ban은 IPS(Instrusion Prevent System)이라 불리는 소프트웨어다. IDS가 침입을 '탐지'하는 것이라면 IPS는 침입 시도를 감지해 적극적으로 방어한다.

fail2ban은 CentOS의 표준 패키지에 포함돼 있지 않기 때문에 EPEL 리포지터리 설정을 해야 한다(5장의 칼럼 '서드 파티 리포지터리 추가' 참고). 리포지터리 설정이 돼 있다면 다음 명령으로 설치한다.

▶ fail2ban 설치

```
# yum install fail2ban ↵
```

설정 파일은 /etc/fail2ban/fail2ban.conf이나 기본 설정만으로 사용해도 문제없다.

fail2ban에서 공격 패턴은 '필터', 공격을 받을 때 실행하는 처리는 '액션'이라고 정의돼 있다. 그리고 필터에 정의된 공격 패턴이 몇 번 탐지되면 액션을 수행할지 결정하는 것을 'jail'로 정의한다. jail이 정의된 파일은 /etc/fail2ban/jail.conf다.

---

5 위 예에서는 계정 검사에서 Warning이 발생했으나 이것은 테스트용으로 수상한 계정을 준비해뒀기 때문이다.

6 CentOS나 Redhat의 경우 취약점 패치 버전이 따로 제공된다. OpenSSL의 예를 들면 버전이 1.0.0 계열인 경우 공식 버전은 1.0.0g, 1.0.0h 등으로 네이밍 되지만, 배포판의 최신 패키지 버전은 1.0.0e-35.33, 1.0.0e-35.66 같은 식으로 네이밍 되어 이전 버전이라 착각할 수 있다. 파일의 릴리즈 정보를 잘 살펴봐야 한다.

▶ jail 설정

```
[ssh-iptables]    ◀────────────────────────────────────── jail 명칭

enabled = true    ◀────────────────────────────────────── jail 사용 여부 결정
filter  = sshd    ◀────────────────────────────────────── 필터 명칭
action  = iptables[name=SSH, port=ssh, protocol=tcp]  ◀─── 액션
          sendmail-whois[name=SSH, dest=root, sender=fail2ban@example.com]
logpath = /var/log/secure    ◀──────────────────────────── 감시할 로그 파일
maxretry = 5    ◀────────────────────────────────────────── 최대 재시도 횟수
```

위 설정은 SSH에 접근하는 내용에 대해 작성한 부분이다. 'enabled = true'로 돼 있으면 이 jail은 활성화된다. 여기서는 SSH로 접속을 /var/log/secure를 통해 감시(logpath)하고 인증을 5회 실패 하면(maxretry) 연결을 시도한 IP를 차단한다.

주요 jail을 표 10.7에 정리했다.

표 10.7 fail2ban의 기본 jail

jail 명칭	설명
DEFAULT	기본 동작 설정
ssh-iptables	SSH 서버 접근
proftpd-iptables	ProFTPD 서버 접근
vsftpd-iptables	vsftpd 서버 접근
sasl-iptables	메일의 SASL 인증
apache-badbots	봇을 사용한 Apache 접근

기본값에서 설정을 변경하고 싶다면 /etc/fail2ban/jail.conf를 편집하는 것이 아니라 /etc/ fail2ban/jail.local 파일을 만들어 설정 내용을 작성한다.

fail2ban은 서비스로 동작하는 faiil2ban 서버와 상태 확인 등에 사용되는 fail2ban 클라이언트로 구성돼 있다. fail2ban 서버는 jail 설정에 따라 로그 파일을 모니터링해 무단 접근을 감지하면 접속 한 IP 주소를 차단한다. fail2ban은 service 명령으로 제어한다.

▶ fail2ban 시작

```
# service fail2ban start ↵
```

서비스를 시작하면 iptables에 다음과 같은 체인이 추가된다.

▶ iptables를 통한 fail2ban 확인

```
# iptables -L ↵
Chain INPUT(policy ACCEPT)
target    prot opt source    destination
fail2ban-SSH tcp -- anywhere    anywhere    tcp dpt:ssh
(생략)
Chain fail2ban-SSH(1 references)
target    prot opt source    destination
RETURN all -- anywhere    anywhere
```

fail2ban이 작동하는 것을 확인할 수 있다. fail2ban 클라이언트인 fail2ban-client 명령어를 사용하면 jail 상태 확인도 가능하다. 다음은 ssh-iptables 상태를 확인하는 예다.

▶ ssh-iptables 상태 확인

```
# fail2ban-client status ssh-iptables ↵
Status for the jail: ssh-iptables
|- filter
| |- File list: /var/log/secure
| |- Currently failed: 1
| `- Total failed: 22
`- action
  |- Currently banned: 1
  | `- IP list: 192.168.73.15
  `- Total banned: 1
```

위 예제를 보면 최근 IP 주소가 192.168.73.15인 호스트로부터의 연결을 차단한 것을 알 수 있다.

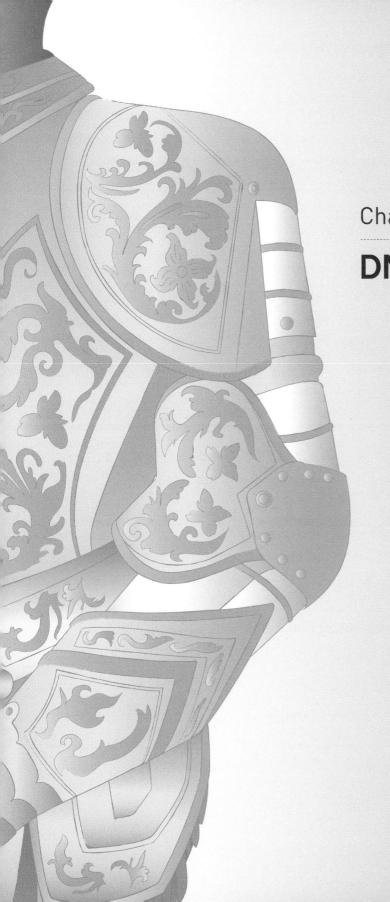

Chapter **11**

DNS 서버 보안

리눅스에서 사용하는 DNS 서버로 거의 정해지다시피 한 것으로는 BIND가 있다. CentOS에서도 BIND를 채택하고 있다. BIND는 기능이 많은 만큼 설정도 복잡하고, 설정 미흡으로 인한 보안 취약점이 발생할 가능성도 있다. 여기서는 BIND를 이용한 안전한 DNS 서버 구축을 다룬다.

11.1 DNS 기본

TCP/IP 네트워크는 네트워크상의 컴퓨터를 식별하기 위해 IP 주소를 이용한다. 하지만 숫자로 구성된 IP 주소는 사람이 외우기엔 다소 힘든 면이 있으므로 컴퓨터에 호스트명(컴퓨터명)을 설정해 그 호스트명으로 컴퓨터를 식별하는 방법을 이용한다. 그래서 호스트명과 IP 주소를 상호 변환해야 할 필요성이 발생한다. 이런 기능을 제공하는 것이 DNS(Domain Name System)이다. 우선 DNS의 개요를 확인해두자.

11.1.1 이름 확인

DNS 서버의 기본적인 역할은 호스트명과 IP 주소를 상호 변환(이름 확인)하는 것이다. 호스트명의 이름을 IP 주소로 변환하는 과정을 정방향, 그 반대를 역방향이라고 한다(그림 11.1).

그림 11.1 정방향과 역방향

웹사이트에 접근할 때 'http://www.example.com'과 같은 URL을 이용하는데, 여기서 'www.example.com'은 컴퓨터를 식별할 수 있는 이름이기도 하다. 이것은 그림 11.2처럼 나눠 생각할 수 있다.

그림 11.2 호스트명과 도메인명

호스트명은 컴퓨터에 붙은 고유의 이름, 도메인명은 그 호스트가 소속된 네트워크 영역을 나타낸다. 'www.example.com'과 같이 호스트명과 도메인명을 포함한 것을 FQDN(Fully Qualified Domain Name: 전체 주소 도메인 이름)이라 한다. 도메인은 계층 구조로 돼 있고 가장 상위를 루트 도메인이라 부른다(그림 11.3). 루트 도메인의 바로 아래를 최상위 도메인(TLD: Top Level Domain / 1단계 도메인), 그 아래를 2단계 도메인(SLD: Second Level Domain)이라 한다.

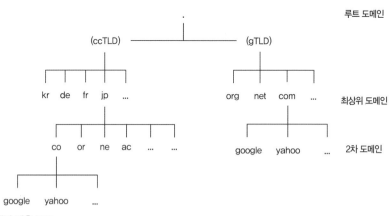

그림 11.3 도메인 계층 구조

11.1.2 DNS 구조

다음으로 웹 클라이언트가 http://www.example.com/이라는 웹 사이트에 접근할 때 DNS 서버를 사용해 어떻게 이름을 확인하는지 알아보자(그림 11.4).

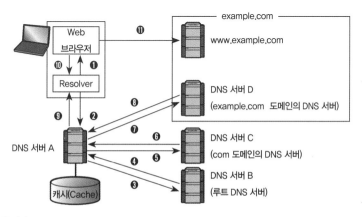

그림 11.4 이름 확인 절차

❶ 웹 브라우저는 지정된 호스트명(www.example.com)의 IP 주소를 알기 위해 리졸버(resolver : 이름 확인 라이브러리)에 이름 확인을 요청

❷ 리졸버는 /etc/resolv.conf에 지정돼 있는 DNS 서버 A에 질의

❸ DNS 서버 A는 먼저 루트 DNS 서버에 질의

❹ 루트 DNS 서버인 서버 B는 www.example.com을 알지 못하지만 com 도메인을 담당하고 있는 DNS 서버는 알고 있으므로 그 IP 주소(DNS 서버 C)를 반환

❺ DNS 서버 A는 알려준 DNS 서버 C에 질의

❻ DNS 서버 C는 www.example.com을 알지 못하지만 example.com 도메인을 담당하고 있는 DNS 서버 D는 알고 있으므로 그 IP 주소를 반환

❼ DNS 서버 A는 알려준 DNS 서버 D에 질의

❽ DNS 서버 D는 www.example.com의 IP 주소를 알고 있으므로 그 IP를 반환

❾ DNS 서버 A는 획득한 정보를 캐시(Cache)에 저장하고 리졸버에 응답

❿ 웹 브라우저는 IP 주소 정보를 바탕으로 www.example.com 접속

여기서 DNS 서버 A와 DNS 서버 B, C, D의 역할이 다름에 주의하자. DNS 서버 A는 클라이언트를 대신해 다른 DNS 서버에 질의를 수행한다. 이름이 확인된 데이터는 캐시에 저장하기 때문에 캐시 서버라고도 부른다. 한편, DNS 서버 B, C, D는 자신이 담당하는 영역(Zone − 존)에 대한 정보를 다른 DNS 서버에 반환한다. DNS 서버 B, C, D는 존 서버(Zone Server/콘텐츠 서버)라고 한다. DNS 서버를 구축할 때 어떤 역할을 갖게 할지 명확히 할 필요가 있다.[1]

11.1.3 DNS 서버 용어

우선 DNS 서버 관련 용어를 정리해두자.

■ 존(Zone−영역)

존이란 DNS 서버가 관리하는 도메인의 범위다. 존을 관리할 수 있는 권한이 있다면 그 존에 대해 '권한(authority)'을 가졌다'라고 한다. 그리고 하위 DNS 서버에게 존의 관리를 옮기는 것을 위임 또

---

1 캐시 서버와 유사한 역할로 Forwarder가 있다. DNS 서버를 Forwarder로 지정하면 네트워크의 모든 외부 DNS 쿼리가 Forwarder를 통해 해결되기 때문에 외부 DNS 정보의 큰 캐시를 만들며, 캐시된 데이터를 사용해 질의를 해결한다.

는 이양(delegation)이라 한다. 존 정보가 포함된 파일을 존 파일이라고 한다. 존 파일은 권한을 가진 서버가 관리한다.

■ 마스터 DNS 서버와 슬레이브 DNS 서버

보통 DNS 서버는 여러 대로 구성돼 있다. 이는 한 대의 DNS 서버가 작동 정지 하더라도 DNS 질의에 회신할 수 있도록 가용성을 확보하기 위한 것이다. 존 파일을 소유하는 DNS 서버를 마스터 DNS 서버, 마스터 DNS 서버의 존 정보를 복사하는 DNS 서버를 슬레이브 DNS 서버라 한다. 마스터 DNS 서버로부터 슬레이브 DNS 서버로 존 정보를 복사하는 것을 영역 전송(Zone Transfer)이라 한다.

■ 재귀 질의

DNS 질의를 받은 캐시 서버가 질의를 받은 존의 권한 서버가 아닌 경우 해당 질의를 다른 DNS 서버에 요청해 이름을 확인하여 클라이언트로 반환하는 것을 재귀(recursive) 질의라 한다. 하지만 무조건적 재귀 질의를 허용[2]하면 관계없는 제삼자로부터의 질의에도 회신해야 하므로 보통은 자기 도메인 내(혹은 네트워크 내)로부터의 질의에만 응답하도록 설정한다.

11.1.4 DNS 클라이언트 명령

DNS 서버에 질의해 이름을 확인하는 클라이언트 명령에는 nslookup, host, dig가 있다. host 명령은 7장에서 다뤘다. 여기서는 상세한 정보를 얻을 수 있는 dig 명령을 설명한다.

▶ 형식

```
dig_[@질의할 DNS 서버]_호스트명 또는 도메인명 또는 IP 주소_[질의 종류]
```

표 11.1 dig 명령의 주요 옵션

옵션	설명
−x	지정한 IP 주소의 역방향 질의
−p	포트 번호 지정(기본 포트는 53번)

---

2 그런 DNS 서버를 오픈 리졸버(Open Resolver)라 한다.

질의 종류에는 검색 대상의 레코드 타입을 지정한다(표 11.2)

표 11.2 dig 명령에 사용하는 질의 종류

질의 종류	설명
a	호스트명에 해당하는 IP 주소(기본값)
ptr	IP 주소에 해당하는 호스트명
ns	DNS 서버
mx	메일 서버
soa	SOA 레코드 정보
hinfo	호스트 정보
axfr	영역 전송
txt	임의의 문자열
any	모든 정보

다음은 centos.org의 MX 레코드를 조사하는 예다.

```
$ dig centos.org mx ⏎

; <<>> DiG 9.8.2rc1-RedHat-9.8.2-0.17.rc1.el6_4.5 <<>> centos.org mx
;; global options: +cmd
;; Got answer:
;; ->>HEADER<<- opcode: QUERY, status: NOERROR, id: 43957
;; flags: qr rd ra; QUERY: 1, ANSWER: 3, AUTHORITY: 3, ADDITIONAL: 4

;; QUESTION SECTION:  ◀─────────────────────────────  질의 내용
;centos.org.  IN  MX

;; ANSWER SECTION:  ◀───────────────────────────────  응답
centos.org.      3600    IN    MX    20 mail2.centos.org.
centos.org.      3600    IN    MX    30 mail3.centos.org.
centos.org.      3600    IN    MX    10 mail.centos.org.

;; AUTHORITY SECTION:  ◀────────────────────────────  권한 정보
centos.org.      6340    IN    NS    ns4.centos.org.
centos.org.      6340    IN    NS    ns1.centos.org.
centos.org.      6340    IN    NS    ns3.centos.org.
```

```
;; ADDITIONAL SECTION:    ◄─────────────────────────────────────    추가 정보
mail.centos.org.    600      IN      A      72.26.200.202
ns1.centos.org.     540      IN      A      72.232.223.58
ns3.centos.org.     540      IN      A      88.208.217.170
ns4.centos.org.     540      IN      A      62.141.54.220

;; Query time: 294 msec
;; SERVER: 192.168.11.1#53(192.168.11.1)
;; WHEN: Fri Jul 12 18:07:35 2013
;; MSG SIZE rcvd: 211
```

응답은 4개의 섹션(SECTION)으로 나뉘어 있다. QUESTION SECTION에는 질의 내용이 표시된다. ANSWER SECTION에는 질의에 대한 응답이 표시된다. AUTHORITY SECTION은 질의한 곳이 권한이 있는 서버인 경우 표시된다. ADDITIONAL SECTION은 응답한 호스트의 IP 주소 등 부수적인 정보가 표시된다.

status 항목이 NOERROR면 정상적인 응답이다. DNS 서버가 올바른 응답을 하지 않는다면 SERVERFAIL로 표시된다. flags 항목에는 플래그와 응답 수가 표시된다. 플래그는 표 11.3의 내용과 같은 것이 있다.

표 11.3 플래그

플래그	설명
qr	질의에 대한 응답
aa	권한 있는 응답
rd	재귀 검색 희망
ra	재귀 검색 가능

그 밖에도 대표적인 dig 명령 사용 방법을 살펴보자. 다음은 www.centos.org의 IP 정보를 조사하는 예다.

▶ 정방향 질의

```
$ dig www.centos.org ↵
(생략)
;; QUESTION SECTION:
;www.centos.org.                    IN        A
```

```
;; ANSWER SECTION:
www.centos.org.                         60      IN      A       72.232.194.162
(이하 생략)
```

다음은 IP 주소가 72.232.194.162인 호스트명을 조사하는 예다.

▶ 역방향 질의

```
$ dig -x 72.232.194.162 ⏎
(생략)
;; QUESTION SECTION:
;162.194.232.72.in-addr.arpa.            IN      PTR

;; ANSWER SECTION:
162.194.232.72.in-addr.arpa.    10800   IN      PTR     www.centos.org.
(이하 생략)
```

11.2 BIND 기본 설정

CentOS는 대표적인 DNS 서버 소프트웨어인 BIND[3]가 채택돼 있다. 이번에는 캐시 서버와 존 서버에 공통으로 적용되는 BIND의 기본에 대해 알아보자.

11.2.1 BIND 설치

CentOS 6에서는 bind 패키지에 추가해서 bind-chroot 패키지를 설치하면 BIND를 chroot 환경으로 운영할 수 있다.[4] 즉 BIND의 서버 프로세스인 named가 크래킹 되더라도 시스템 전반에 피해가 가는 것을 막을 수 있다. 이 책에서는 bind-chroot가 설치돼 있다는 것을 전제로 한다.

bind-chroot는 bind 패키지와는 별개로 추가로 설치해야 한다. bind 및 bind-chroot 패키지는 다음과 같이 설치한다.

---

3 http://www.isc.org/sw/bind/

4 chroot하는 디렉터리는 /etc/sysconfig/named 파일에서 설정할 수 있다.

▶ bind-chroot 패키지 설치

```
# yum install bind bind-chroot ↵
```

bind 패키지를 통해 설치되는 주요 설정 파일 등은 표 11.4에 정리해 두었다.

표 11.4 BIND의 주요 설정 파일

파일	설명
/etc/named.conf	메인 설정 파일
/etc/named.rfc1912.zones	기본적인 존 설정 파일
/etc/named.iscdlv.key	ISC DLV의 DNSKEY와 루트 DNSKEY
/etc/named.root.key	루트 DNSKEY
/etc/rndc.key	rndc 명령용 키 파일
/var/named/named.ca	루트 서버 정보
/var/named/named.empty	잘못된 질의를 해결하기 위한 정보
/var/named/named.localhost	localhost의 존 정보
/var/named/named.loopback	127.0.0.1의 존 정보

COLUMN

chroot 환경

CentOS 6의 BIND는 chroot 환경으로 named를 기동하면 관련 파일이 다음과 같이 마운트된다.

▶ chroot 환경에서의 마운트

```
/etc/named              5716804   2037704   3388696   38%   /var/named/chroot/etc/named
/etc/named.conf         5716804   2037704   3388696   38%   /var/named/chroot/etc/named.conf
/etc/named.rfc1912.zones
                        5716804   2037704   3388696   38%   /var/named/chroot/etc/named.rfc1912.zones
/etc/rndc.key           5716804   2037704   3388696   38%   /var/named/chroot/etc/rndc.key
/usr/lib64/bind         5716804   2037704   3388696   38%   /var/named/chroot/usr/lib64/bind
/etc/named.iscdlv.key
                        5716804   2037704   3388696   38%   /var/named/chroot/etc/named.iscdlv.key
/etc/named.root.key 5716804   2037704   3388696   38%   /var/named/chroot/etc/named.root.key
```

덧붙여서 CentOS의 기본 방화벽 설정은 DNS 서버 접근을 막고 있으므로 다음 설정을 /etc/sysconfig/iptables에 추가해야 한다.

▶ /etc/sysconfig/iptables 추가 설정

```
-A INPUT -m state --state NEW -m tcp -p udp --dport 53 -j ACCEPT
-A INPUT -m state --state NEW -m tcp -p tcp --dport 53 -j ACCEPT
```

아니면 system-config-firewall 명령을 실행해 'DNS'를 활성화해도 된다. system-config-firewall 명령의 사용 방법은 '7.2.7 CUI 툴을 이용한 패킷 필터링 설정'을 참고하자.

11.2.2 rndc 명령

BIND를 운영하는 명령으로 rndc 명령이 제공된다. 로컬 BIND뿐 아니라 원격 BIND도 로컬과 똑같이 조작할 수 있다.

rndc 키는 BIND가 초기 기동할 때 /etc/rndc.key 내에 자동으로 생성된다.

▶ /etc/rndc.key 예

```
key "rndc-key" {
    algorithm hmac-md5;
    secret "QU6XMAziEO6+CrIOFcvyNg==";
};
```

권한 없는 사용자가 실행할 수 없도록 /etc/rndc.key 파일은 root 사용자만 읽을 수 있도록 해두자.

▶ /etc/rndc.key 권한 변경

```
# chmod o-rwx /etc/rndc.key ↵
```

rndc 명령을 사용하기 위해 /etc/named.conf 파일에 다음 설정을 추가한다.

▶ /etc/named.conf 설정 추가

```
include "/etc/rndc.key";
```

▶ 형식

```
rndc_[보조 명령]
```

보조 명령을 지정하지 않고 실행하면 대화형 모드로 실행된다. 자주 사용되는 보조 명령은 표 11.5 와 같다.

표 11.5 rndc 보조 명령

보조 명령	설명
stop	named 종료
refresh	존 데이터베이스를 새로고침
stats	통계 데이터를 /var/named/named.stats로 저장
reload	도메인 지정한 존 파일을 다시 로드
reconfig	설정 파일과 신규 존만 다시 로드
halt	named 즉지 중지
exit	대화형 모드 종료

다음은 example.com 존을 다시 로드하는 예다.

▶ example.com 존 다시 로드

```
# rndc reload example.com ↵
```

다음은 설정 파일 및 새로 추가한 존만을 다시 로드하는 예다.

▶ 설정 파일 및 신규 존만 다시 로드

```
# rndc reconfig ↵
```

BIND 제어는 service 명령을 사용할 수도 있다.[5] 서비스명으로는 named를 지정한다. 예를 들어 BIND를 재기동하려면 다음과 같이 입력한다.

---

5 BIND 기동은 mdc 명령으로는 불가능하므로 'service named start'를 사용한다.

▶ BIND 재기동

```
# service named restart ⏎
```

11.2.3 BIND 설정 파일

BIND 설정 파일은 /etc/named.conf 파일이다. 주석은 3가지 종류가 있다.

▶ named.conf 명령 형식

```
// 행 끝까지 주석
# 행 끝까지 주석
/*
    이 부분이 주석
*/
```

/etc/named.conf 파일은 몇 개의 문장(Statement)과 구문(Phase)으로 구성된다. 문장은 블록 구조로 구성된다(표 11.6) 블록 안에는 세부 설정 항목인 옵션 값을 설정한다. 문장과 옵션의 끝에는 ';'를 써야 한다.

표 11.6 /etc/named.conf 파일의 주요 문장

작업 명령	설명
acl	ACL(접근 제어 리스트) 정의
controls	named를 조작할 수 있는 호스트 지정
include	외부 파일을 로드(설정 파일 분할)
key	인증용 키를 지정
options	named의 조작에 관한 옵션 지정
logging	로그 출력 지정
view	세그먼트 등을 보여주는 방법 지정
zone	존 정의

■ acl 문장

접근 제어 리스트(ACL)를 정의한다. 주소 매치 목록(Address match list)에는 IP 주소나 네트워크
주소를 써넣는다.

▶ 형식

```
acl_ACL 이름{
    주소 매치 리스트
};
```

다음은 192.168.120.0/24와 192.168.121.0/24 네트워크 주소를 locals라는 ACL 이름으로 정의하는
예다.

▶ acl 기입 예

```
acl locals {
    192.168.120.0/24;
    192.168.121.0/24;
};
```

사전에 정의된 ACL도 준비돼 있다. 'any'는 모든 IP 주소를, 'localhost'는 로컬 호스트가 사용하는
IP 주소를, 'localnets'는 로컬 네트워크에서 사용하고 있는 IP 주소를 의미한다. 'none'은 어떤 IP
주소와도 매치하지 않는다.

■ include 문장

지정한 외부 파일을 불러(Load)온다. 설정 파일을 나눠서 named.conf에 불러오는 경우 사용한다.

▶ 형식

```
include_"파일명";
```

▶ include 문장 기입 예

```
include "/etc/named.rfc1912.zones";
```

■ options 문장

named 동작과 관련된 상세한 옵션을 설정한다. 옵션은 표 11.7과 같은 것이 있다.

표 11.7 named.conf 주요 옵션

옵션	설명
directory	존 파일을 저장하는 디렉터리
max-cache-size	최대 캐시 사이즈(바이트 단위)
recursion	재귀적 질의 수신 여부
recursive-clients	재귀적 질의의 최대 동시 연결 수
allow-query	질의를 받을 호스트
allow-recursion	재귀적 질의를 받을 호스트
allow-transfer	영역 전송을 허가할 호스트
allow-update	존 정보를 동적으로 업데이트할 때 정보를 받을 호스트
blackhole	질의를 거부할 호스트
forwarders	질의를 전달할 DNS 서버
forward	forwarders로 전달할 방법
notify	존 데이터의 갱신을 슬레이브 서버에 알려줄지 여부
version	버전 표시

옵션에 대해서는 후에 구체적으로 설명하겠다.

■ controls 문장

named를 조작할 수 있는 호스트의 IP 주소와 포트 번호 등을 지정한다.

▶ 형식

```
controls {
    inet 127.0.0.1 allow { localhost; };
};
```

일반적으로 로컬 호스트만 허용하는 것이 좋다. rndc 명령을 사용해 외부 호스트로부터 조작할 필
요가 있다면 해당 호스트 주소를 추가하면 된다.

▶ controls 기입 예

```
controls {
    inet 127.0.0.1 allow { localhost; };
};
```

■ zone 문장

DNS 서버가 관리하는 존 정보에 대해 지정하는 것이 zone 문장이다. 존의 이름, 타입, 존 파일의 위치 등을 지정한다. 존 타입에는 표 11.8과 같은 것들이 있다.

표 11.8 존 타입

타입	설명
hint	루트 DNS 서버를 지정
master	지정한 존에 대한 마스터 DNS 서버
slave	지정한 존에 대한 슬레이브 DNS 서버

캐시 서버에는 루트 도메인에 대한 설정만 기록돼 있다. named.ca 파일에는 루트 DNS 서버의 정보가 포함돼 있다.

▶ zone 기입 예(캐시 서버)

```
zone "." IN {
    type hint;
    file "named.ca";
};
```

마스터 DNS 서버에는 자신이 관리하는 존 파일이 지정돼 있다. 존 파일은 /var/named/chroot/var/named/data 디렉터리에 배치하는 것이 일반적이다.

▶ zone 기입 예(마스터 DNS 서버)

```
zone "example.com" {
    type master;
    file "data/example.com.zone";
};
```

슬레이브 DNS 서버에는 존 파일명과 마스터 DNS 서버의 IP 주소가 지정된다. 마스터 DNS 서버로부터 획득한 정보로 존 파일이 만들어진다. 존 파일은 /var/named/chroot/var/named/slave 디렉터리 아래에 만들어지는 것이 일반적이다.

▶ zone 기입 예(슬레이브 DNS 서버)

```
zone "example.com" {
  type slave;
  file "example.com.zone";
  masters {192.168.11.2;};
};
```

named-checkconf 명령을 실행하면 /etc/named.conf 파일 구문을 체크할 수 있다.

▶ /etc/named.conf 파일 구문 체크

```
# named-checkconf ⏎
/etc/named.conf:45: missing ';' before '"'
/etc/named.conf:48: missing ';' before '/'
/etc/named.conf:48: expected IP address or masters name near '/'
```

위 에러를 보면 45번 라인에서 "(큰따옴표) 뒤에 ;(세미콜론)이 없어서 에러가 발생했다는 것을 알 수 있다. 또한 48번 라인에서도 /(슬래시) 전후로 IP 주소와 ;이 없어 에러가 발생했다. 위처럼 에러가 발생하면 표시된 행의 구문을 확인해 수정하면 된다.

11.2.4 BIND 로그

BIND 로그는 기본적으로 /var/log/message 파일로 저장된다.

▶ /var/log/messages의 BIND 로그 예

```
Jul 13 23:16:50 windsor named[13745]: adjusted limit on open files from 4096 to
1048576
Jul 13 23:16:50 windsor named[13745]: found 1 CPU, using 1 worker thread
Jul 13 23:16:50 windsor named[13745]: using up to 4096 sockets
Jul 13 23:16:50 windsor named[13745]: loading configuration from '/etc/named.conf'
Jul 13 23:16:50 windsor named[13745]: reading built-in trusted keys from file '/etc/
named.iscdlv.key'
```

```
Jul 13 23:16:50 windsor named[13745]: using default UDP/IPv4 port range: [1024, 65535]
Jul 13 23:16:50 windsor named[13745]: using default UDP/IPv6 port range: [1024, 65535]
Jul 13 23:16:50 windsor named[13745]: listening on IPv4 interface lo, 127.0.0.1#53
Jul 13 23:16:50 windsor named[13745]: listening on IPv4 interface eth0, 192.168.11.2#53
Jul 13 23:16:50 windsor named[13745]: listening on IPv6 interface lo, ::1#53
Jul 13 23:16:50 windsor named[13745]: generating session key for dynamic DNS
Jul 13 23:16:50 windsor named[13745]: sizing zone task pool based on 7 zones
Jul 13 23:16:50 windsor named[13745]: using built-in DLV key for view _default
```

BIND 로그 저장은 /etc/named.conf 파일의 logging 문장에서 설정할 수 있다. 기본적으로 다음
과 같이 돼 있다.

▶ logging 문장 기본 설정

```
logging {
    channel default_debug {
        file "data/named.run";
        severity dynamic;
    };
};
```

logging 문장은 복수의 채널 설정이 가능하다. 채널은 로그 메시지를 내보낼 위치이며, 파일이나
syslog로 내보낼 수 있다. category 옵션에 채널 이름을 지정한다. 기본적으로 준비된 채널 이름은
default_syslog, default_debug, default_stderr, null이 있다. 정의는 다음과 같다.

▶ 기본 채널

```
channel "default_syslog" {          ←──────────────────────────  syslog로 출력
    syslog daemon;
    severity info;
};
channel "default_debug" {           ←──────────────────────────  로그 파일로 출력
    file "data/named.run;
    severity dynamic;
};
channel "default_stderr" {          ←──────────────────────────  표준 출력으로 출력
    syslog daemon;
    severity info;
};
```

```
channel "null" {                                              ←───────────  로그 파기
    null;
};
```

여기서 default_debug라는 기본 채널의 로그는 data/named.run 파일(/var/named/chroot/var/named/data/named.run)로 출력된다.

category 옵션은 로그 메시지의 카테고리를 나타낸다. 표 11.9와 같은 카테고리가 준비돼 있다.

표 11.9 주요 카테고리

카테고리	설명
default	기본 카테고리
general	다른 카테고리로 분류되지 않는 모든 것을 포함
security	요청의 허용이나 거부 정보
config	설정 파일 처리
client	클라이언트로부터의 질의 처리
resolver	재귀적 질의 처리
unmatched	어느 카테고리에도 포함되지 않는 메시지
xfer-in	영역 전송 데이터를 받는 처리
xfer-out	영역 전송 데이터를 보내는 처리
lame-servers	문제가 있는(설정이 잘못된) 서버에 대한 메시지

새롭게 채널을 설정해보자. 채널 이름은 named_log, 로그 파일은 data/named.log(/var/named/chroot/var/named/data/named.log)에 저장하며, 중요도는 info로 지정했다. 또한 로그에 날짜와 시간, 카테고리, 중요도가 출력되도록 설정했다.

▶ logging 문장 예

```
logging {
    channel named_log {
        file "data/named.log";
        severity info;
        print-time yes;          ←───────────  시간/날짜
        print-category yes;      ←───────────  카테고리
```

```
        print-severity yes;     ◀─────────────────────────── 중요도
    };
    category default { named_log; };
};
```

출력된 로그는 다음과 같다.

▶ 사용자 지정 로그 에

```
11-Jul-2013 22:51:48.337 general: info: received control channel command 'stop'
11-Jul-2013 22:51:48.337 general: info: shutting down: flushing changes
11-Jul-2013 22:51:48.337 general: notice: stopping command channel on 127.0.0.1#953
11-Jul-2013 22:51:48.337 general: notice: stopping command channel on ::1#953
11-Jul-2013 22:51:48.338 network: info: no longer listening on 127.0.0.1#53
11-Jul-2013 22:51:48.338 network: info: no longer listening on 192.168.11.2#53
11-Jul-2013 22:51:48.338 network: info: no longer listening on ::1#53
11-Jul-2013 22:51:48.339 general: notice: exiting
```

11.3 캐시 서버 설정

BIND는 메인 설정 파일인 /etc/named.conf 파일의 내용과 존 데이터베이스인 존 파일의 내용을
바탕으로 설정된다. 여기서 안전한 캐시 서버 설정을 살펴보자.

11.3.1 named.conf 설정

CentOS는 기본적으로 다음과 같은 설정으로 캐시 서버가 동작한다.[6]

▶ /etc/named.conf 파일 기본 설정 내용

```
options {
    listen-on port 53 { 127.0.0.1; };
    listen-on-v6 port 53 { ::1; };
    directory     "/var/named";
```

---

6 CentOS 5의 caching-nameserver 패키지는 CentOS 6에는 없다.

```
    dump-file        "/var/named/data/cache_dump.db";
    statistics-file        "/var/named/data/named_stats.txt";
    memstatistics-file ˇ    "/var/named/data/named_mem_stats.txt";
    allow-query { localhost; };
    recursion yes;

    dnssec-enable yes;
    dnssec-validation yes;
    dnssec-lookaside auto;
    /* Path to ISC DLV key */
    bindkeys-file "/etc/named.iscdlv.key";

    managed-keys-directory "/var/named/dynamic";
};

# 로그 관련 설정
logging {
    channel default_debug {
        file "data/named.run";
        severity dynamic;
    };
};

# 루트 존 설정
zone "." IN {
    type hint;
    file "named.ca";
};

# 외부 파일 불러오기
include "/etc/named.rfc1912.zones";
include "/etc/named.root.key"
```

이제 구체적으로 살펴보자.

■ directory 옵션

directory 옵션에서는 존 파일이 저장되는 디렉터리의 절대 경로를 지정한다. bind-chroot 패키지를 사용하는 경우 실제 경로는 /var/named/chroot/var/named가 된다.

▶ directory 옵션

```
directory "/var/named";
```

■ allow-query 옵션

DNS 질의를 받을 범위를 지정한다. 기본값으로 로컬 호스트부터의 질의만을 받도록 설정돼 있다.

▶ allow-query 옵션

```
allow-query { localhost; };
```

여기서 추가로 이 캐시 서버를 사용하는 조직·네트워크의 주소를 기재한다. 여러 개를 기재하는 경우 각각의 주소를 ';'로 나눈다.

▶ allow-query 옵션

```
allow-query { localhost; 192.168.11.0/24; };
```

■ recursion 옵션

DNS 질의로 재귀 질의를 받을지를 yes, no로 지정한다. 기본적으로는 받도록 설정돼 있다.

▶ recursion 옵션

```
recursion yes;
```

■ allow-recursion 옵션

DNS 질의로 재귀 쿼리를 받을 범위를 지정한다. 이 캐시 서버를 사용하는 조직/네트워크의 주소를 기재해둔다.

▶ allow-recursion 옵션

```
allow-recursion { localhost; 192.168.11.0/24; };
```

11.4 존 서버 기본 설정

스스로 존 정보를 관리하는 존 서버(콘텐츠 서버, 권한 서버)의 설정에 대해 살펴보자.

11.4.1 named.conf 설정

존 서버의 /etc/named.conf는 관리하는 존을 zone 문장으로 지정한다. 다음은 example.com이라는 존을 정의하는 예다.

▶ /etc/named.conf(정방향 설정)

```
zone "example.com" IN {
    type master;
    file "data/example.com.zone";
    allow-transfer { 192.168.11.10; };
};
```

example.com 존의 정방향 설정이 존 파일 data/example.com.zone(/var/named/chroot/var/named/data/example.com.zone)에 있다는 것을 알 수 있다. 또한 allow-transfer 옵션을 사용해 슬레이브 DNS 서버(192.168.11.10)에 영역 전송을 허용하고 있다. 호스트명에 대응하는 IP 주소 등의 구체적 정보는 존 파일 안에 설정한다.

11.4.2 존 파일 형식

존 파일에는 구체적인 이름 확인 정보를 기재한다. 존 파일의 파일명은 '도메인명.zone'과 같이 알기 쉬운 이름으로 해두는 것이 좋다. 존 파일의 샘플로 example.com 존을 설정한 example.com.zone 파일을 살펴보자.[7]

▶ example.com.zone

```
$ORIGIN example.com.
$TTL 86400
example.com.            IN SOA windsor.example.com. root.windsor.example.com. (
                       2013062001 ; Serial
```

---

7 존 파일은 정방향용, 역방향용을 존별로 만들지만 이 책에서는 정방향 존파일만 소개한다.

```
                           1D ; Refresh
                           1H ; Retry
                           1W ; Expire
                           1D ) ; Negative TTL
example.com.          IN NS windsor.example.com.
example.com.          IN MX 10 mail.example.com.
example.com.          IN MX 20 mail2.example.com.
windsor.example.com.  IN A 192.168.11.2
mail.example.com.     IN A 192.168.11.3
mail2.example.com.    IN A 192.168.11.4
```

첫 줄에 있는 지시어인 $ORIGIN은 도메인명이 명시되지 않은 레코드로, 보완할 도메인명을 지정한다. 여기서 존의 기준인 도메인명을 기재한다. 다음 행의 $TTL 지시어는 다른 DNS 서버가 존 데이터를 캐시에 보존해 둘 시간을 지정한다. 여기서는 86400초(1일)로 설정돼 있다.

존 파일에서 시간은 기본적으로 초 단위로 표시한다. 하지만 1분을 '1M', 1시간을 '1H', 1일을 '1D', 1주를 '1W'로 표시하는 것도 가능하다.

세 번째 줄부터 리소스(Resource) 레코드가 시작된다. 형식은 다음과 같다.

▶ 형식

```
리소스 명_리소스 클래스_리소스 레코드 타입_값
```

example.com의 두 번째 값을 살펴보자.

▶ NS 레코드 예

```
example.com.              IN NS windsor.example.com.
```

리소스 명은 'example.com', 리소스 클래스는 'IN', 리소스 레코드 타입은 'NS', 값은 'windsor.example.com'이 된다. 리소스명 등의 도메인명은 FQDN으로 지정한다. 반드시 도메인명의 마지막에 '.'을 붙여야 한다. '.'이 없다면 존 이름 또는 $ORIGIN에서 지정한 도메인명 뒤에 추가된다. 또한 리소스 명을 생략하면 앞 행의 리소스명이 적용된다. 이 예에서 'example.com' 도메인의 네임 서버는 'windsor.example.com.'라고 정의돼 있다.

존 파일에서 사용하는 리소스 레코드 타입은 표 11.10에 정리했다.

표 11.10 리소스 레코드 타입

리소스 레코드 타입	설명
SOA	관리 정보 기입
NS	존을 관리하는 DNS 서버를 기입
MX	메일 서버(정방향 파일에만 기입)
A	호스트명에 대응하는 IP 주소를 기입(정방향 파일에만 기입)
AAAA	호스트명에 대응하는 IPv6 주소를 기입(정방향 파일에만 기입)
CNAME	호스트명의 별칭에 대한 정식 이름을 기입(정방향 파일에만 기입)
PTR	IP 주소에 대응하는 호스트명을 기입(역방향 파일에만 기입)

■ SOA 레코드

존에 대한 기본적인 정보를 기입한다.

▶ SOA 레코드 예

```
example.com.            IN SOA windsor.example.com. root.windsor.example.com. (
                        2013062001 ; Serial
                        1D ; Refresh
                        1H ; Retry
                        1W ; Expire
                        1D ) ; Negative TTL
```

첫 번째 행에는 이 존을 관리하는 네임 서버(windsor.example.com.)와 관리자의 메일 주소 (root.windsor.example.com.)를 기재한다. 존 파일에서 '@' 기호는 그 존의 기준이 되는 도메인 (ORIGIN)을 나타내기 때문에(여기서는 'example.com.') 'root@windsor.example.com'이라 쓰면 'root.example.com.windsor.example.com'으로 해석되니 주의하자.

다음 행은 일련번호로 존 파일의 버전을 나타낸다. 일반적으로는 날짜+2개의 관리번호로 나타내 내용을 변경할 때마다 번호를 증가시키는 방법을 사용한다.[8] 마스터 DNS 서버에 있는 존 파일의 일련 번호가 변경됐다면 슬레이브 DNS 서버는 존 정보를 갱신한다.

---

[8] 32비트 범위로 표시하고 있다면 날짜일 필요는 없지만, 일반적으로 알기 쉽도록 날짜를 사용한다.

3번째 행에는 마스터 DNS 서버의 존 정보 변경을 슬레이브 DNS 서버가 체크할 간격을 지정한다 (여기서는 1일). 4번째 행에는 슬레이브 DNS 서버가 마스터 DNS 서버에 접근할 수 없을 때 얼마나 있다가 재시도를 할 것인지를 지정한다(여기서는 1시간). 5번째 행은 슬레이브 DNS 서버가 마스터 DNS 서버에 접근할 수 없을 때 얼마나 있다가 존 정보를 파기할 것인지 지정하는 것이다(여기서는 1주일).

6번째 행은 네거티브 캐시의 유효기간을 지정하는 것이다(여기서는 1일). 네거티브 캐시란 존재하지 않는 도메인에 대한 캐시다. 즉, DNS 서버에 질의한 결과 '그런 호스트는 존재하지 않음'이라는 응답을 받은 캐시를 뜻한다.

■ NS 레코드

존의 DNS 서버를 FQDN으로 지정한다. 슬레이브 DNS 서버가 존재한다면 그것도 기재한다.

▶ NS 레코드 예

```
example.com.            IN NS windsor.example.com.
```

■ MX 레코드

존의 메일 서버를 지정한다. 정방향 존 파일에만 사용한다. 백업용 메일 서버를 준비했다면 메일 서버별로 1행씩 기재한다.

▶ MX 레코드 예

```
example.com.            IN MX 10 mail.example.com.
example.com.            IN MX 20 mail2.example.com.
```

MX 레코드에는 메일 서버의 우선도를 나타내는 선호도(Preference) 값을 기재한다. 선호도 값이 작을수록 우선도가 높다. 이 예에서는 'mail.example.com'이 우선도가 높기 때문에 여기에 접근할 수 없으면 'mail2.example.com'을 사용하도록 설정돼 있다.

■ A 레코드

호스트명에 대응하는 IP 주소를 지정한다. 정방향 존 파일에서만 사용한다.

▶ A 레코드 예

```
windsor.example.com.       IN A 192.168.11.2
mail.example.com.          IN A 192.168.11.3
mail2.example.com.         IN A 192.168.11.4
```

■ PTR 레코드

A 레코드와는 반대로 IP 주소에 대응하는 호스트명을 지정한다. IP 주소를 4 옥텟[9]부터 1 옥텟 순으로 나열해 마지막에 'in-addr.arpa.'를 붙여 표기한다. 역방향 존 파일에서만 사용한다.

▶ PTR 레코드 예

```
2.11.168.192.in-addr.arpa.     IN PTR windsor.example.com.
3.11.168.192.in-addr.arpa.     IN PTR mail.example.com.
4.11.168.192.in-addr.arpa.     IN PTR mail2.example.com.
```

■ 생략 표기

존 파일은 다양한 생략이 가능하다. $ORIGIN을 생략하면 named.conf의 존 이름이 적용된다. 그리고 이미 언급한 것과 같이 리소스 이름을 생략하면 바로 위의 레코드 리소스명을 사용한다. 앞의 존 파일(example.com.zone)을 생략해서 표현하면 다음과 같이 된다.

▶ example.com.zone(생략 표기)

```
$TTL 1D
@              IN SOA windsor root (
               2013062001 ; Serial
               1D ; Refresh
               1H ; Retry
               1W ; Expire
```

---

9 옥텟(Octet) : 2진수 8개의 묶음. IP 주소는 8비트 숫자 4개를 이용하며 각각의 자리수를 옥텟이라고 한다. 예를 들어 210.100.111.1 이라는 주소가 있다면 210은 1옥텟, 100은 2옥텟, 마지막 1은 4옥텟이라고 표현한다.

```
            1D ) ; Negative TTL
          IN NS windsor
          IN MX 10 mail
          IN MX 20 mail2
windsor   IN A 192.168.11.2
mail      IN A 192.168.11.3
mail2     IN A 192.168.11.4
```

■ 존 파일 체크

named-checkzone 명령을 실행하면 존 파일 구문을 체크할 수 있다.

▶ 형식

```
named-checkzone_존 이름_존 파일
```

다음은 example.com의 존 파일 /var/named/chroot/var/named/data/example.com.zone을 체크해 문제가 없는지 확인하는 예다.

▶ 존 파일 체크

```
# named-checkzone example.com /var/named/chroot/var/named/data/example.com.zone ⏎
zone example.com/IN: loaded serial 2013062001
OK
```

11.4.3 영역 전송 제한

슬레이브 DNS 서버는 마스터 DNS 서버로부터 존 정보를 전송받는다. 하지만 악의를 가진 제삼자가 존 정보를 취득하게 된다면 서버가 얼마만큼 존재하는지, IP 주소는 무엇인지 등의 정보를 한 번에 획득할 수 있다. dig 명령을 사용하면 영역 전송 내용을 확인할 수 있다.

▶ 영역 전송 내용 확인

```
$ dig @localhost example.com. axfr ⏎
(생략)
example.com.    86400    IN    SOA    windsor.example.com. root.wind
sor.example.com. 2013062001 86400 3600 604800 86400
example.com.    86400    IN    NS    windsor.example.com.
```

```
example.com.      86400     IN     MX     10 mail.example.com.
example.com.      86400     IN     MX     20 mail2.example.com.
mail.example.com.      86400     IN     A     192.168.11.3
mail2.example.com.      86400     IN     A     192.168.11.4
windsor.example.com.      86400     IN     A     192.168.11.2
(이하 생략)
```

슬레이브 DNS 서버 이외의 DNS 서버에 대해서는 영역 전송을 할 필요가 없다. 따라서 영역 전송은
슬레이브 DNS 서버로 제한한다. /etc/named.conf 파일에서 다음과 같이 설정하면 192.168.11.10
이외에는 영역 전송을 하지 않는다. 이렇게 설정하면 존 정보의 전체를 외부에서 질의할 수 없게
된다.

▶ 영역 전송 제한(/etc/named.conf)

```
zone "example.com" {
    type master;
    file "example.com.zone";
    allow-transfer { 192.168.11.10; };
};
```

11.5 보다 안전한 BIND 설정과 운영

더욱 안전한 BIND 운영을 위해 좀 더 고급 설정을 다루겠다.

11.5.1 버전 표시

CentOS의 BIND는 기본적으로 버전에 대한 질의에도 응답하도록 설정돼 있다.

▶ 버전 질의

```
$ dig @localhost version.bind chaos txt ⏎

; <<>> DiG 9.8.2rc1-RedHat-9.8.2-0.17.rc1.el6_4.5 <<>> @localhost version.bind chaos txt
; (2 servers found)
;; global options: +cmd
;; Got answer:
```

```
;; ->>HEADER<<- opcode: QUERY, status: NOERROR, id: 3427
;; flags: qr aa rd; QUERY: 1, ANSWER: 1, AUTHORITY: 1, ADDITIONAL: 0
;; WARNING: recursion requested but not available

;; QUESTION SECTION:
;version.bind.        CH    TXT

;; ANSWER SECTION:
version.bind.    0    CH    TXT    "9.8.2rc1-RedHat-9.8.2-0.17.rc1.el6_4.5"

;; AUTHORITY SECTION:
version.bind.    0    CH    NS    version.bind.
(이하 생략)
```

하지만 실제 질의에 대한 응답은 구체적인 패키지 버전을 반환하기 때문에 운영체제에 대한 추측도 일부 가능하다. 버전을 숨기려면 /etc/named.conf 파일에서 version 옵션에 임의의 문자열을 지정한다.[10]

▶ 버전 은폐(/etc/named.conf)

```
options {
    version "unknown DNS Server";
(이하 생략)
```

이렇게 설정하고 dig 명령으로 다시 확인하면 다음과 같이 표시된다.

▶ 버전 질의(비표시)

```
$ dig @localhost version.bind chaos txt ↵
(생략)
;; ANSWER SECTION:
version.bind.    0    CH    TXT    "unknown DNS Server"
(이하 생략)
```

---

10 ""과 같이 공백으로 지정해도 상관없다.

물론 버전을 숨긴다고 해서 보안 취약점이 사라지는 것은 아니지만, 버전을 알면(그리고 해당 버전에 취약점이 있다면) 더 많은 공격을 받거나, 더 쉽게 침해를 입을 수 있다.

11.5.2 TSIG

마스터 DNS 서버와 슬레이브 DNS 서버 간에는 영역 전송으로 인해 존 데이터가 동기화된다. 그때 공유 비밀키를 사용해서 마스터 DNS 서버로 위장해 변조된 존 데이터를 슬레이브 DNS 서버로 보내거나 존 파일을 마구 변경하는 등의 공격을 할 수 있는데, 이런 공격을 회피하는 기능이 TSIG(Transaction SIGnatures : 트랜잭션 서명)이다.

마스터 DNS 서버에는 공유 비밀키를 사용해 존 데이터에 서명하고, 슬레이브 DNS 서버에서 그것을 검증한다. 그러나 존 데이터 자체는 암호화하지 않는다.

먼저 dnssec-keygen 명령을 사용해 공유 비밀키를 만든다. 옵션의 -a는 알고리즘, -b는 키의 길이가 되는 비트 수, -n은 소유자 타입(여기서는 HOST), 인수에는 키의 이름을 지정한다.

▶ 공유 비밀 키 생성

```
# dnssec-keygen -a HMAC-MD5 -b 128 -n HOST tsig-key ↵
Ktsig-key.+157+57399
```

위와 같이 실행하면 아래와 같이 2개의 파일이 만들어진다.

▶ 생성된 공유 비밀 키 파일

```
# ls ↵
Ktsig-key.+157+57399.key Ktsig-key.+157+57399.private
```

'+157'은 HMAC-MD5 알고리즘이라는 것을 나타낸다. '57399'는 해시 값이다. Ktsig-key.+157+57399.private 파일의 내용은 다음과 같다.

▶ Ktsig-key.+157+57399.private 파일 내용

```
# cat Ktsig-key.+157+57399.private ↵
Private-key-format: v1.3
Algorithm: 157(HMAC_MD5)
Key: PMJMLwAJErodIhPaVj63qw==
Bits: AAA=
```

```
Created: 20130706104317
Publish: 20130706104317
Activate: 20130706104317
```

key 항목에 있는 'PMJMLwAJErodIhPaVj63qw=='이라는 문자열이 공유 비밀 키다. 이것을 named.conf에 기입한다. 다음은 마스터 DNS 서버의 IP 주소를 192.168.11.2로, 슬레이브 DNS 서버의 IP 주소를 192.168.11.10으로 설정한 예다.

▶ 마스터 DNS 서버의 /etc/named.conf(일부)

```
key "tsig-key" {                                              ◀─────────── 키 이름
    algorithm hmac-md5;                                       ◀─────────── 알고리즘
    secret "PMJMLwAJErodIhPaVj63qw==";                        ◀─────────── 공유 비밀 키
};

server 192.168.11.10 {                                        ◀─────────── 슬레이브 DNS 서버의 IP 주소
    keys { tsig-key; };                                       ◀─────────── 키 이름
};

zone "example.com" {
    type master;
    file "slaves/example.com.zone";
    allow-transfer { 192.168.11.10; };
};
```

▶ 슬레이브 DNS 서버의 /etc/named.conf(일부)

```
key "tsig-key" {                                              ◀─────────── 키 이름
    algorithm hmac-md5;                                       ◀─────────── 알고리즘
    secret "PMJMLwAJErodIhPaVj63qw==";                        ◀─────────── 공유 비밀 키
};

server 192.168.11.2 {                                         ◀─────────── 마스터 DNS 서버의 IP 주소
    keys { tsig-key; };                                       ◀─────────── 키 이름
};

zone "example.com" {
    type slave;
    file "slaves/example.com.zone";
};
```

11.5.3 DNSSEC

DNS 구조 자체로는 존 정보의 신뢰성을 확보할 수 없다. 그래서 DNS 응답이 바른 것인지를 보증하는 확장 사양으로 채택된 것이 DNSSEC(Domain Name System Security Extensions: DNS 보안 확장)다. DNSSEC은 존 정보에 공개 키 암호화 방식의 전자 서명을 수행해서 존 정보가 변조돼 있는지, DNS 응답이 신뢰하는 서버에서 만들어진 것인지를 보증한다. DNSSEC을 이용하려면 DNS 서버 및 클라이언트 양쪽에서 DNSSEC을 지원해야 한다.

DNSSEC의 구조는 다음과 같다(그림 11.5).

❶ 존 정보의 해시 값을 DNS 서버의 비밀 키로 암호화한 뒤 전자 서명을 수행

❷ DNS 질의가 있으면 존 정보와 전자 서명을 클라이언트로 전송

❸ 클라이언트는 전자 서명을 DNS 서버의 공개 키를 사용해 복호화

❹ 존 정보의 해시 값과 전자 서명을 복호화 한 해시 값이 일치하면 OK

공개 키의 정당성은 DNSSEC에서는 '신뢰 연쇄'라는 방법으로 보장하게끔 돼 있다. 존의 관리자는 상위 존의 관리자에게 공개 키의 해시 값(DS : Delegation Signer)을 보내고, 상위 존의 관리자는 자신의 비밀 키로 서명해 공개한다. 이것을 순서대로 연결하는 것으로 신뢰 연쇄가 완성된다. 만약 위조된 서명이 된 DNS 응답을 받았다 하더라도 상위 존의 DS와 비교해 검증할 수 있다.

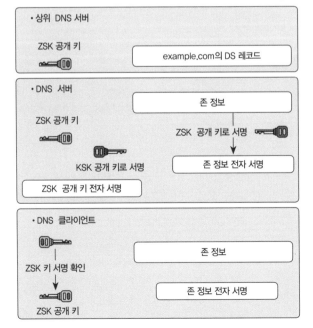

■ DNSSEC 설정

CentOS 6의 /etc/named.conf 파일에서는 기본적으로 DNSSEC이 활성화되도록 설정돼 있다. 해당 부분은 다음과 같다.

▶ /etc/named.conf(일부)

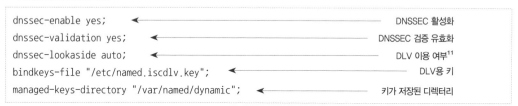

```
dnssec-enable yes;                              ◀──────────── DNSSEC 활성화
dnssec-validation yes;                          ◀──────────── DNSSEC 검증 유효화
dnssec-lookaside auto;                          ◀──────────── DLV 이용 여부[11]
bindkeys-file "/etc/named.iscdlv.key";          ◀──────────── DLV용 키
managed-keys-directory "/var/named/dynamic";    ◀──────────── 키가 저장된 디렉터리
```

존 정보에 전자 서명을 한 키를 ZSK(Zone Signing Key), ZSK에 전자 서명을 한 키를 KSK(Key Signing Key)라 한다. 우선 ZSK 키 쌍을 만든다(이 작업은 존 파일을 저장한 디렉터리에서 수행한다). 다음은 example.com 도메인용 파일에 RSASHA256 알고리즘(키 길이는 1024 비트)으로 키를 생성하는 예다. −r 옵션에는 난수를 발생시키는 라이브러리인 /dev/random을 지정했다.[12]

▶ ZSK 키 쌍 생성

```
# dnssec-keygen -r /dev/random -a RSASHA256 -b 1024 -n zone example.com ⏎
Generating key pair...+++++ ...................................+++++
Kexample.com.+008+51504
```

Kexample.com.+008+51504.key 및 kexample.com.+008+51504.private 파일이 만들어졌다. 앞엣것은 공개 키, 뒤엣것은 비밀 키다. 다음은 Kexample.com.+008+51504.key 파일의 내용이다.

▶ Kexample.com.+008+51504.key

```
; This is a zone-signing key, keyid 51504, for example.com.
; Created: 20130817145955(Sat Aug 17 23:59:55 2013)
; Publish: 20130817145955(Sat Aug 17 23:59:55 2013)
; Activate: 20130817145955(Sat Aug 17 23:59:55 2013)
```

---

11 DLV(DNSSEC Look-aside Validation)에 관해서는 이 장 뒤쪽의 칼럼 'DNSSEC Look-aside Validation' 참조.

12 /dev/random을 지정하면 키가 만들어질 때까지 굉장히 오랜 시간이 걸린다. /dev/urandom을 지정하면 빠르게 키가 만들어지지만 유사 난수 값에 불과하므로 보안용으로는 추천하지 않는다.

```
example.com. IN DNSKEY 256 3 8 AwEAAfZ/IekvJnP2u2VQYsek2RNxdgP/EgHfr31KAFttx
UXTo3vjN4vM 6Pje7prWJXRW3Hjygc3099q3gm6624lwSXaMWS/E1eOfbkMiInKZciK6 B8QsPix
7tLsAp4bQg8M1gPSqUOSv9lon2RHzF5BYSPWSaxQfKe/i/CZx 3r+XYC05
```

다음으로 KSK키 쌍을 작성한다. KSK의 키 길이는 가능하면 길게 지정한다. ZSK는 나중에 변경할 수 있지만 KSK는 자유롭게 변경할 수 없으므로 가능하면 암호 강도를 높여 설정하는 것이 좋다. 다음은 키 길이를 2048비트로 설정해 키 쌍을 만드는 예다.

▶ KSK키 쌍 생성

```
# dnssec-keygen -r /dev/urandom -f KSK -a RSASHA256 -b 2048 -n ⏎
zone example.com
Generating key pair.....................................+++ ....................
.............................................+++
Kexample.com.+008+32884
```

Kexample.com.+008+32884.key 및 Kexample.com.+008+34884.private 파일이 만들어졌다. 앞엣것은 공개 키, 뒤엣것은 비밀 키다. 다음은 Kexample.com.+008+32884.key 파일의 내용이다.

▶ Kexample.com.+008+32884.key

```
; This is a key-signing key, keyid 32884, for example.com.
; Created: 20130817150915(Sun Aug 18 00:09:15 2013)
; Publish: 20130817150915(Sun Aug 18 00:09:15 2013)
; Activate: 20130817150915(Sun Aug 18 00:09:15 2013)
example.com. IN DNSKEY 257 3 8 AwEAAavooi5YKYdAjp1n+ryet15mXFL6DJW6g6xSWD4/ 11fxev62P6G1
QFg5Xia84PH6ZL/XV+r0FJvhEHTEcODrz7JKV3Dppa7LwD0NH7LjKKxw j3Cz 8MhKpCFeHXYYKprTNeNVu2lyVId8cG/
LZ/DOVRmHdPQPlNT6oUsg kYASj75r5HAGoCPTFMPWO0 W2LtFMXOuX34WYLmU9V7ICb/blKZkxMJV2 KKA9njI3SySmDj
hA9lVGOR61Mag4eXHzEXSWWoQ 9804WrCHUt+p3hyAG jmOjlFNmpX59O2VvFG2tNM52kgWusB2ISPdqnBRJMl3+vR+UoT
SMXmPW vbykAd9IjsM=
```

이렇게 만든 공개 키를 존 파일에 추가한다.

▶ example.com.zone 파일(일부)

```
(생략)
windsor.example.com. IN A 192.168.11.2
mail.example.com. IN A 192.168.11.3
mail2.example.com. IN A 192.168.11.4
example.com. IN DNSKEY 256 3 8 AwEAAfZ/IekvJnP2u2VQYsek2RNxdgP/ EgHfr31KAFttxUXTo3vjN4vM 6Pje7
prWJXRW3Hjygc3099q3gm6624lwSXaMWS/E1eOfbkMiI
nKZciK6 B8QsPix7tLsAp4bQg8M1gPSqUOSv9lon2RHzF5BYSPWSaxQfKe/i/CZx 3r+XYC05
example.com. IN DNSKEY 257 3 8 AwEAAavooi5YKYdAjp1n+ryet15mXFL6DJW6g6xSWD
4/11fxev62P6G1 QFg5Xia84PH6ZL/XV+r0FJvhEHTEcODrz7JKV3Dppa7LwD0NH7LjKKxw j3C
z8MhKpCFeHXYYKprTNeNVu2lyVId8cG/LZ/DOVRmHdPQPlNT6oUsg kYASj75r5HAGoCPTFMPW
OOW2LtFMXOuX34WYLmU9V7ICb/blKZkxMJV2 KKA9njI3SySmDjhA9lVGOR61Mag4eXHzEXSWWo Q9804WrCHUt+p3hyAG
jmOjlFNmpX5902VvFG2tNM52kgWusB2ISPdqnBRJMl3+vR+UoTSMXmPW vbykAd9IjsM=
```

dnssec-signzone 명령을 실행해 존 파일에 서명한다.

▶ 형식

```
dnssec-signzone_-l_KSK 비밀키_-o_존 기점_존 파일_ZSK 비밀키
```

▶ 존 파일에 서명

```
# dnssec-signzone -k /root/DNS/Kexample.com.+008+32884.private -o example.com
example.com.zone /root/DNS/Kexample.com.+008+51504.private ⏎
Verifying the zone using the following algorithms: RSASHA256.
Zone signing complete:
Algorithm: RSASHA256: KSKs: 1 active, 0 stand-by, 0 revoked
                     ZSKs: 1 active, 0 stand-by, 0 revoked
example.com.zone.signed
```

서명을 완료하면 '존 이름.signed'이라고 서명된 파일이 생성된다. 이 책의 예에서는 example.com.zone.signed라는 파일명이다. 서명 전 존 파일의 A 레코드와 서명 후 존 파일의 A 레코드를 비교해보자.

▶ 서명 전 A 레코드

```
windsor.example.com. IN A 192.168.11.2
```

▶ 서명 후 A 레코드

```
windsor.example.com. 86400   IN A    192.168.11.2
                     86400   RRSIG   A 8 3 86400 20130916142500 (
                                     20130817142500 51504 example.com.
                                     jPQZsHhlAXoI5xTZ56TAh1Es5I89c3pJsQvq
                                     6XOGoS06UN58aLltXVuoJBWjJ+JEyk2K+zNK
                                     Uv2FsS/U2HVwjcW84a/nva55aolG2L22dhXL
                                     7ziFrisVfiMPvN+WH0QOOcN6t+lOtCPFUvM1
                                     NR/rg0kJTiHihbTCugSwKGGRro0= )
                     86400   NSEC    example.com. A RRSIG NSEC
                     86400   RRSIG   NSEC 8 3 86400 20130916142500 (
                                     20130817142500 51504 example.com.
                                     asfZ5A5Yy014eJfP1rYbkqQMbTHOsMKhooMA
                                     YHBakwXranFrC3zxGfey0RJkiWTaoTTzFgsk
                                     76yoKq+udDO55SliZ3M1L8XQGb/lkI7yqEIF
                                     2xuPopVLNuWKv7KMHRa0ueozDlAwO7YO9maw
                                     NNIVLWoj+rcS4G7DlJMbvZxaalo= )
```

이렇게 각 존의 존 파일에 서명이 된다. 서명 후에는 /etc/named.conf 설정 파일을 변경하고 서명되지 않은 존 파일 대신 이런 존 파일을 지정한다.

또한 'dsset- 존 이름' 같은 파일도 생성될 것이다. 이 파일에는 상위 존의 존 서버에 등록을 요청해야 하는 DS 레코드가 저장돼 있다. 이 파일을 상위 영역을 관리하는 조직으로 전달해 DS 레코드 등록을 신청한다.

 COLUMN

DNSSEC Look-aside Validation

상위 DNS 서버가 DNSSEC을 지원하지 않는다면 ISC(Internet Systems Consortium)가 제공하는 DNSSEC Look-aside Validation(https://dlv.isc.org/)를 이용하는 것도 좋은 방법이다. DNSSEC가 보급되지 않은 지금 DLV를 지원하는 서버는 DLV를 이용해 상위의 DNS 서버를 우회해 인증할 수 있다.

Chapter 12

웹 서버 보안

웹 서버 보안을 크게 구분하면 웹 응용프로그램 보안과 웹 서버 소프트웨어 자체적인 보안으로 나눌수 있다. 웹 응용프로그램에 대해서 시스템 관리자가 할 수 있는 일은 한정돼 있다. 이 책에서도 역시 웹 응용프로그램 보안은 다루지 않는다. 여기서는 웹 서버 소프트웨어의 보안에 대해 다룬다.

12.1 아파치 기본

CentOS에서 기본적으로 채택하고 있는 Apache HTTP Server(이후 아파치)[1]는 The Apache Software Foundation에서 개발된 웹 서버다. 현재 버전 2.2와 2.4대가 릴리즈 되고 있다.[2] CentOS 6에 적용된 버전은 2.2.15다.

12.1.1 웹 서버 구조

아파치 같은 웹 서버와 웹 브라우저 같은 클라이언트와의 통신은 HTTP(HyperText Transfer Protocol)를 통해 이뤄진다. 웹 브라우저로부터 웹 서버에 대해 요청(Request)을 보내면 요청을 받은 웹 서버는 그 요청을 처리하고 결과를 웹 브라우저(클라이언트)로 되돌려준다. 이것을 응답 (Response)이라 한다. HTTP 메서드(method)는 다음과 같은 형식이다.

▶ 형식

```
메서드_요청 URL_HTTP 버전
```

주요 HTTP 메서드는 표 12.1과 같다.

표 12.1 주요 HTTP 메서드

메서드	설명
HEAD	지정한 URL에 요청을 보냈을 때의 응답 헤더
GET	지정한 URL에 해당하는 자원(HTML, 이미지 등)을 요청
POST	지정한 URL에 데이터를 전송해 처리를 요청(Form 전송)
PUT	지정한 URL에 데이터를 전송해 저장을 요청(파일 업로드)
DELETE	지정한 URL에 해당하는 리소스(파일) 삭제를 요청

---

1 http://httpd.apache.org/

2 2.0 버전대는 2.0.65 이후 개발이 종료됐다.

telnet[3]을 이용하면 HTTP를 사용해 직접 웹 서버와 통신할 수 있다. 다음은 windsor.example.com에 접속해 GET 메서드를 사용하는 예다.

▶ telnet을 이용한 웹 서버 접속

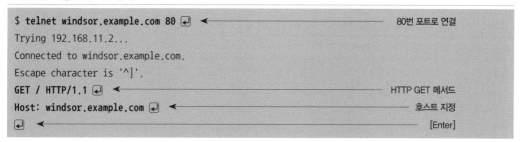

위처럼 접속하면 다음과 같은 응답을 반환받는다.

▶ 응답 값

```
HTTP/1.1 200 OK
Date: Mon, 1 Jul 2013 13:05:17 GMT
Server: Apache
Last-Modified: Wed, 03 Dec 2012 05:02:27 GMT
ETag: "b8d0065-13e8-59b03ec0"
Accept-Ranges: bytes
Content-Length: 5096
Vary: Accept-Encoding
Content-Type: text/html

<!DOCTYPE html PUBLIC "-//W3C//DTD XHTML 1.0 Strict//EN" "http://www.w3.org/ TR/xhtml1/DTD/
xhtml1-strict.dtd">
<html xmlns="http://www.w3.org/1999/xhtml" xml:lang="jp" lang="jp">
<head>
(생략)
Connection closed by foreign host.
```

중간의 빈 줄을 기준으로 전반과 후반으로 나눈다. 전반을 응답 헤더, 후반을 응답 바디(Body)라고 한다. 응답 헤더는 웹 서버로부터의 정보, 응답 바디는 HTML 데이터와 그림 데이터 등의 콘텐츠로 이루어진다. 응답 상태(Status)는 HTTP 상태 코드라는 3자리 숫자로 나타낸다. HTTP 상태 코드를 보면 요청이 성공했는지 에러가 발생했는지 등에 대한 내용을 알 수 있다. 주요 HTTP 상태 코드는 표 11.2와 같다.

---

3 telnet이 설치되지 않았다면 telnet 패키지를 설치해야 한다.

표 12.2 주요 HTTP 상태 코드

상태 코드	설명
100	Continue(처리 중)
200	OK(요청 성공)
400	Bad Request(올바르지 않은 요청)
401	Unauthorized(인증되지 않음)
403	Forbidden(접근 금지)
404	Not Found(페이지 또는 자원이 없음)
408	Request Timeout(요청에 대한 시간이 끝남)
500	Internal Server Error(서버 내부 에러)
503	Service Unavailable(서비스 이용 불가)

12.1.2 아파치 설치 및 기본

CentOS에서 아파치는 httpd 패키지로 제공되고 있다. 설치 여부는 다음과 같이 확인할 수 있다.

▶ httpd 패키지 확인

```
$ rpm -q httpd ↵
httpd-2.2.15-28.el6.centos.x86_64
```

실제로 SSL/TLS 등 아파치와 연동해 사용하는 패키지도 필요하기 때문에 아파치가 설치돼 있지 않다면 다음과 같이 관련 패키지도 모두 설치할 수도 있다.[4] 물론 보안 관점에서 보면 최소한의 패키지만을 설치하는 것이 좋기 때문에 아파치만으로 운영할 수 있다면 관련 패키지는 설치할 필요 없다.

▶ 아파치와 관련 패키지 설치

```
# yum groupinstall "Web Server" ↵
```

---

4 "Web Server" 그룹에 어떤 패키지가 설치 가능한지는 「yum groupinfo "Web Server"」 명령으로 알아볼 수 있다. 보안상 특별한 문제가 없다면 모든 패키지를 설치해도 된다.

아파치 설정 파일은 /etc/httpd/conf 및 /etc/httpd/conf.d 디렉터리 아래에 있다. /etc/httpd/conf.d 디렉터리 아래 있는 파일은 어떤 관련 패키지를 설치했는지에 따라 바뀐다. 주요 설정 파일의 내용에 대해서는 다음 절에서 다룬다.

표 12.3 아파치 설정 파일

파일명	설명
/etc/httpd/conf/httpd.conf	메인 설정 파일
/etc/httpd/conf/magic	MIME 타입 설정
/etc/httpd/conf.d/manual.conf	온라인 매뉴얼 설정
/etc/httpd/conf.d/perl.conf	Perl 설정(mod_perl을 설치한 경우)
/etc/httpd/conf.d/php.conf	PHP 설정(mod_php를 설치한 경우)
/etc/httpd/conf.d/ssl.conf	SSL/TLS 설정(mod_ssl을 설치한 경우)

아파치는 리눅스 커널과 마찬가지로 각종 기능을 가진 모듈을 지원한다. 이 모듈들을 필요에 따라 불러오거나 분리하는 등 유연하게 운영할 수 있다. 모듈에는 아파치에 기본적으로 포함된 것(Core Module)과 별도로 제공되는 것이 있다. 주요 모듈은 표 12.4와 같다.

표 12.4 아파치 주요 모듈

모듈명	기능
mod_auth_basic	패스워드 파일을 가진 사용자 인증(기본 인증)
mod_auth_digest	패스워드 파일을 가진 사용자 인증(다이제스트 인증)
mod_autoindex	디렉터리 인덱스 작성
mod_alias	파일 별명(alias) 지원
mod_authnz_ldap	LDAP을 이용한 사용자 인증
mod_authz_host	호스트 기반 접근 제어
mod_authz_user	사용자 인증
mod_cgi	CGI 스크립트 실행
mod_dav	WebDAV 프로토콜 사용
mod_dir	URL로 디렉터리를 지정할 때 처리
mod_env	CGI 스크립트로 표시되는 환경 변수의 변경 기능
mod_include	SSI 사용

모듈명	기능
mod_info	서버 설정 정보 표시
mod_mime	확장자에 대한 파일 타입 결정
mod_perl	Perl 사용
mod_php	PHP 사용
mod_so	모듈을 통합하는 DSO 기능 제공
mod_spelling	URL 스펠링 실수 보정
mod_ssl	SSL를 사용한 암호화 통신
mod_status	서버 상태 표시
mod_suexec	지정한 사용자 및 그룹에 CGI 스크립트 실행
mod_userdir	사용자 디렉터리 사용

모듈은 /etc/httpd/modules 디렉터리 아래 설치돼 있다. 파일의 확장자는 'so'다.[5]

▶ 아파치 모듈

```
$ ls /etc/httpd/modules/ ⏎
libphp5.so              mod_cgi.so              mod_mime_magic.so
mod_actions.so          mod_cgid.so             mod_negotiation.so
mod_alias.so            mod_dav.so              mod_proxy.so
mod_asis.so             mod_dav_fs.so           mod_proxy_ajp.so
mod_auth_basic.so       mod_dbd.so              mod_proxy_balancer.so
mod_auth_digest.so      mod_deflate.so          mod_proxy_connect.so
mod_authn_alias.so      mod_dir.so              mod_proxy_ftp.so
mod_authn_anon.so       mod_disk_cache.so       mod_proxy_http.so
(이하 생략)
```

아파치의 시작과 종료 등의 제어는 service 명령을 사용한다.

▶ 아파치 시작

```
# service httpd start ⏎
Starting httpd:                                            [ OK ]
```

---

5 모듈 단위로 아파치의 기능을 추가할 수 있는 구조를 DSO(Dynamic Shared Object)라 한다.

아파치 설정을 변경했을 때는 설정을 다시 읽어오기 위해 아파치를 재기동해야 한다. 설정을 다시 읽어와 적용하려면 다음과 같이 한다.

▶ 설정 다시 불러오기

```
# service httpd reload ⏎
```

▶ 아파치 재시작

```
# service httpd restart ⏎
```

단, 접속 중인 사용자가 있다면 웹 브라우저에 에러가 표시되거나 불완전한 웹 페이지가 표시될 수 있다. 클라이언트에 영향이 미치지 않도록 하려면 다음과 같이 한다.

▶ 아파치를 완전히 종료 후 재시작

```
# service httpd graceful ⏎
```

이때 새롭게 접속하는 사용자에게는 새로운 설정이 적용되지만 접속 중인 사용자에게는 예전 설정이 적용된 상태가 된다.

그리고 CentOS의 기본 방화벽 설정은 외부로부터 웹 서버로 접속이 금지돼 있다. 다음 설정을 /etc/sysconfig/iptables에 추가하자.

▶ /etc/sysconfig/iptables(추가할 부분)

```
-A INPUT -m state --state NEW -m tcp -p tcp --dport 80 -j ACCEPT
```

12.1.3 웹 보안 요점

웹 보안 요건 중 중요한 것을 정리해보자.

■ 웹 서버 자체

웹 서버에 한정되는 것은 아니지만, 웹 서버 프로그램 자체 또는 라이브러리에 보안 취약점 혹은 버그가 있을 수 있다. 언제나 최신 버전을 적용하는 것이 좋다. 또한 아파치는 다기능 웹 서버이지만

257

활성화된 기능이 많을수록 보안 취약점이 커질 가능성이 있다. 불필요한 기능은 비활성화 해두자. 설정에서 실수가 있다면 그것이 보안 취약점으로 이어질 수도 있다. 설정 내용을 충분히 이해한 뒤 설정을 변경하는 것이 좋다.

■ 웹 서버 관련 소프트웨어 취약점

웹 애플리케이션 프로그램의 실행 환경인 PHP나 Perl, 데이터 저장을 위해 연동하는 데이터베이스 관리시스템(MySQL이나 PostgreSQL) 등에 문제가 발생하는 경우도 있다.

■ 통신 경로 보호

HTTP 통신은 평문(Plain text)이므로 통신 경로를 암호화하지 않으면 네트워크 감청 등으로 내용이 노출될 수 있다. ID와 패스워드로 인증한다면 SSL을 적용하는 것이 좋다. 또한 암호화 키가 외부에 노출되지 않도록 충분히 주의하자.

12.2 아파치의 안전한 설정과 운영

여기서부터는 안전한 운영이 가능하도록 안전성을 높이는 아파치 설정에 대해 자세히 알아보자.

12.2.1 httpd.conf 기본 설정

httpd.conf 설정 항목은 지시어(Directive)라고 하며 다음과 같은 형식으로 써넣는다.

▶ 형식

```
지시어_설정 값
```

▶ DocumentRoot 지시어 예

```
DocumentRoot "/var/www/html"
```

설정을 적용하는 파일, 디렉터리, URL의 범위를 태그로 감싸 지정할 수도 있다. 그렇게 하는 경우 형식은 각각 다음과 같다.

▶ 형식

```
<Files 파일명> ... </Files>
<Directory 디렉터리명> ... </Directory>
<Location URL> ... </Location>
```

Files 태그는 파일의 범위를, Directory 태그는 디렉터리의 범위를, Location 태그는 URL의 범위를 지정한다. 와일드카드(*)도 사용할 수 있다. 다음은 Option에서 Allow 지시어까지의 설정을 /var/www/html 디렉터리 이하에 적용하는 예이다.

▶ Directory 태그 예

```
<Directory "/var/www/html">
    Options FollowSymLinks
    AllowOverride None
    Order allow,deny
    Allow from all
</Directory>
```

12.2.2 httpd.conf 파일 주요 설정

httpd.conf는 크게 3개 부분으로 나눌 수 있다. 첫 부분이 전체 환경 설정(Global Environment), 두 번째가 메인 서버 설정('Main' server configuration), 마지막이 가상 호스트(Virtual Host)다. 여기서는 보안상 중요하다고 생각되는 설정 항목을 중점적으로 소개하고 그 외의 설정 항목은 마지막에 정리해 소개한다.

■ ServerTokens

HTTPS 헤더 내에 출력되는 버전 정보(배너 정보)를 지정한다. 서버명과 버전 번호는 공격 툴을 선택할 수 있는 힌트가 될 수 있으므로 가능하다면 정보가 노출되지 않도록 하자. 일반적으로 'Prod'(Product Only)로 하는 것이 좋다.

▶ 형식

```
ServerTokens Prod | Major | Minor | Min | OS | Full
```

▶ ServerTokens 지시어 설정 예

```
ServerTokens Prod
```

설정값에 의해 어떻게 달라지는지를 표 12.5에 정리했다.

표 12.5 ServerTokens 지시어 설정 값에 따른 출력

설정 값	표시
Prod	Server: Apache
Major	Server: Apache/2
Minor	Server: Apache/2.2
Min	Server: Apache/2.2.15
OS	Server: Apache/2.2.15(CentOS)
Full	Server: Apache/2.2.15(CentOS)DAV/2mod_ssl/2.2.15OpenSSL/1.0.0–fipsmod_wsgi/3.2 Python/2.6.6 mod_perl/2.0.4 Perl/v5.10.1

■ LoadModule

모듈 활성화 여부를 지정한다.

▶ 형식

```
LoadModule_모듈명_모듈 경로
```

필요한 모듈만 활성화하고 불필요한 모듈(불필요한 기능)은 주석 처리해 비활성화시키자.

▶ LoadModule 지시어 설정 예

```
LoadModule auth_basic_module modules/mod_auth_basic.so
#LoadModule status_module modules/mod_status.so
```

■ User / Group

아파치는 80번 포트로 요청을 받는 부모 프로세스가 있고, 접속하는 클라이언트에 따라 별도의 처리를 담당하는 자식 프로세스가 있다. User 지시어 및 Group 지시어는 httpd 자식 프로세스의 실

행 사용자와 실행 그룹을 지정할 수 있다. 부모 프로세스는 root 권한으로 작동하지만 자식 프로세스는 일반 사용자 권한으로 작동하기 때문에 프로세스가 크래킹 된다 해도 피해를 최소화할 수 있다.

▶ 형식

```
User_사용자명
Group_그룹명
```

■ DocumentRoot

DocumentRoot가 되는 디렉터리를 지정한다. DocumentRoot란 웹 서버가 공개하는 디렉터리 트리(Directory Tree)에서 최 상위 디렉터리를 말한다. CentOS는 기본값으로 /var/www/html 디렉터리가 설정돼 있다. 이 디렉터리 이하의 자원(파일, 디렉터리)은 기본적으로 웹 브라우저에서 접근할 수 있으므로 외부로 공개되지 말아야 할 파일은 여기에 저장하지 않도록 하자.

▶ 형식

```
DocumentRoot_디렉터리 경로
```

▶ DocumentRoot 지시어 설정 예

```
DocumentRoot "/var/www/html"
```

■ UserDir

아파치는 DocumentRoot 외에도 일반 사용자 계정의 홈 디렉토리를 웹으로 게시할 수 있다. UserDir 지시어는 일반 사용자의 공개 디렉터리를 지정한다. 디렉터리명은 홈 디렉터리로부터 상대 경로 혹은 절대 경로다. 예를 들어 'public_html'이라고 지정하면 웹 브라우저에서 'http://호스트명/~사용자명/'으로 접근했을 때 /home/사용자명/public_html에 접근하게 된다. disabled를 지정하면 일반 사용자의 홈 디렉터리는 공개되지 않는다. CentOS에서는 기본적으로 disabled로 지정돼 있다.

261

▶ 형식

```
UserDir_공개 디렉터리 | disabled
```

▶ UserDir 지시어 설정 예

```
UserDir public_html
```

사용자의 홈 디렉터리를 공개하면 이 설정만으로는 충분하지 않다. 지정된 디렉터리에 httpd 자식 프로세스(apache 사용자, apache 그룹으로 동작)가 접근 가능해야 한다. 홈 디렉터리의 권한은 711(rwx--x--x)로 설정한다. 또한 SELinux를 활성화시켰다면 '8.2.1 논리 매개변수 설정'에서 다뤘던 설정도 필요하다.[6]

■ DirectoryIndex

웹 브라우저에서 디렉터리 이름으로 끝나는 요청이 왔을 때 디렉터리의 인덱스 페이지로 반환할 파일을 지정한다.

▶ 형식

```
DirectoryIndex_인덱스 파일명
```

예를 들어 다음과 같이 설정했다면 URL로 파일명을 지정하지 않았을 때 디렉터리 내에 있는 index. html, index.htm, index.php가 차례대로 검색돼 제일 처음 발견된 파일이 인덱스 페이지로 표시된다.

▶ DirectoryIndex 지시어 설정 예

```
DirectoryIndex index.html index.htm index.php
```

■ Alias

DocumentRoot 트리 외 장소를 참조할 수 있도록 한다.

---

6 해당 설정은 가능하면 disabled로 놔두는 것이 좋다. 사용자가 홈 디렉터리에 저장하는 파일을 100% 신뢰할 수 없기 때문에 이 설정을 사용하지 않는 것을 권고한다.

▶ 형식

```
Alias_디렉터리_경로
```

다음 예는 'http://호스트명/images'에 접근했을 때 DocumentRoot 아래의 images 디렉터리(/var/www/html/images)가 아니라 /home/www/images를 참조하도록 설정한 것이다.

▶ Alias 지시어 설정 예

```
Alias /images /home/www/images
```

Alias 설정을 할 때 경로에 지정한 디렉터리 아래의 권한에도 주의해야 한다. 그리고 Alias를 남발하면 관리자의 관리 포인트가 많아져 설정 오류로 인한 보안 취약점이 생길 수도 있으니 주의하자.

■ ScriptAlias

CGI(Common Gateway Interface)는 웹 서버에서 프로그램을 실행해 그 결과를 클라이언트로 반환하는 기능이다. ScriptAlias 지시어에는 CGI 스크립트용 디렉터리를 지정한다. 다음과 같이 설정했다면 'http://호스트명/cgi-bin/sample.cgi'에 접근했을 때 /var/www/cgi-bin/sample.cgi가 실행된다.

▶ ScriptAlias 지시어 설정 예

```
ScriptAlias /cgi-bin/ "/var/www/cgi-bin/"
```

CGI 스크립트가 보안 취약점이 되는 경우가 종종 있으므로 CGI를 사용하지 않는다면 이 설정은 필요 없다.

COLUMN

AddHandler 지시어를 사용한 CGI 활성화

CGI를 사용하는 방법은 또 한 가지가 있다. CentOS의 기본 설정에서는 주석 처리돼 있지만 다음과 같이 활성화할 수 있다.

▶ httpd.conf(일부)

```
#AddHandler cgi-script .cgi
```

이 방법은 확장자가 'cgi'로 돼 있는 모든 파일을 CGI 프로그램으로서 이용 가능하다. 단, 관리자가 서버의 CGI 프로그램을 파악하지 못하게 되거나 부주의로 인해 CGI 프로그램 내용이 공개될 수 있다는 점도 고려해야 하므로 CGI 프로그램은 /var/www/cgi-bin 디렉터리에 모아두는 것이 좋다.

■ Options

디렉터리별로 옵션 기능을 설정할 수 있다.

▶ 형식

```
Options_옵션
```

지정할 수 있는 옵션은 표 12.6과 같다.

표 12.6 Options 지시어의 주요 옵션

옵션	설명
ExecCGI	cgi-bin디렉터리가 아닌 다른 곳에서 CGI 프로그램 실행 가능 여부
Includes	SSI(Server Side Include)허용 여부
Indexes	DirectoryIndex로 지정된 파일이 없을 때 파일 일람을 생성할지 여부
FollowSymLinks	링크된 파일 참조 여부
ALL	모든 옵션을 사용
None	모든 옵션을 사용 안함

COLUMN

SSI

SSI(Server Side Include)란 웹 서버에서 프로그램을 실행하는 기능이다. HTML 파일 안에 프로그램 코드를 작성하면 프로그램 코드 부분은 클라이언트의 요청에 따라 서버에서 실행된 후 실행 결과를 클라이언트에 전달해주는 형식이다. 또한 SSI의 확장자는 'shtml'로 되는 것이 일반적이다. SSI를 활성화하려면 Options 지시어의 'Include' 설정 외에 httpd.conf 에서 다음과 같이 설정해야 한다.

▶ SSI 설정(httpd.conf)

```
AddType text/html .shtml
AddOutputFilter INCLUDES .shtml
```

■ ServerSignature On

에러 화면에 푸터(Footer)의 출력 여부를 설정한다. 활성화되면 푸터에 아파치 버전 등이 표시된다 (그림 12.1). 비활성으로 설정해야 한다.

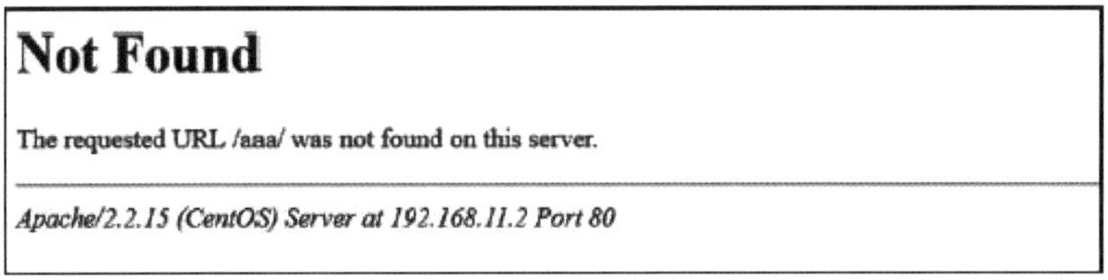

Not Found

The requested URL /aaa/ was not found on this server.

Apache/2.2.15 (CentOS) Server at 192.168.11.2 Port 80

그림 12.1 푸터 표시

▶ 형식

```
ServerSignature_On | Off
```

▶ ServerSignature 지시어 설정 예

```
ServerSignature Off
```

265

12.2.3 외부 설정 파일

httpd.conf 이외의 파일(외부 설정 파일)에 설정해 httpd.conf의 설정을 무시하도록 할 수도 있다. 예를 들어 사용자의 홈 디렉터리 내에 외부 설정 파일을 배치해 일반 사용자가 옵션을 변경할 수 있게 설정하는 것도 가능하다. 외부 설정 파일의 이름은 httpd.conf 파일 내의 AccessFileName 지시어에 지정할 수 있다. 기본값은 '.htaccess'다.

▶ AccessFileName 지시어 설정 예

```
AccessFileName .htaccess
```

외부 설정 파일의 이용을 허가하려면 httpd.conf 파일 내에 AllowOverride 지시어를 사용해 지정한다.

▶ 형식

```
AllowOverride_매개변수
```

표 12.7 AllowOverride 지시어의 매개변수

매개변수	설명
AuthConfig	인증 관련 설정을 활성화
FileInfo	파일 타입의 제어 설정을 활성화
Indexes	DirectoryIndex 등의 설정을 활성화
Limit	Order, Allow, Deny을 통한 설정을 활성화
Options	Options 설정을 활성화
All	외부 설정 파일(.htaccess)로 변경 가능한 모든 설정을 활성화
None	외부 설정 파일(.htaccess)을 통한 변경 비활성화

여러 개의 매개변수를 지정하는 경우 공백(스페이스바)으로 구분한다. 예를 들어 기본 인증과 호스트 기반 접근 제어를 외부 설정 파일로 설정하고 싶다면 다음과 같이 설정한다.

▶ AllowOverride 지시어 설정 예

```
AllowOverride AuthConfig Limit
```

외부 설정 파일은 배치된 디렉터리 이하에 적용된다. 또한 외부 설정 파일의 내용을 변경했다면 아파치를 재기동해야 한다.

12.2.4 아파치 로그

아파치는 로그를 시스템에 위임하지 않고 스스로 관리한다. 아파치 로그를 크게 나누면 두 가지가 있다. 클라이언트로부터의 접근이 기록된 접근 로그(Access Log)와 에러나 서버의 작동 사항이 기록된 에러 로그(Error Log)이다. 로그의 형식은 유연성이 있어 사용자 정의 형식으로 만들 수 있게 돼 있다.

■ 로그 레벨(Log Level)

우선 로그에 남길 레벨은 LogLevel 지시어로 지정한다. 지정 가능한 로그 레벨은 debug, info, notice, warn, error, crit, alert, emerg로 뒤로 갈 수록 출력되는 정보의 양이 줄어든다(시스템 로그의 표기와 동일).

▶ 형식

```
LogLevel_로그 레벨
```

▶ LogLevel 지시어 설정 예

```
LogLevel warn
```

■ 에러 로그(Error Log)

에러 로그 파일의 파일명은 ErrorLog 지시어에서 지정한다. 기본값은 error_log로 지정돼 있다. 로그 파일의 경로는 ServerRoot 디렉터리에서 상대 경로로 지정된다. ServerRoot는 '/etc/httpd'이기 때문에(YUM으로 설치한 경우) ErrorLog 파일은 /etc/httpd/logs/error_log가 된다. 실제로 /etc/httpd/logs 디렉터리는 /var/log/httpd 디렉터리의 심볼릭 링크(Symbolic Link)이기 때문에 로그 파일의 절대 경로는 /var/log/httpd/error_log가 된다.

▶ 형식

```
ErrorLog_로그 파일 경로
```

▶ ErrorLog 지시어 설정 예

```
ErrorLog logs/error_log
```

에러 로그에는 다음과 같은 정보가 출력된다.

▶ error_log 파일 예

```
[Sun Jun 30 08:56:03 2013] [error] [client 10.0.196.88] File does not exist: /var/www/html/
favicon.ico
[Sun Jun 30 20:41:26 2013] [error] [client 10.0.213.73] Directory index forbidden by Options
directive: /var/www/html/net
[Sun Jul 07 03:47:15 2013] [notice] SIGHUP received. Attempting to restart
```

첫 행은 '지정된 파일(여기서는 /var/www/html/favicon.ico)을 발견할 수 없음'이라는 에러다. 2행은 '디렉터리의 인덱스 생성이 금지돼 있음(URL에 디렉터리를 지정함)'이라는 에러다. 3행은 아파치 동작에 관련된 로그로 SIGHUP을 받아 재시작했다는 것을 표시한다.

■ 접근 로그 형식

아파치의 접근 로그는 클라이언트로부터의 접근 정보를 기록한다. 접근 로그 형식은 유연하게 변경할 수 있게 돼 있다. 우선 로그에 기록할 항목과 서식명을 LogFormat 지시어로 지정한다.

▶ 형식

```
LogFormat_포맷_서식명
```

예를 들어 'common'이라는 서식명으로 정의하고 싶다면 다음과 같이 설정한다.

▶ LogFormat 지시어 설정 예

```
LogFormat "%h %l %u %t \"%r\" %>s %b" common
```

로그 포맷 서식에서 이용 가능한 포맷 문자열은 표 12.8과 같다.

표 12.8 로그 포맷에서 주로 사용하는 포맷 문자열

포맷 문자열	설명
%a	원격 IP 주소
%A	로컬 IP 주소
%b	클라이언트로 전송된 HTTP 헤더 이외의 바이트 수
%f	파일명
%h	원격 호스트(클라이언트)
%H	요청 프로토콜
%l	원격 로그 이름
%m	원격 메서드
%r	요청받은 최초 행
%t	서버가 요청 처리를 끝낸 시각
%T	요청 처리에 걸린 시간
%u	요청한 사용자명
%U	요청 받은 URL
%>s	서버의 상태 코드
%{Referer}i	요청 내 Referer 헤더 내용(링크 원본 주소)
%{User-agent}i	요청 내 User-agent 헤더 내용(클라이언트 소프트웨어)

CentOS 6의 httpd.conf에는 기본값으로 'combined', 'common', 'referer', 'agent'라는 4개의 로그 서식이 준비돼 있다. 그대로 사용해도 상관없고, 사용자 설정을 해도 상관없다.

▶ 4개의 로그 형식

```
LogFormat "%h %l %u %t \"%r\" %>s %b \"%{Referer}i\" \"%{User-Agent}i\"" combined
LogFormat "%h %l %u %t \"%r\" %>s %b" common
LogFormat "%{Referer}i -> %U" referer
LogFormat "%{User-agent}i" agent
```

■ 접근 로그

LogFormat 지시어로 규정한 포맷의 로그를 어떤 파일로 저장할지에 대한 설정은 CustomLog 지시어로 지정한다.

▶ 형식

```
CustomLog 로그 파일명 로그 서식명
```

다음 설정에서는 combined 형식으로 logs/access_log 파일에 접근 로그를 저장한다. 로그 파일의 경로는 ServerRoot로부터 상대 경로가 된다. 기본값으로는 /var/log/httpd/access_log 파일에 저장된다.

▶ CustomLog 지시어 설정 예

```
CustomLog logs/access_log combined
```

링크 원본 주소를 기록하는 리퍼러 로그(Referer Log)와 클라이언트 소프트웨어를 기록하는 에이전트 로그(Agent Log)도 사용할 수 있도록 httpd.conf 파일에 주석으로 준비돼 있다.

▶ httpd.conf(일부)

```
#CustomLog logs/referer_log referer
#CustomLog logs/agent_log agent
```

위의 주석을 해제하면 다음과 같은 로그 파일이 출력된다.

▶ referer_log 예

```
http://linux.example.com/centos/ -> /centos/index.html
http://centos.example.net/vm/ -> /vm/index.html
```

▶ agent_log 예

```
Mozilla/5.0(Windows NT 6.1; WOW64; rv:22.0) Gecko/20100101 Firefox/22.0
Mozilla/4.0(compatible; MSIE 8.0; Windows NT 5.1; Trident/4.0; .NET CLR 2.0.50727; .NET4.0C;
.NET CLR 3.0.04506.30; .NET CLR 3.0.4506.2152; .NET CLR 3.5.30729)
Safari/7536.30.1 CFNetwork/520.5.1 Darwin/11.4.2(x86_64) (Macmini5%2C1)
```

12.2.5 httpd.conf 기타 설정

지금까지 살펴본 설정 외에도 httpd.conf 설정 항목은 많이 있다. 대표적인 것을 표 12.9에 모아 보았다.

표 12.9 httpd.conf 파일의 주요 설정 항목

설정 예	설명
ServerRoot "/etc/httpd"	아파치 설정의 기점이 되는 디렉터리
Listen 80	80번 포트로 수신 대기(80번 포트 오픈)
Timeout 120	타임 아웃 까지의 시간(초)
KeepAlive Off	세션 지속 시간 비활성화(TCP 세션 유지하지 않음)
StartServers 8	아파치 시작 시 httpd 자식 프로세스 수
MinSpareServers 5	대기 중 최소 프로세스 수
MaxSpareServers 20	대기 중 최대 프로세스 수
MaxClients 256	최대 자식 프로세스 수
LoadModule auth_module modules/mod_auth.so	불러올 모듈
ServerAdmin webmaster@example.com	관리자 메일 주소
HostnameLookups Off	로그용 호스트 이름의 역방향 조회를 하지 않음

12.3 사용자 인증과 호스트 기반 접근 제어

지정한 디렉터리 이하에 접근할 때 사용자명과 패스워드가 없으면 접근을 거부하도록 제어를 하는 것도 가능하다. 사용자 인증에는 기본 인증(BASIC 인증) 또는 다이제스트 인증(Digest 인증)을 사용할 수 있다. 또한 IP 주소나 호스트명에 따른 호스트 기반 접근 제어도 가능하다.

12.3.1 기본 인증

기본 인증을 사용하려면 httpd.conf에 사용자 인증 설정을 추가하고 전용 패스워드 파일을 준비한다. 다음은 기본 인증을 사용하기 위한 httpd.conf 설정 예다.

▶ 기본 인증 설정

```
<Directory "/var/www/html/private">
    AuthType Basic
    AuthName "Please Enter Your ID and Password."
    AuthUserFile /etc/httpd/conf/private_htpasswd
    Require valid-user
</Directory>
```

이 예에서는 /var/www/html/private 이하의 디렉터리에 접근할 때 사용자명과 패스워드를 요구한다.

표 12.10 기본 인증과 관련된 지시어

지시어	설명
AuthType	기본 인증의 경우 'Basic'
AuthName	인증 시 대화 상자에 출력되는 메시지
AuthUserFile	패스워드 파일명
AuthGroupFile	인증할 그룹 파일명
Require	접근 가능한 사용자(사용자명 또는 valid-user)

패스워드 파일은 일반적으로 '.htpasswd'라는 파일명을 사용한다. 'Require valid-user'라고 설정하면 패스워드 파일의 항목에 있는 모든 사용자의 접근이 허용된다. valid-user 대신 'user 사용자 1 사용자 2…'과 같이 사용자명을 나열하면 지정한 사용자의 접근만을 허용한다.

인증에 사용할 사용자명과 패스워드는 리눅스 시스템 계정과는 별개로 관리한다.[7] 기본 인증 사용자 설정은 htpasswd 명령을 사용한다.

▶ 형식

```
htpasswd_[옵션]_파일명_사용자명
```

---

7 LDAP 등을 사용한 시스템 계정을 그대로 이용할 수도 있다.

표 12.11 htpasswd 명령의 주요 옵션

옵션	설명
-c	패스워드 파일을 신규 작성
-m	MD5로 암호화[7]
-s	SHA1으로 암호화
-D	사용자 삭제

다음은 /etc/httpd/conf/private_htpasswd를 패스워드 파일로서 생성하고 centuser라는 이름의 사용자를 만드는 예다.

▶ 기본 인증 사용자 생성

```
# htpasswd -c /etc/httpd/conf/private_htpasswd centuser ⏎
New password:          ◄─────────────────────────────────── 패스워드 입력
Re-type new password:  ◄─────────────────────────────────── 패스워드 재입력
Adding password for user centuser
```

웹 브라우저에서 접근 가능한 DocumentRoot 이하의 디렉터리에 패스워드 파일을 저장하고 있다면 웹 브라우저로 패스워드 파일에 접근할 수 있으므로 주의해야 한다. 파일명을 '.htpasswd' 등 '.ht'로 시작하는 이름으로 하면 웹 브라우저로부터 접근을 막을 수 있다. 기본적으로는 다음의 설정과 같이 '.ht'로 시작하는 파일에 접근할 수 없도록 설정돼 있다.

▶ '.ht'로 시작하는 파일에 접근할 수 없도록 httpd.conf 설정

```
<Files ~ "^\.ht">
    Order allow,deny
    Deny from all
    Satisfy All
</Files>
```

htpasswd 명령을 사용해 만들어진 사용자 패스워드를 변경할 때도 패스워드 파일을 지정해야 한다. 다음은 centuser 사용자의 패스워드를 변경하는 예다.

▶ 사용자 패스워드 변경

```
# htpasswd /etc/httpd/conf/private_htpasswd centuser ⏎
```

패스워드 파일은 한 행에 한 명의 사용자 정보를 가지고 있다.

▶ 기본 인증 패스워드 파일 내용 예

```
centuser:SX4P4r5fNw3so
```

-m 옵션을 같이 쓰면 패스워드를 MD5로 암호화한다. 기본 설정보다 약간 무차별 대응 공격에 대
해 보안성이 높아진다.

▶ MD5를 통한 사용자 패스워드 암호화 설정

```
# htpasswd -m /etc/httpd/conf/private_htpasswd centuser ↵
```

▶ 기본 인증 패스워드 파일 내용 예(MD5)

```
centuser:$apr1$7ZkCIHK8$HT0k8q08ZB9AAwc.E2/mB0
```

사용자 단위가 아니라 그룹 단위로 기본 인증 설정을 할 때는 AuthGroupFile로 그룹 패스워드 파
일을 지정한다. 패스워드 파일에는 다음과 같은 형식으로 사용자를 지정한다.

▶ 형식

```
그룹명:_사용자명1_사용자명2...
```

지정한 사용자는 각각 htpasswd 명령어로 패스워드를 설정해두자. 또한 require 지시어도 다음과
같이 지정해야 한다.

▶ 형식

```
require_group_그룹명
```

12.3.2 다이제스트 인증

기본 인증은 패스워드가 평문인 채로 네트워크에 전송되기 때문에 SSL/TLS 등의 암호화 통신 기능
이 없다면 위험하다. 다이제스트 인증은 문구-응답 방식으로 인증을 수행하기 때문에 네트워크 감

청이 되더라도 즉시 암호가 노출되지 않는다. 설정은 기본 인증과 거의 같지만, AuthType 지시어에 'Digest'라고 지정해야 한다.[8]

▶ 다이제스트 인증 설정 예

```
<Directory "/var/www/html/secret">
    AuthType Digest
    AuthName "Secret"
    AuthUserFile /etc/httpd/conf/secret_htdigest
    Require valid-user
</Directory>
```

이 예는 /var/www/html/secret 이하의 디렉터리에 접근할 때 사용자 이름과 패스워드를 요구하도록 설정한 것이다.

표 12.12 다이제스트 인증 관련 지시어

지시어	설명
AuthType	인증 타입 설정(Digest로 설정)
AuthName	인증 영역 이름
AuthUserFile	패스워드 파일명
AuthGroupFile	인증할 그룹 파일명
Require	접근 가능한 사용자(사용자명 또는 valid-user)

AuthName 지시어는 기본 인증과는 달리 사용자 인증을 할 영역을 지정한다. 영역명이 다르면 같은 패스워드 파일을 사용해 인증하더라도 인증이 되지 않기 때문에 주의해야 한다. 다이제스트 인증을 위한 사용자 생성이나 패스워드 변경을 할 때는 htdigest 명령을 사용한다.

▶ 형식

```
htdigest_[-c]_파일명_영역_사용자명
```

---

8 문구─응답(Challenge-Response) 방식은 서버에서 보내온 난수와 클라이언트의 정보를 해시 값으로 만들어 서버의 기대 값과 비교해 인증하는 방식이다.

　　문구(Challenge) : 접속 시도를 할 때마다 서버에서 새로운 난수를 생성해서 클라이언트로 전송

　　응답(Response) : 서버에서 받은 난수를 이용해 매번 새로운 응답을 서버로 전송

다음은 centuser 계정을 생성할 때 /etc/httpd/conf/secret_htdigest를 패스워드 파일로, 영역명을 'secret'으로 설정한 예다.

▶ 다이제스트 인증 사용자 생성

```
# htdigest -c /etc/httpd/conf/secret_htdigest secret centuser ⏎
Adding password for centuser in realm secret.
New password:          ◀──────────────────────────────  패스워드 입력
Re-type new password:  ◀──────────────────────────────  패스워드 재입력
```

패스워드 파일 내용은 다음과 같다.

▶ 다이제스트 인증 패스워드 파일 내용 예

```
centuser:secret:799a5c785fe4b191133d860c9112a25c
```

12.3.3 호스트 기반 접근 제어

Order, Allow, Deny 지시어를 사용해 IP 주소 또는 호스트명, 도메인명 단위로 접근 제어를 설정할 수 있다.

▶ 형식

```
Order_allow | deny
Allow_from_IP 주소 또는 호스트명 · 도메인명
Deny_from_IP 주소 또는 호스트명 · 도메인명
```

Allow 지시어에는 접근을 허용할 호스트를, Deny 지시어에는 접근을 거부할 호스트를 지정한다. Order 지시어에는 Allow와 Deny의 적용 순서를 지정한다. 패턴은 2가지로 설정할 수 있다(표 12.13).

표 12.13 Order 지시어

설정	적용 순서	기본 동작
Order allow,deny	Allow→ Deny	거부
Order deny,allow	Deny→ Allow	허용

172.31.0.0/16 네트워크의 호스트로부터는 접근을 거부하고 그 외의 호스트에서는 접근을 허용하고 싶다면 어떻게 설정해야 할지 생각해보자. 2가지 패턴을 설정할 수 있다.

▶ 호스트 기반 접근 제어 · 설정 예(1)

```
Order allow,deny
Allow from all
Deny from 172.31.0.0/16
```

▶ 호스트 기반 접근 제어 · 설정 예(2)

```
Order deny,allow
Deny from 172.31.0.0/16
```

다음은 172.31.0.0/16 네트워크의 호스트로부터는 접근을 거부(예외적으로 172.31.0.1 호스트는 허용)하고 그 이외의 호스트로부터는 접근을 허용하는 설정 예다.

▶ 호스트 기반 접근 제어 · 설정 예(3)

```
Order deny,allow
Deny from 172.31.0.0/16
Allow from 172.31.0.1
```

12.4 SSL/TLS 설정

아파치에 SSL/TLS를 적용하면 웹 서버와 클라이언트 간 통신을 암호화할 수 있다.

12.4.1 SSL/TLS 설치 및 설정

아파치의 SSL/TLS 기능은 mod_ssl 모듈을 통해 제공된다. openssl 패키지를 설치하는 것만으로는 아파치에서 SSL/TLS 기능을 사용할 수 없다. 반드시 mod_ssl 패키지가 설치돼 있어야 하며, 패키지가 설치됐는지 확인하려면 다음과 같이 확인한다.

▶ mod_ssl 설치 여부 확인

```
$ rpm -q mod_ssl ⏎
mod_ssl-2.2.15-28.el6.centos.x86_64
```

설치돼 있지 않다면 다음 명령어를 통해 설치한다.

▶ mod_ssl 설치

```
# yum install mod_ssl ⏎
```

SSL/TLS 설정은 /etc/httpd/conf.d/ssl.conf 파일에서 할 수 있다.

▶ /etc/httpd/conf.d/ssl.conf 설정 예(일부)

```
# 통신할 포트
Listen 443

# 가상 호스트 설정
<VirtualHost _default_:443>
# 로그 파일 및 로그 레벨 설정
ErrorLog logs/ssl_error_log
TransferLog logs/ssl_access_log
LogLevel warn
CustomLog logs/ssl_request_log \
    "%t %h %{SSL_PROTOCOL}x %{SSL_CIPHER}x \"%r\" %b"

# 서버 인증서 파일
SSLCertificateFile /etc/pki/tls/certs/localhost.crt

# 서버 키 파일
SSLCertificateKeyFile /etc/pki/tls/private/localhost.key
</VirtualHost>
```

/etc/pki/tls/certs/localhost.crt 및 /etc/pki/tls/private/localhost.key는 기본값으로 준비된 파일명이다. 그대로 놔둬도 사용할 수 있으나, 2장에서 서버 키와 서버 인증서를 작성한 것이 있으므로 그때 작성한 파일명으로 변경하겠다.

▶ 서버 인증서 및 서버 키 경로 변경

```
SSLCertificateFile /etc/pki/tls/certs/windsor.example.com.crt
SSLCertificateKeyFile /etc/pki/tls/private/windsor.example.com.key
```

아파치를 재시작하면 암호문구를 물어온다.

▶ 아파치 재시작

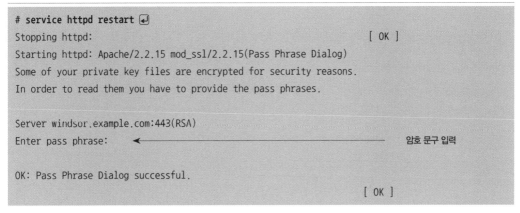

netstat 명령어로 열려있는 포트를 확인해 보면 'https'(443번 포트)가 LISTEN 상태로 있는 것을 확인할 수 있다.

▶ 열려 있는 포트 확인

```
# netstat -at
Active Internet connections(servers and established)
Proto    Recv-Q   Send-Q   Local Address     Foreign Address   State
(생략)
tcp      0        0        *:https           *:*               LISTEN
```

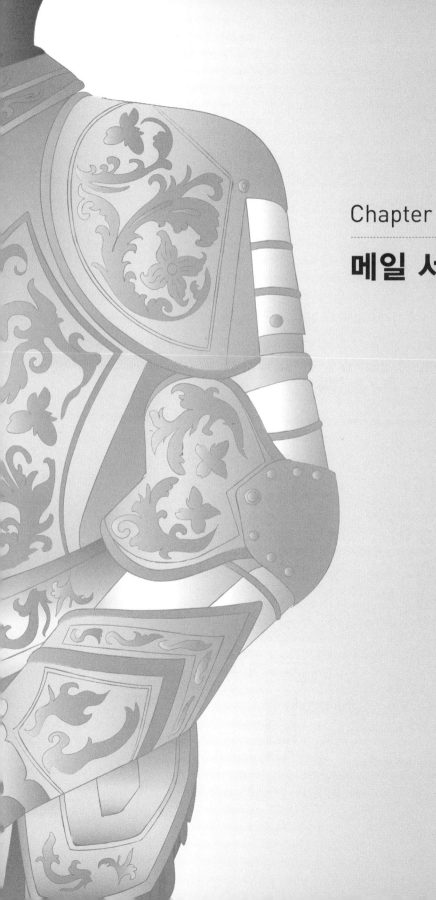

리눅스에서 사용하는 SMTP 서버로는 Postfix, sendmail, exim 등이 있다. CentOS에서는 Postfix가 기본으로 설치된다. 이 책에서도 Postfix를 중심으로 다룬다.

13.1 메일 서버 기초

우선 메일 서비스의 개요를 알아보고, 메일 서버 설치 방법을 살펴보자.

13.1.1 메일 서버 구조

메일을 처리하는 소프트웨어에는 MTA(Message Transfer Agent), MDA(Mail Delivery Agent), MUA(Mail User Agent)가 있다. 일반적으로 메일 서버라고 불리는 것은 MTA다. 메일 클라이언트 소프트(MUA)가 작성한 메일을 받은 MTA는 사용자의 메일함에 메일을 전송한다. 그 역할을 하는 것이 MDA다. 사용자는 메일 박스에 도착한 메일을 메일 클라이언트(MUA)로 열어볼 수 있다.

사용자가 작성한 메일이 상대방에게 도착할 때까지의 흐름을 간단하게 나타내면 그림 13.1과 같다.

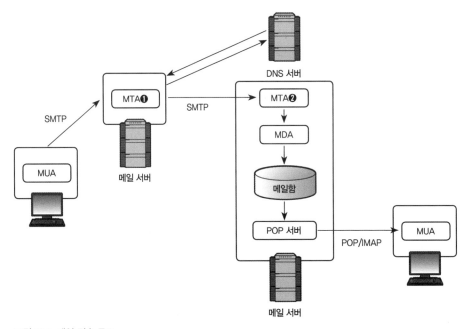

그림 13.1 메일 전송 구조

메일 클라이언트로부터 메일을 받은 메일 서버 MTA❶은 우선 DNS 서버에 질의해 전송처 MTA를 확인[1]하고 MTA❷에 메일을 전송(릴레이-Relay)한다. MTA❷는 메일을 받으면 로컬 전송 프로그램인 MDA로 전송을 하고, MDA는 대상 사용자의 메일함에 메일을 저장한다. 받는 쪽 사용자의 메일 클라이언트는 POP 서버 또는 IMAP 서버를 거쳐 메일함으로부터 메일을 받아온다.

메일 클라이언트(MUA)에서 MTA로 메일을 보낼 때와 MTA로부터 MTA로 메일이 릴레이 될 때 SMTP(Simple Mail Transfer Protocol) 프로토콜을 이용한다. 그래서 MTA는 SMTP 서버라고도 한다. SMTP는 25번 포트를 사용한다.

한편 MUA가 메일을 받을 때는 POP(Post Office Protocol)이나 IMAP(Internet Message Access Protocol)이라는 프로토콜을 이용한다. 현재는 POP 버전 3인 POP3와 IMAP 버전 4인 IMAP4가 주로 사용되고 있다. POP3는 메일을 로컬에 다운로드하는데 반해 IMAP은 메일 서버에 메일을 둔 채로 작업한다. POP3은 110번 포트를, IMAP4는 143번 포트를 사용한다.

HTTP와 같이 SMTP나 POP3도 텍스트 기반 프로토콜이다. 주요 메서드(명령)은 표 13.1과 같다.

표 13.1 SMTP의 주요 메서드

메서드	설명
HELO 호스트	SMTP 세션 개시
EHLO 호스트	확장 HELO
MAIL FROM: 송신자	메일 송신자 지정
RCPT TO: 수신자	메일 수신자 지정
DATA	메일 본문 개시('.'으로 종료)
QUIT	SMTP 세션 종료
VRFY 사용자	사용자 확인
EXPN 사용자	사용자 별칭 확인

telnet[2]을 사용하면 SMTP를 사용해 직접 SMTP 서버와 통신할 수 있다. 다음 예에서는 windsor.example.com에 연결해 메일을 송신하고 있다.

---

1 그때 참조되는 것이 MX 레코드다.

2 telnet 명령이 설치되지 않았다면 telnet 패키지를 설치해야 한다.

▶ telnet으로 SMTP 서버 접속

```
$ telnet windsor.example.com 25 ↵          ◀──────────────────────  25번 포트로 접속
Trying ::1...
Connected to localhost.
Escape character is '^]'.
220 windsor.example.com ESMTP Postfix
HELO windsor.example.com SMTP ↵     ◀──────────────────────  SMTP 세션 개시
250 windsor.example.com
MAIL FROM: centuser@windsor.example.com ↵  ◀──────────────  메일 송신자 지정
250 2.1.0 Ok
RCPT TO: ynakajim@windsor.example.com ↵   ◀──────────────  메일 수신자 지정
250 2.1.5 Ok
DATA ↵   ◀──────────────────────────────────────────────  메일 본문 게시
354 End data with <CR><LF>.<CR><LF>
From: centuser@windsor.example.com   ◀──────────────────  여기서부터 메일 본문 입력
Subject: testmail
Hello, CentOS.
. ↵   ◀───────────────────────────────────────────────  메일 본문 입력 종료
250 2.0.0 Ok: queued as 9A4112C0196
QUIT ↵   ◀──────────────────────────────────────────────  SMTP 세션 종료
221 2.0.0 Bye
Connection closed by foreign host.
```

SMTP에서는 패스워드 등을 사용한 인증을 수행하지 않는다는 점에 주목하자.

13.1.2 Postfix 설치 및 기본

Postfix는 여러 리눅스 배포판에서 표준으로 채택하고 있는 MTA다. CentOS에서 Postfix는 postfix 패키지로 제공돼 리눅스 설치 시 기본적으로 설치할 수 있다. 설치 여부는 다음과 같이 확인할 수 있다.

▶ postfix 패키지 확인

```
$ rpm -q postfix ↵
postfix-2.6.6-2.2.el6_1.x86_64
```

Postfix는 새로 개발된 MTA이나, 한때 표준으로서 널리 사용된 MTA인 sendmail과 호환성을 가지고 있다. Postfix는 단일 데몬 프로그램이 아니라 여러 개의 프로그램이 함께 작동한다(표 13.2).

표 13.2 Postfix를 구성하는 주요 프로그램

프로그램	역할
sendmail	sendmail 호환 인터페이스
smtpd	외부 전송 처리
pickup	maildrop 대기열(Cue)을 감시해 내부 전달 처리
cleanup	헤더의 재작성 등을 수행하고 incoming 대기열에 넣어 qmgr에 통보
qmgr	대기열 내의 메일을 전송 프로그램으로 전달
nqmgr	qmgr과 같으나 전달 알고리즘이 다름
master	전체를 제어하는 데몬
bounce	바운스 메일(Bounce mail – 설정 미흡 등으로 왔다 갔다 하는)을 처리

13.1.3 Dovecot 설치 및 기본

CentOS에는 POP/IMAP 서버로 Dovecot을 채택하고 있다.[3] Dovecot이 설치돼 있는지 확인하려면 다음과 같이 한다.

▶ dovecot 패키지 확인

```
$ rpm -q dovecot ⏎
dovecot-2.0.9-5.el6.x86_64
```

설치되지 않았다면 다음과 같이 설치한다.

▶ dovecot 설치

```
# yum install dovecot ⏎
```

---

3 CentOS에서 POP/IMAP 서버로 Cyrus IMAP(cyrus-imapd 패키지)도 제공하고 있다.

13.1.4 메일 서버 보안 요점

메일 서버 보안 관련해서 중요한 사항을 정리해보자.

■ 메일 서버 자체

다른 소프트웨어와 같이 메일 서버 자체에 보안 취약점이 되는 버그가 포함될 가능성이 있다. 언제나 최신 버전으로 유지하자. 또한 설정 미흡이 보안 취약점을 발생시킬 수도 있다. 충분히 이해한 뒤 설정을 변경하자.

■ 무단 릴레이(Relay-중계) 금지

SMTP에는 원래 인증 기능이 포함돼 있지 않다. 즉, 누구나 MTA를 사용할 수 있다는 뜻이다. 불특정 다수의 메일 릴레이를 허용한다면 외부인이 스팸 메일을 보내는 도구로 MTA를 악용할 수 있다.

■ 바이러스 대책

바이러스의 상당수는 메일의 첨부 파일로 전파된다. 메일 서버에 백신 소프트웨어를 설치해 메일함 내의 메일을 체크하도록 해야 한다. 백신 소프트웨어에 대한 내용은 5장을 참조하자.

■ 사용자 로그인 금지

메일 서버만 사용하는 사용자라면 로그인해서 작업할 필요가 없다. 메일 보내기만을 하는 서버라면 사용자가 로그인할 수 없도록 새로운 사용자 계정을 만들 때 기본 셸을 비활성화해야 한다.

▶ 신규 계정 발급 시 셸 로그인 비활성화

```
# useradd -s /sbin/nologin newuser ↵
```

13.2 안전한 Postfix 설정

Postfix는 기본 설정만으로도 안전하게 작동되지만 보다 보안성을 높여 운영할 수 있도록 기능과 설정을 살펴보자.

13.2.1 Postfix 기본 설정

Postfix의 설정은 /etc/postfix/main.cf 와 /etc/postfix/master.cf 파일에서 할 수 있다. main.cf 는 MTA로서의 기본 설정 파일이다. main.cf 파일의 형식은 다음과 같다.

▶ 형식

```
설정 항목명_=_매개 변수[, 매개 변수 ...]
```

'#'으로 시작하는 행은 주석 행이다.

행의 제일 앞에 공백(스페이스 혹은 탭)이 있다면 이전 행에서 이어지는 행으로 간주한다. 한 행이 길어지면 적당히 줄 바꿈을 하는 것이 좋다.

설정 항목의 매개 변수는 설정 파일 내 어느 위치에서건 '$설정 항목명'으로 작성해 변수처럼 사용할 수 있다. main.cf에서 '$설정 항목명' 표기가 많이 사용된다. 다음은 main.cf 파일 설정 예다.

▶ /etc/postfix/main.cf 설정 예(일부)

```
# 호스트명
myhostname = windsor.example.com

# 도메인명
mydomain = example.com

# 메일 주소에서 '@' 이후에 사용될 도메인명
myorigin = $mydomain

# SMTP 연결을 기다릴 네트워크 인터페이스
inet_interfaces = all
# IPv4 / IPv6의 동작을 all/ipv4/ipv6로 설정
inet_protocols = all

# 로컬 전송을 할 도메인명(메일을 받을 도메인명)
mydestination = $myhostname, localhost.$mydomain, localhost

# 릴레이를 허용하는 SMTP 클라이언트의 주소
mynetworks = 192.168.11.0/24, 127.0.0.0/8

# 메일 스풀(Spool) 디렉터리
mail_spool_directory = /var/spool/mail
```

리눅스의 메일함은 /var/mail 디렉터리에 한 사용자마다 하나의 파일로 저장되는 mbox 형식과 사용자의 홈 디렉터리 아래에 메일 하나당 하나의 파일로 저장되는 Maildir 형식이 있다. mbox 형식은 예전부터 유닉스 계열 운영체제에서 사용되던 방식으로, 하나의 파일에 모든 메일을 저장하기 때문에 파일이 손상되면 모든 메일을 잃게 된다. Postfix는 mbox와 Maildir 형식 모두 지원하고 있다. 기본값은 mbox 형식이다.

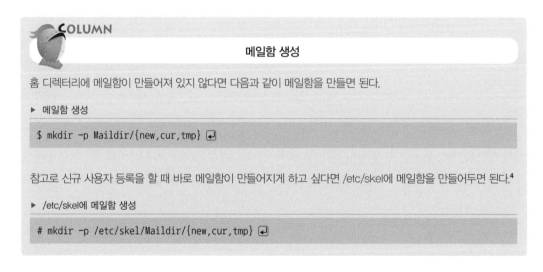

COLUMN

메일함 생성

홈 디렉터리에 메일함이 만들어져 있지 않다면 다음과 같이 메일함을 만들면 된다.

▶ 메일함 생성

```
$ mkdir -p Maildir/{new,cur,tmp} ↵
```

참고로 신규 사용자 등록을 할 때 바로 메일함이 만들어지게 하고 싶다면 /etc/skel에 메일함을 만들어두면 된다.[4]

▶ /etc/skel에 메일함 생성

```
# mkdir -p /etc/skel/Maildir/{new,cur,tmp} ↵
```

master.cf는 Postfix를 구성하는 각종 데몬의 설정 파일이다. 일반적으로 많이 변경할 필요는 없다. 다음은 master.cf 파일의 설정 예다.

---

[4] /etc/skel 디렉터리 아래에 만들어둔 파일이나 디렉터리는 신규 사용자 등록 시 신규 사용자의 홈 디렉터리에 자동으로 복사된다. 일반적으로는 아래와 같이 설정한다.

```
# cd /etc/skel
# mkdir Maildir Maildir/cur Maildir/new Maildir/tmp
# chmod -R 0700 /etc/skel/Maildir
```

▶ /etc/postfix/master.cf 설정 예

```
# ======================================================
# service type   private  unpriv   chroot   wakeup   maxproc   command + args
#                (yes)    (yes)    (yes)    (never)  (100)
# ======================================================
smtp      inet   n        -        n        -        -         smtpd
pickup    fifo   n        -        n        60       1         pickup
cleanup   unix   n        -        n        -        0         cleanup
qmgr      fifo   n        -        n        300      1         qmgr
#qmgr     fifo   n        -        n        300      1         oqmgr
tlsmgr    unix   -        -        n        1000?    1         tlsmgr
rewrite   unix   -        -        n        -        -         trivial-rewrite
bounce    unix   -        -        n        -        0         bounce
defer     unix   -        -        n        -        0         bounce
trace     unix   -        -        n        -        0         bounce
verify    unix   -        -        n        -        1         verify
(이하 생략)
```

13.2.2 main.cf 주요 설정

여기서는 메일 서버의 운영상 중요한 설정 항목 및 보안상 주의가 필요한 설정 항목을 중점적으로 소개한다.

■ myhostname

호스트명을 FQDN으로 지정한다. 기본값으로는 주석 처리돼 있다. 주석을 없애고 설정을 기재한다.

▶ myhostname 매개 변수 설정 예

```
myhostname = windsor.example.com
```

■ mydomain

메일 서버의 도메인명을 지정한다. 이 매개변수도 기본적으로 주석 처리돼 있다. 주석을 없애고 기재한다.

▶ mydomain 매개 변수 설정 예

```
mydomain = example.com
```

■ myorigin

메일 주소의 '@' 이후가 지정되지 않았을 때 기본적으로 완성할 값을 지정한다. 기본값으로는 호스트명이 되는 설정 'myorigin = $myhostname'과 도메인명이 되는 설정 'myorigin = $mydomain' 둘 다 주석으로 기재돼 있으니 한 곳의 주석을 삭제해 설정한다.

▶ myorigin 매개 변수 설정 예

```
myorigin = $mydomain
```

이 책에서는 mydomain 매개 변수에 설정한 값인 'example.com'을 지정하고 있다.

■ inet_interfaces

SMTP 연결을 대기할 네트워크 인터페이스를 지정한다. 기본값은 'localhost'로 돼 있어 다른 SMTP 서버로부터의 연결을 허용하지 않는다. 'all'로 설정하면 서버의 모든 네트워크 인터페이스가 연결을 대기한다.

▶ inet_interfaces 매개 변수 설정 예

```
inet_interfaces = all
```

■ mydestination

로컬 전송을 할 도메인명, 즉 메일을 받을 도메인명을 지정한다. 여기서 지정된 도메인명이 메일의 수신처가 맞다면 메일을 받아서 로컬 사용자에게 전달해준다. 일부 설정 예가 주석으로 적혀 있으며 기본값으로는 다음 설정이 활성화돼 있다.

▶ mydestination 매개 변수 설정 예

```
mydestination = $myhostname, localhost.$mydomain, localhost
```

이 책의 예에서는 '사용자@windsor.example.com', '사용자@localhost.example.com', '사용자@localhost' 형식의 주소를 사용하면 메일을 받아 처리한다.

■ mynetworks

릴레이를 허용하는 호스트가 존재하는 내부 네트워크 주소를 지정한다. 여기에 지정한 주소로부터 온 메일은 무조건 릴레이 된다.

▶ mynetworks 매개 변수 설정 예

```
mynetworks = 192.168.11.0/24, 127.0.0.0/8
```

■ smtpd_banner

SMTP의 응답 코드에 출력되는 배너 정보를 지정한다. 기본값으로 다음 설정이 주석 처리된 채 기재돼 있다.

▶ smtpd_banner 매개 변수의 기본 설정 값

```
#smtpd_banner = $myhostname ESMTP $mail_name
#smtpd_banner = $myhostname ESMTP $mail_name($mail_version)
```

윗줄은 호스트명과 메일 서버의 소프트웨어가, 아랫줄은 윗줄에 추가로 메일 서버 버전까지 표시되는 설정이다. 기본값은 윗줄이다.

▶ 호스트명과 메일 서버 소프트웨어 표시

```
220 windsor.example.com ESMTP Postfix
```

▶ 호스트명과 메일 서버 소프트웨어, 버전 표시

```
220 windsor.example.com ESMTP Postfix(2.6.6)
```

이런 정보는 공격자에게 있어 유용한 정보가 되기 때문에 가능한 적게 노출하는 것이 좋다. 단, $myhostname은 삭제하지 않도록 해야 한다.

▶ smtpd_banner 매개 변수 설정 예

```
smtpd_banner = $myhostname ESMTP
```

■ disable_vrfy_command

SMTP의 VRFY 명령을 금지한다. VRFY 명령을 사용하면 메일 서버에 어떤 계정이 있는지 알려질 가능성이 있다. 그 정보를 토대로 공격 등 부정한 사용으로 이어질 수 있으므로 VRFY 명령은 금지 해야 한다. 금지해도 메일 서버의 운영에는 아무런 지장이 없다. 해당 설정은 main.cf 파일에 기재 돼 있지 않다.

▶ disable_vrfy_command 매개 변수 설정 예

```
disable_vrfy_command = yes
```

■ smtpd_helo_required

SMTP 개시를 할 때 HELO/EHLO 명령을 필수로 할지를 지정한다. yes로 지정하면 스팸 메일을 억제할 수 있다. 해당 설정은 main.cf 파일에 기재돼 있지 않다.

▶ smtpd_helo_required 매개 변수 설정 예

```
smtpd_helo_required = yes
```

■ smtpd_recipient_restrictions

다른 SMTP 서버로부터 수신한 메일의 릴레이 제한을 설정한다. 표 13.3의 매개 변수를 ','로 구분해 지정한다.

표 13.3 smtpd_recipient_restrictions 설정 값

설정 값	설명
permit_mynetworks	$mynetworks에 지정한 호스트로부터는 허가
check_relay_domains	$mydestination, $inet_interfaces, $relay_domains 등에 일치하면 허가
reject	조건에 일치하지 않는 것은 거부
permit	조건에 일치하지 않는 것도 허가

reject 또는 permit은 마지막에 지정한다. 이들보다 앞에 지정한 설정값의 조건에 맞지 않는 것을 거부한다면 reject를, 허가하고 싶다면 permit을 지정한다. 일반적으로 reject를 지정한다.

▶ smtpd_recipient_restrictions 설정 예

```
smtpd_recipient_restrictions = permit_mynetworks,
                               check_relay_domains,
                               reject
```

■ smtpd_sender_restrictions

메일을 보낸 주소를 확인해 수신할지 여부를 판단한다. 표 13.4의 매개 변수를 ','으로 구분해 지정한다.

표 13.4 smtpd_sender_restrictions 설정 값

설정 값	설명
reject_non_fqdn_sender	FQDN이 사용되지 않은 계정은 수신 거부
reject_unknown_sender_domain	DNS에 등록되지 않은 도메인은 수신 거부

▶ smtpd_sender_restrictions 설정 예

```
smtpd_sender_restrictions = reject_non_fqdn_sender,
                            reject_unknown_sender_domain
```

13.2.3 설정 반영 및 확인

설정을 반영하려면 service 명령을 사용해 설정을 다시 읽어와야[5] 한다.

▶ 설정 파일 다시 읽어오기

```
# service postfix reload ↵
```

---

5 일부 설정에 대해서는 다시 읽어오는 것이 아니라 재시작(restart)하지 않으면 안 되는 것도 있다.

postconf −n 명령을 실행하면 기본값에서 변경된 항목만 표시한다.

▶ 기본값에서 변경된 설정 표시

```
# postconf -n ⏎
alias_database = hash:/etc/aliases
alias_maps = hash:/etc/aliases
command_directory = /usr/sbin
config_directory = /etc/postfix
daemon_directory = /usr/libexec/postfix
data_directory = /var/lib/postfix
(이하 생략)
```

COLUMN

오픈 릴레이(Open Relay) 확인

Postfix의 설정이 미흡하면 제삼자가 메일 서버를 악용할 가능성이 있다(오픈 릴레이). 대부분은 스팸 메일을 발송하는 데 악용된다. 오픈 릴레이가 되지 않도록 설정돼 있는지는 다음 사이트에서 확인할 수 있다.[6] 메일 서버를 운영하게 된다면 확인해 보는 것이 좋다.[7]

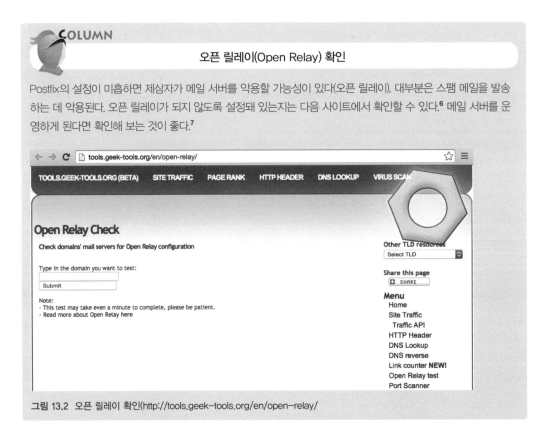

그림 13.2 오픈 릴레이 확인(http://tools.geek−tools.org/en/open−relay/)

---

6 사이트 외에도 스크립트 등을 이용한 확인이 가능하다. 아래 사이트에서 내려받을 수 있다. Perl 스크립트이기에 반드시 Perl이 설치돼 있어야 한다.
mrt−www.monkeys.com/mrt/− Perl
rlytest−www.unicom.com/sw/rlytest/− Perl

7 사이트에서 체크를 할 때는 Postfix 로그를 실시간으로 확인해 보자.

그림 13.3 메일 릴레이 테스트(Mail relay testing : http://www.abuse.net/relay.html)

13.2.4 SMTP 인증

메일 클라이언트에서 MTA로 메일을 전송할 때 SMTP 프로토콜은 인증을 수행하지 않는다. 즉, 메일 서버에 계정이 없는 사람이라도 SMTP 서버를 사용할 우려가 있다. 이를 방지하기 위해 SMTP에 인증 기능을 추가한 것이 SMTP 인증(SMTP Auth)이다. SMTP 인증은 SASL(Simple Authentication and Security Layer)이라는 라이브러리가 제공하는 기능을 통해 할 수 있다. CentOS에서는 cyrus-sasl 패키지를 이용하거나 POP/IMAP 서버인 Dovecot을 사용하면 SMTP 인증을 할 수 있다. 여기에서는 Dovecot을 사용한 SMTP 인증을 다룬다.

Postfix가 Dovecot의 SMTP 인증 기능을 사용할 수 있는지는 다음과 같이 확인할 수 있다.

▶ SMTP 인증 기능 확인

```
# postconf -a ⏎
cyrus
dovecot
```

'dovecot'이라고 표시되면 Dovecot의 SMTP 인증 기능을 이용할 수 있다.

먼저 /etc/postfix/main.cf에 다음 설정을 추가한다. smtpd_recipient_restrictions 매개 변수를 이미 설정했다면 파일에 추가로 기재한다.

▶ /etc/postfix/main.cf 추가 설정

```
smtpd_sasl_auth_enable = yes         ◀─────────────────── SMTP 인증 활성화
smtpd_sasl_type = dovecot            ◀─────────────────── Dovecot으로 SMTP 인증
smtpd_sasl_path = /var/spool/postfix/private/auth
broken_sasl_auth_client = yes        ◀─────────── 구버전 인증(Outlook 등)에 대응할지 여부
smtpd_recipient_restrictions =
    permit_mynetworks,
    permit_sasl_authenticated,
    reject_unauth_destination
```

smtpd_recipient_restrictions 설정 항목의 의미는 표 13.5와 같다.

표 13.5 SMTP 인증과 관련한 smtpd_recipient_restrictions 설정 항목

설정 항목	설명
permit_sasl_authenticated	SASL로 인증된 클라이언트로부터 온 메일은 모두 수신
reject_unauth_destination	배송지가 자기 호스트가 아니면 거부[8]

---

8 정확히는 다음과 같은 규칙이다.

❶ 배송지가 자신의 호스트 앞($mydestination, $inet_interfaces, $virtual_alias_maps, $virtual_mailbox_domain)

❷ 배송지 주소가 $relay_domains 및 그 하위 도메인

❶, ❷ 중 어느 하나도 맞지 않는다면 배송을 거부한다.

다음으로 Dovecot의 설정 파일을 편집한다. /etc/dovecot/conf.d/10-auth.conf 파일에 다음 설정을 기재한다.

▶ /etc/dovecot/conf.d/10-auth.conf(일부)

```
disable_plaintext_auth = no
auth_mechanisms = plain login
```

/etc/dovecot/conf.d/10-master.conf 파일에는 다음 부분의 주석을 제거한다.

▶ /etc/dovecot/conf.d/10-master.conf(일부)

```
# Postfix smtp-auth
unix_listener /var/spool/postfix/private/auth {
    mode = 0666
}
```

메일 클라이언트 소프트웨어의 설정에서 SMTP 인증을 활성화해야 한다.

13.2.5 SSL/TLS 사용

SMTP 인증에서 보안상 우려되는 부분은 로그인할 때 사용하는 인증 방식 중 PLAIN이나 LOGIN 방식의 인증(13.3.1의 표 13.7 참조)은 취약하다는 점이다. 대부분의 메일 클라이언트에서 PLAIN이나 LOGIN 방식을 지원하고 있기 때문에 특별히 보안에 신경을 쓰지 않는다면 PLAIN LOGIN 방식을 사용할 것으로 생각한다. 그런 경우에도 SSL/TLS(SMPS)를 도입해야 한다.

먼저 /etc/postfix/main.cf 파일에 다음 설정을 추가한다.

▶ /etc/postfix/main.cf

```
# SSL/TLS 활성화
smtpd_use_tls = yes

# 서버 인증서 파일 경로 지정
smtpd_tls_cert_file = /etc/pki/tls/certs/windsor.example.com.crt
# 서버 키 파일 경로 지정
smtpd_tls_key_file = /etc/pki/tls/private/windsor.example.com.key
```

그리고 /etc/postfix/master.cf 파일에 다음을 설정한다. 기본 파일에 주석이 돼 있으니 주석을 제거한다.

▶ /etc/postfix/master.cf

```
smtps     inet     n     -     n     -     -     smtpd
```

SMTPS는 465번 포트를 사용하기 때문에 방화벽 설정도 변경한다. 다음 설정을 /etc/sysconfig/iptables에 추가한다.

▶ /etc/sysconfig/iptables

```
-A INPUT -m state --state NEW -m tcp -p tcp --dport 465 -j ACCEPT
```

13.2.6 OP25B 지원

위에서 살펴본 것처럼 SMTP로 메일을 전송할 때 인증을 하지 않기 때문에 좀비 PC를 통해 메일 제공 업체의 서버를 이용하지 않고, 해당 PC에서 바로 스팸 메일 등의 발송이 가능하다. 즉 직접 MTA의 25번 포트로 접속해 메일을 전송하는 것이다. 좀비 PC로부터 25번 포트를 통한 메일 발신을 차단하기 위해 고안된 기능이 OP25B(Outbound Port 25 Blocking)다.[9]

현재는 많은 메일 제공 업체가 OP25B를 도입하고 있다(일본 기준). OP25B를 도입하면 메일 제공 업체의 서버만이 25번 포트를 사용해 메일 업체 외부의 호스트와 메일을 주고받을 수 있다. 이렇게 하면 정상적인 메일까지 받아볼 수 없으므로 외부 사용자용으로 서브미션 포트(Submission Port — 587번 포트)를 제공하고 있다.

---

9 한국에는 block 25라는 정책으로 KISA에서 운영하고 있다. https://www.kisarbl.or.kr/에서 정보 및 설정 내용을 확인할 수 있다.

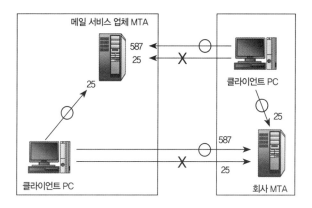

그림 13.4 OP25B

서브미션 포트를 활성화하려면 /etc/postfix/master.cf 파일에서 주석 처리된 다음 설정을 제거하면 된다. 행 앞의 '#'를 삭제하면 주석이 제거된다.

▶ /etc/postmix/master.cf

```
submission       inet  n    -    n    -    -    smtpd
    -o smtpd_tls_security_level=encrypt
    -o smtpd_sasl_auth_enable=yes
    -o smtpd_client_restrictions=permit_sasl_authenticated,reject
    -o milter_macro_daemon_name=ORIGINATING
```

설정을 반영하기 위해 Postfix를 재시작한 뒤 netstat 명령으로 확인하면 다음과 같은 모습을 볼 수 있다.

▶ 서브미션 포트 개방 상태 확인

```
$ netstat -at ⏎
tcp 0 0 localhost:submission *:* LISTEN
(이하 생략)
```

외부로부터 578 포트를 사용할 수 있도록 방화벽 설정도 변경해야 한다. 다음 설정을 /etc/sysconfig/iptables에 추가한다.

▶ /etc/sysconfig/iptables

```
-A INPUT -m state --state NEW -m tcp -p tcp --dport 587 -j ACCEPT
```

13.2.7 Postfix 로그

Postfix 로그는 /var/log/maillog 파일에 저장된다. 정상적으로 메일을 송신했을 때의 로그는 다음과 같다.

▶ /var/log/maillog 예

```
Jul 2 04:06:06 windsor postfix/pickup[25479]: 1A2FC2C0166: uid=0 from=<root>
Jul 2 04:06:06 windsor postfix/cleanup[25649]: 1A2FC2C0166: message-
id=<20130808190606.1A2FC2C0166@windsor.example.com>
Jul 2 04:06:06 windsor postfix/qmgr[1200]: 1A2FC2C0166: from=<root@windsor. example.com>,
size=2417, nrcpt=1(queue active)
Jul 2 04:06:07 windsor postfix/smtp[25664]: 1A2FC2C0166: to=<lpic@ mail.example.net>,
relay=smmx.example.net[192.168.4.177]:25, delay=1.9, delays=0.54/0.06/0.19/1.1, dsn=2.0.0,
status=sent(250 2.0.0 r78J66it012963 Message accepted for delivery)
Jul 2 04:06:07 windsor postfix/qmgr[1200]: 1A2FC2C0166: removed
```

이 예는 root@windsor.example.com에서 lpic@mail.example.net으로 메일을 보낼 때의 로그다.

13.3 POP/IMAP

메일 서버에 도착한 메일을 사용자가 받으려면 POP 서버나 IMAP 서버를 통해 사용자의 메일함에 접근해야 한다. 여기서는 CentOS의 기본 POP/IMAP 서버인 Dovecot의 설정을 살펴보겠다.

13.3.1 Dovecot 기본 설정

Dovecot의 설정 파일은 /etc/dovecot/dovecot.conf 파일 및 /etc/dovecot/conf.d 디렉터리 아래에 기능별로 나눠져 있는 파일들로 구성돼 있다(표 13.6).

표 13.6 Dovecot의 주요 설정 파일

설정 파일	설명
/etc/dovecot/dovecot.conf	메인 설정 파일
/etc/dovecot/conf.d/10-auth.conf	사용자 인증 관련 설정 파일
/etc/dovecot/conf.d/10-logging.conf	로그 관련 설정 파일
/etc/dovecot/conf.d/10-mail.conf	메일 전송 관련 설정 파일
/etc/dovecot/conf.d/10-master.conf	기본 동작 설정 파일
/etc/dovecot/conf.d/10-ssl.conf	SSL/TLS 관련 설정 파일
/etc/dovecot/conf.d/15-lda.conf	로컬 전송 관련 설정 파일

/etc/dovecot/dovecot.conf 파일에서는 어떤 프로토콜을 사용할지 지정한다. 기본값은 다음과 같이 주석 처리 상태다. imap(IMAP4), pop3(POP3), lmtp(로컬 배송)을 지정할 수 있다.

▶ /etc/dovecot.dovecot.conf

```
#protocols = imap pop3 lmtp
```

/etc/dovecot/conf.d/10-auth.conf 파일에서는 Dovecot이 이용하는 인증 기법을 설정한다.

▶ /etc/dovecot/conf.d/10-auth.conf

```
auth_mechanisms = plain login
```

지정 가능한 주요 값은 표 13.7과 같다.

표 13.7 인증 메커니즘

값	설명
plain	평문으로 사용자 인증(RFC2595)
login	평문으로 사용자 인증(표준 사양 없음)
cram-md5	문구-응답 방식을 통한 사용자 인증(RFC2195)
digest-md5	영역명(realm)과 암호화를 사용한 사용자 인증(RFC2831)

문구—응답(Challenge–Response) 방식

사용자명과 패스워드를 사용한 인증으로 가장 단순한 것은 네트워크를 통해 사용자명과 패스워드를 인증받는 것이다. 이 경우 네트워크가 감청되고 있다면 사용자명과 패스워드가 노출된다. cram-md5의 cram은 Challenge–Response Authentication Mechanism의 약자다. 클라이언트 쪽은 서버 쪽에서 보내주는 문자열(Challenge)에 패스워드를 추가해 MD5로 해시값을 만들어 서버로 전송한다(Response). 서버에서도 동일하게 해시값을 만들어 클라이언트로부터 전달받은 해시값과 비교한다. 패스워드가 맞다면 해시값은 같을 것이다. 이런 방식은 네트워크가 감청되고 있어도 직접적인 패스워드가 노출되지 않기 때문에 안전하다.

하지만 cram-md5도 무차별 대응 공격에는 강하지 않기 때문에 realm(도메인명), URL, HMAC을 통한 암호화를 지원하도록 개선한 것이 digest-md5다

/etc/dovecot/conf.d/10-mail.conf 파일에서 메일 배송지와 전송 형식을 지정한다. Maildir 형식, 즉 사용자의 홈 디렉터리에 하나의 메일 당 하나의 파일로 저장되도록 한 경우 다음과 같이 설정한다.

▶ /etc/dovecot/conf.d/10-mail.conf

```
mail_location = maildir:~/Maildir
```

13.3.2 POP/IMAP over SSL

SMTP와 마찬가지로 SSL/TLS를 사용해 POP3나 IMAP4 통신을 안전하게 보호할 수 있다. POP over SSL(pop3s)이나 IMAP over SSL(imaps)를 사용하려면 /etc/dovecot/conf.d/10-ssl.conf 파일에 다음과 같이 설정한다.

▶ /etc/dovecot/conf.d/10-ssl.conf

```
# SSL/TLS 활성화
ssl = yes

# 서버 인증서 파일 경로 지정
ssl_cert = /etc/pki/tls/certs/windsor.example.com.crt

# 서버 키 파일 경로 지정
ssl_key = /etc/pki/tls/private/windsor.example.com.key
```

pop3s는 995번 포트를, imaps는 993 포트를 사용하므로 방화벽 설정을 변경해야 한다. 다음 설정을 /etc/sysconfig/iptables에 추가한다.

▶ /etc/sysconfig/iptables

```
-A INPUT -m state --state NEW -m tcp -p tcp --dport 993 -j ACCEPT
-A INPUT -m state --state NEW -m tcp -p tcp --dport 995 -j ACCEPT
```

아니면 system-config-firewall 명령을 실행해 'POP-3 over SSL' 및 'IMAP over SSL'을 활성화해도 상관없다. system-config-firewall 명령 사용 방법은 '7.2.7 CUI 툴을 통한 패킷 필터링 설정'을 참조하자.

Chapter **14**

FTP 서버 보안

네트워크에서 파일 전송을 하기 위해 오래전부터 사용된 프로토콜이 FTP다. 이 장에서는 FTP 서버 보안을 살펴보자.

14.1 FTP 기본

여기서는 FTP 프로토콜과 FTP 클라이언트 명령에 관해 설명한다.

14.1.1 FTP 프로토콜

FTP(File Transfer Protocol)는 네트워크를 통해 컴퓨터 간 파일을 전송하기 위해 오래전부터 사용되던 프로토콜이다. FTP 클라이언트는 FTP 서버에 접속해 사용자 인증을 받은 뒤 허용된 디렉터리에 접근할 수 있다. 불특정 다수에게 파일을 공개하는 익명 FTP 기능도 있다.

■ FTP를 이용한 통신

FTP의 통신 경로는 암호화돼 있지 않다. 그러므로 통신 경로가 감청되고 있다면 전송되고 있는 파일의 내용 또는 FTP 로그인할 때의 사용자 인증 정보(사용자명 및 패스워드)가 쉽게 유출될 수 있다. 이런 취약점을 막기 위해 FTP 대신 SSH를 이용한 SCP(Secure Copy)나 SFTP(SSH File Transfer Protocol), SSL을 이용한 FTPS(FTP over SSL)을 사용할 수도 있다. 이 경우 클라이언트 소프트웨어도 해당 프로토콜을 지원해야 한다.

■ 익명 FTP

불특정 다수에게 파일을 공개하는 사이트에서는 익명 FTP(Anonymous FTP)라는 기능을 사용해 패스워드 없이 접근할 수 있는 환경을 제공한다. 익명 FTP는 관례적으로 사용자명을 'anonymous', 암호로 이메일 주소를 입력하게끔 유도하고 있으나 메일의 유효성은 확인하지 않는다. 파일 배포 사이트로 운영하는 서버가 아니라면 익명 FTP 기능은 비활성화해야 한다.

■ 액티브 모드와 패시브 모드

FTP 서버는 두 개의 포트를 사용한다. FTP 클라이언트가 FTP 서버에 접속할 때는 20번 포트를 사용한다(Command Port-명령 포트). 접속이 개시되면 FTP 서버는 20번 포트로부터 FTP 클라이언트의 무작위 포트(1024 이상)에 연결한다. 즉, 클라이언트 측에서 1024번 이상의 포트가 막혀있다면 이 연결은 성립되지 않는다. 이것을 액티브 모드(Active Mode)라고 한다. 1024번 이상의 포트는 방화벽 등에 의해 막혀있는 경우가 많다. 이럴 때는 패시브 모드(Passive Mode)를 이용한다. 패시브 모드에서는 서버 측이 1024번 이상의 무작위 포트를 데이터 전송 포트로 제공한다.

14.1.2 FTP 클라이언트 lftp

명령줄에서 FTP 서버에 접속해 파일을 업로드/다운로드 할 때 lftp 명령이 이용된다.[1]

▶ centuser로 www.example.com 서버 FTP 접속

```
$ lftp centuser@www.example.com ↵
Password:                                              패스워드 입력
lftp centuser@www.example.com:~>
```

계정을 입력하지 않으면 자동으로 익명 사용자로 로그인한다.

▶ 익명 사용자로 FTP 접속

```
$ lftp ftp://ftp.riken.jp/Linux ↵
cd success, cwd=/Linux
lftp ftp.riken.jp:/Linux>
```

FTP 접속 중일 때 표 14.1에 있는 명령어를 사용할 수 있다.

표 14.1 lftp의 주요 보조 명령

보조 명령	설명
ls	파일 리스트 표시
cd	디렉터리 이동
lcd	로컬 PC 디렉터리 이동
pwd	현재 디렉터리 확인
get 파일명	지정한 파일 다운로드

---

1 lftp 명령이 설치돼 있지 않다면 lftp 패키지를 설치해야 한다.

보조 명령	설명
mget 파일명	지정한 파일(복수) 다운로드
put 파일명	지정한 파일 업로드
mput 파일명	지정한 파일(복수) 업로드
mirror 디렉터리	지정한 디렉터리를 그대로 다운로드
user 사용자명	익명 사용자로 로그인했을 때 지정한 사용자로 로그인 변경
! 명령	로컬 PC의 셸 명령 실행
quit	접속 종료

보조 명령 목록은 lftp 프롬프트에서 '?'를 입력하면 확인할 수 있다.

▶ 도움말 표시

```
lftp :~> ?  ↵
    !<shell-command>                  (commands)
    alias [<name> [<value>]]          bookmark [SUBCMD]
    cache [SUBCMD]                    cat [-b] <files>
    cd <rdir>                         chmod [OPTS] mode file...
    close [-a]                        [re]cls [opts] [path/][pattern]
    debug [<level>|off] [-o <file>]   du [options] <dirs>
    exit [<code>|bg]                  get [OPTS] <rfile> [-o <lfile>]

(이하 생략)
```

14.2 vsftpd 설정

CentOS에서 사용되는 FTP 서버는 안전성을 배려한 FTP 서버인 vsftpd(Very Secure FTP Daemon)다. vsftpd를 구성하는 프로세스는 최소한의 권한으로 동작하게끔 돼 있다. Apache HTTP Server와 마찬가지로 vsftpd는 복수의 자식 프로세스가 FTP 클라이언트로부터의 접근에 각각 대응한다. 자식 프로세스는 부모 프로세스보다 낮은 권한으로 동작하기 때문에 보안 위협을 감소시킬 수 있다.

또한 vsftpd는 chroot jail을 지원하고 있다. 자식 프로세스는 공개 디렉터리를 /(루트) 디렉터리로 간주해 공개 디렉터리 트리 바깥에 있는 디렉터리에 접근할 수 없게 할 수 있다. 즉 로그인한 사용자는 자신의 홈 디렉터리보다 상위에 있는 디렉터리로 이동할 수 없다. 만약 보안 취약성으로 인해 자식 프로세스가 장악된다 하더라도 그 프로세스가 접근할 수 있는 곳은 공개 디렉터리뿐이다.

14.2.1 vsftpd 기본 설정

vsftpd 설정 파일은 /etc/vsftpd/vsftpd.conf다. 설정 파일 형식은 다음과 같다. 행 앞의 '#'은 주석을 의미한다.

▶ 형식

```
설정 항목명=설정 값
```

설정 항목명, '=', 설정 값 사이에는 공백이 없어야 한다. 주요 설정 항목을 표 14.2에 정리했다.

표 14.2 vsftpd.conf 주요 설정 항목

설정 항목명(지시어)	유효 값	설명
ftpd_banner	문자열	배너 메시지
banner_file	경로	배너 메시지가 저장된 파일(ftpd_banner를 덮어씀)
pam_service_name	문자열	PAM 서비스명(CentOS의 기본값은 vsftpd)
local_enable	YES │ NO	로컬 사용자의 FTP 로그인 허용 여부
write_enable	YES │ NO	파일 업로드 허용 여부
local_umask	umask 값	파일 업로드 시 적용할 umask 값
tcp_wrapper	YES │ NO	TCP Wrapper를 사용한 접근 제어 수행 여부
userlist_file	경로	접근 제어에 사용할 사용자 목록 파일
userlist_enable	YES │ NO	사용자 목록 파일 사용 여부
userlist_deny	YES │ NO	사용자 목록 파일을 화이트 리스트로 사용할지 블랙 리스트로 사용할지 여부
xferlog_enable	YES │ NO	로그 파일 작성 여부
xferlog_file	경로	로그 파일 경로
xferlog_std_format	YES │ NO	로그 형식을 wu-ftpd 호환 형식으로 만들지 여부
pasv_enable	YES │ NO	PASV 모드 활성화 여부
pasv_min_port	포트 번호	PASV 모드에서 사용할 최소 포트 번호
pasv_max_port	포트 번호	PASV 모드에서 사용할 최대 포트 번호

설정 항목명(지시어)	유효 값	설명
ascii_upload_enable	YES I NO	ASCII 모드에서 업로드 허용 여부
ascii_download_enable	YES I NO	ASCII 모드에서 다운로드 허용 여부

이제부터 보안과 관련된 항목을 중심으로 설명한다.

■ 배너 표시

FTP 연결 수립 시 배너 메시지는 ftpd_banner 지시어로 설정한다. 소프트웨어명이나 버전이 표시되지 않도록 적당한 메시지로 변경하는 것이 좋다. 이 항목은 배너 메시지를 저장한 파일을 지정하는 banner_file의 내용으로 덮어쓰여진다. 즉 banner_file을 설정한 경우 ftpd_banner 설정은 무시된다.

▶ ftpd_banner

```
ftpd_banner="FTP Login"
```

■ TCP Wrapper 사용

vsftpd 접근은 TCP Wrapper로 제어할 수 있다. 따라서 /etc/hosts.allow 및 /etc/hosts.deny로 설정할 수 있다.. 'tcp_wrapper=NO'라고 설정하면 TCP Wrapper를 사용한 접근 제어는 비활성화된다.

▶ tcp_wrapper

```
tcp_wrapper=YES
```

■ 사용자 목록 파일

FTP 접근을 허용할지 거부할지를 사용자 단위로 설정할 수 있다. 먼저 사용자 목록 파일(기본값은 /etc/vsftpd/user_list)에 사용자 목록을 기재한다. 이 목록을 블랙 리스트로 할지 화이트 리스트로 할지를 선택할 수 있다.[2]

---

2 userlist_deny가 'YES'이면 블랙 리스트, 'NO'이면 화이트 리스트이다. 기본값은 'YES'이며, 이 경우 패스워드를 묻는 프롬프트조차 나타나지 않는다.

블랙 리스트(Black List) 형식의 경우

사용자 목록 파일 /etc/vsftpd/user_list에 기록된 사용자의 로그인을 금지하는 블랙 리스트 형식은
다음과 같이 설정한다.

▶ 블랙 리스트 형식 설정

```
userlist_file=/etc/vsftpd/user_list
userlist_enable=YES
userlist_deny=YES
```

화이트 리스트(White List) 형식일 때

사용자 목록 파일 /etc/vsftpd/user_list에 기록된 사용자만 로그인을 허용하는 화이트 리스트 형식
은 다음과 같이 설정한다.

▶ 화이트 리스트 형식 설정

```
userlist_file=/etc/vsftpd/user_list
userlist_enable=YES
userlist_deny=NO
```

/etc/vsftpd/user_list에는 FTP 연결에 관련된 사용자를 등록한다. 'userlist_enable=NO'로 설
정했다면 /etc/vsftpd/user_list 파일 내에 저장된 사용자만 FTP 접속을 허가한다. 그러나 /etc/
vsftpd/ftpusers에 사용자명이 지정된 경우는 FTP 로그인을 금지하니 주의하자.

■ 파일 업로드

FTP 서버를 파일 배포 용도로 사용하고 있다면 파일 업로드는 필요 없다. 'write_enable=NO'로
설정하면 파일 업로드가 불가능한 상태로 된다.

14.2.2 사용자 설정

리눅스 사용자의 로그인을 허용하려면 'local_enable=YES'로 설정한다. 로컬 로그인을 허용하면 리눅스 시스템의 사용자명과 패스워드를 사용해 FTP에 로그인할 수 있다.

▶ 리눅스 사용자 로그인 허용

```
local_enable=YES
```

SELinux를 targeted 정책으로 운영하고 있다면 홈 디렉터리에 접근할 수 있도록 다음 명령을 실행해 둘 필요가 있다.

▶ SELinux 설정 변경

```
# setsebool -P ftp_home_dir 1 ⏎
```

기본 설정으로는 로그인 성공 후 해당 사용자의 홈 디렉터리에 이동한다. 하지만 cd 보조 명령을 사용해 시스템 내의 디렉터리 트리를 자유롭게 이동할 수 있다. 따라서 각 사용자의 홈 디렉터리 보다 상위로 이동할 수 없도록 다음 설정을 한다. 기본 설정 파일은 'chroot_local_user=YES'와 'chroot_list_file=/etc/vsftpd/chroot_list' 부분이 주석 처리돼 있으니 해당 부분의 주석(#)을 찾아 삭제하자.

▶ 홈 디렉터리 상위로 이동할 수 없도록 설정

```
chroot_local_user=YES
#chroot_list_enable=YES
# (default follows)
chroot_list_file=/etc/vsftpd/chroot_list
```

이것으로 각 사용자의 홈 디렉터리가 루트 디렉터리로 간주돼 다른 사용자의 홈 디렉터리나 시스템 관련 디렉터리로는 이동할 수 없게 됐다(chroot jail).

만약 일부 사용자에게 chroot를 적용하고 싶지 않다면 'chroot_list_enable=YES'로 설정하고 chroot_list_file 지시어로 지정된 파일(기본값은 /etc/vsftpd/chroot_list)에 해당 사용자를 입력하면 된다.

▶ 홈 디렉터리 상위로 이동할 수 없도록 설정

```
chroot_local_user=YES
chroot_list_enable=YES
# (default follows)
chroot_list_file=/etc/vsftpd/chroot_list
```

▶ /etc/vsftpd/chroot_list 설정 예

```
happy
sunny
peace
```

덧붙여 기본 로그인 디렉터리는 사용자의 홈 디렉터리나 홈 디렉터리 아래에는 '.'으로 시작하는 숨겨진 파일과 디렉터리가 존재한다. FTP로 로그인하면 이렇게 숨어 있는 파일도 노출된다. 이것을 막기 위해서는 홈 디렉터리에 FTP 전용으로 사용할 하위 디렉터리를 만들어 로그인 시 하위 디렉터리로 로그인되도록 하는 것이 좋다. 로그인 디렉터리 설정은 local_root 지시어로 할 수 있다. 다음은 ~/public_html 디렉터리를 FTP 로그인 디렉터리로 설정하는 예다.

▶ 로그인 디렉터리 지정

```
local_root=public_html
```

14.2.3 익명 FTP

익명 FTP를 허용할지 여부는 anonymous_enable 지시어로 설정한다. 기본값은 활성화로 돼 있다.

▶ 익명 FTP 허용

```
anonymous_enable=YES
```

FTP가 아니면 파일을 배포할 수 없는 경우는 많지 않을 것이다. 하지만 FTP로 파일을 배포해야 한다면 익명 계정의 파일 업로드는 금지해야 한다.

▶ 익명 FTP의 파일 업로드 금지

```
anon_upload_enable=NO
```

14.2.4 FTPS

FTPS(FTP over SSL)를 사용하면 SSL/TLS를 사용한 통신 구간 암호화가 가능하다. 먼저 SSL/TLS 서버 인증서를 작성한다. 서버 인증서 작성에 대해서는 2장을 참고하자. vsftpd에서는 서버 인증서와 비밀키를 모두 정리한 파일을 지정해야 한다. 다음은 myserts.crt 파일과 mycerts.key 파일을 합쳐 mycerts.pem 파일로 만드는 예다.

▶ 서버 인증서와 비밀 키를 합쳐 myserts.pem 파일 생성

```
# cd /etc/pki/tls/certs ⏎
# cp mycerts.crt mycerts.pem ⏎
# cat mycerts.key >> mycerts.pem ⏎
```

/etc/vsftpd/vsftpd.conf에는 다음 두 줄을 설정한다.

▶ vsftpd.conf 파일에 SSL 설정

```
ssl_enable=YES
rsa_cert_file=/etc/pki/tls/certs/mycerts.pem
```

첫 행은 SSL을 활성화하는 것이고, 두 번째 행은 서버 인증서/키 파일을 합친 pem 파일의 경로를 지정하는 것이다. 이 설정을 하면 SSL을 사용하지 않고 로컬 사용자가 FTP에 로그인하거나 FTP를 통한 전송을 하는 것이 불가능하게 된다. 만약 일반 FTP 접속도 허용하고 싶다면 다음 설정을 추가한다.

▶ vsftpd.conf 파일에 SSL을 사용하지 않은 접속도 허용

```
force_local_logins_ssl=NO
force_local_data_ssl=NO
```

첫 행은 FTP 로그인 시 SSL 연결을 강제하지 않도록 설정하고 있다. 두 번째 줄도 마찬가지로 FTP 전송 시 SSL 연결을 강제하지 않도록 설정하고 있다. SSL을 지원하지 않는 FTP 클라이언트의 접속도 가능하도록 하고 싶다면 이렇게 설정해야 한다.

SSL을 활성화했다면 vsftpd 서비스를 시작할 때 서버 비밀키의 암호 문구를 입력해야 한다.[3]

▶ vsftpd 서비스 시작 시 암호 문구 입력

```
# service vsftpd start ⏎
Starting vsftpd for vsftpd: Enter PEM pass phrase:  ◀──────── 암호 문구 입력
                                                        [ OK ]
```

14.2.5 vsftpd 로그

vsftpd 로그는 로그 형식과 저장 장소를 각각 설정할 수 있다. 기본 로그 설정값은 다음과 같다.

▶ vsftpd.conf 파일의 기본 로그 설정

```
xferlog_enable=YES
xferlog_std_format=YES
```

/var/log/xferlog에 파일 전송에 대한 로그가 기록된다.

▶ /var/log/xferlog 예

```
Wed Jun 5 05:34:17 2013 1 192.168.0.27 158 /home/centuser/pub/sample b _ o r centuser ftp 0 * c
```

먼저 'Wed Jun 5 05:34:17 2013 1 192.168.0.27 158 /home/centuser/pub/sample' 부분의 형식은 다음과 같다.

▶ 로그 형식

```
일시_전송 시간(초)_클라이언트 IP_전송 바이트 수_전송 파일명
```

전송 파일명 뒤에 있는 나머지 로그 내용은 표 14.3에 정리했다.

표 14.3 xferlog 파일 형식

열	설명
b	전송 모드(b : Binary, a : ASCII)

---

3 서버 비밀키를 암호 문구 없이 생성했다면 암호 문구를 입력하지 않는다.

열	설명
_	플래그(_ : 플래그 없음, C : 압축, U : 전개)
o	전송 방향(i : 업로드(income), o : 다운로드(outgoing))
r	접근 모드(r : 실제 사용자, a : 익명 사용자, g : 게스트)
centuser	사용자명
ftp	서비스명
0	인증 방식(1 : RFC931 표준)
*	사용자 ID(* : 미정의)
c	종료 코드(c : 완료(Complete), i : 미완료(Incomplete))

xferlog 파일의 형식은 wu-ftpd[4] 호환 형식이기 때문에 읽기가 쉽지 않다. 'xferlog_std_format=NO'로 설정한 뒤 vsftpd_log_file에 로그 파일명을 지정하면 파일 전송 로그에 추가로 서버 연결에 대한 로그도 출력할 수 있다.

▶ vsftpd.log 파일에 로그 출력 설정

```
xferlog_std_format=NO
vsftpd_log_file=/var/log/vsftpd.log
```

▶ /var/log/vsftpd.log 예

```
Wed Jun 5 05:56:30 2013 [pid 1873] CONNECT: Client "192.168.0.27"
Wed Jun 5 05:56:30 2013 [pid 1872] [centuser] OK LOGIN: Client "192.168.0.27"
Wed Jul 3 05:58:16 2013 [pid 1905] [centuser] OK DOWNLOAD: Client "192.168.0.27", "/ home/
centuser/pub/hosts", 158 bytes, 10.64Kbyte/sec
```

일반적으로는 이렇게 운영하는 것이 좋다. 또한 vsftpd 로그는 syslog로 출력할 수도 있다. 설정 파일에서 'syslog_enable=YES'로 돼 있다면 퍼실리티 ftpd로 syslog에 전송된다. 즉 rsyslog/syslog(9장 참조)를 이용한 로그 관리가 가능하다.

▶ syslog에 로그를 출력하는 설정

```
syslog_enable=YES
```

---

4 wu-ftpd는 한때 많은 리눅스 배포판에서 표준으로 채택한 FTP 서버다. http://www.wu-ftpd.org/

Chapter **15**

SSH

떨어져 있는 장소의 리눅스 서버를 원격에서 조작하기 위해서 SSH는 꼭 필요한 존재다. 이 장에서
는 SSH 기본과 SSH 클라이언트의 사용 방법, 안전한 SSH 서버 설정을 살펴본다.

15.1 SSH 기본

SSH(Secure Shell)은 원격 호스트 간의 통신에 대해 높은 보안성을 제공하는 기술이다. 강력
한 인증 기능과 암호화를 통해 파일 전송과 원격 조작을 안전하게 수행할 수 있다. 리눅스에서는
OpenBSD 그룹이 구현한 OpenSSH가 일반적으로 사용되고 있다.

15.1.1 SSH의 이점

SSH를 사용할 때 생기는 이점 중 하나는 통신 암호화다. telnet을 사용한다면 통신 내용은 평문 텍
스트로 전송되기 때문에 네트워크가 감청되고 있다면 계정과 비밀번호가 노출된다. SSH에서는 네
트워크를 통해 전송되는 데이터가 암호화된 상태이기 때문에 안전성이 높다. 암호화된 연결을 통해
원격 조작이나 파일 원격 복사 등의 작업을 안전하게 수행할 수 있다.

다른 하나의 이점은 대상 호스트의 유효성을 확인할 수 있다는 것이다. SSH는 사용자 로그인을 할
때 사용자 인증에 앞서 클라이언트가 서버의 유효성을 확인하는 호스트 인증이 이루어진다. 즉 대상
서버가 변조된 서버인지를 연결할 때마다 확인한다. telnet에서는 변조된 서버에 연결해도 알 수 없
으므로 사용자 정보를 그대로 입력해 계정 정보가 노출되는 경우가 생길 수도 있다.[1]

SSH 프로토콜은 현재 버전 1(SSH1)과 버전 2(SSH2)가 있다. 각각의 프로토콜은 호환성이 없지만
OpenSSH는 두 개의 프로콜을 모두 지원한다. 하지만 버전 1은 취약성이 발견됐기 때문에 특별한
이유가 없는 이상 사용하지 않아야 한다. CentOS는 기본적으로 버전 2만 활성화돼 있다.

15.1.2 호스트 인증

SSH는 서버에 접속하면 그때마다 호스트 인증을 수행한다. 먼저 서버 고유의 호스트 키(공개 키)를
서버로부터 클라이언트로 전달하고, 클라이언트 쪽에서 저장하고 있는 호스트 키와 비교해 일치 여
부를 확인한다(그림 15.1).

---

1 피싱 사이트와 같다

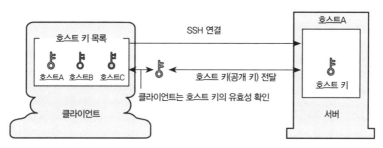

그림 15.1 호스트 인증

하지만 처음 접속할 때는 연결할 서버의 호스트 키를 가지고 있지 않기 때문에 키를 비교하지 않는다. 대신 대상 호스트(서버)가 등록돼 있지 않다는 메시지가 표시된다.

▶ 첫 접속 시 메시지

```
$ ssh windsor.example.com ⏎
The authenticity of host 'windsor.example.com(192.168.11.2)' can't be established.
RSA key fingerprint is 13:2a:22:08:70:27:7e:fe:71:03:eb:5b:03:94:a7:85.
Are you sure you want to continue connecting(yes/no)? yes ⏎          ◀──── yes 입력
```

여기서 'yes'라고 입력하면 서버의 호스트 키가 ~/.ssh/known_hosts 파일에 등록된다. 그 전에 서버의 핑거 프린트(Fingerprint)를 확인하자. 위의 예에서는 '13:2a:22:08:70:27:7e:fe:71:03:eb:5b:03:94:a7:85' 부분이다. 연결할 서버가 위조된 상태일지도 모른다(Man-in-the-Middle 공격).

사전에 서버 관리자에게 핑거프린트를 받고 처음 접속할 때 확인하자. 핑거프린트는 서버별로 고유한 값을 가지고 있다. 핑거프린트가 일치하면 올바른 서버에 연결한 것이므로 안심해도 된다.

다음번 접속할 때부터는 위 메시지는 표시되지 않는다. 만약 누군가 악의를 가지고 연결할 호스트(서버)로 위장했다면 위조된 서버의 호스트 인증 키(호스트 키)와 올바른 서버의 호스트 키가 다르기 때문에 경고가 표시된다(그림 15.2).

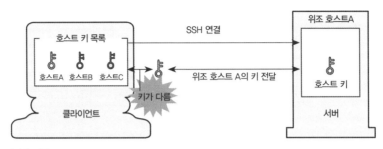

그림 15.2 위조 서버에 접근

호스트의 공개 키가 known_hosts 파일에 저장된 값과 다르면 다음처럼 메시지가 표시되고 강제로 접속을 끊는다.[2]

▶ 호스트 키가 일치하지 않을 때 표시되는 경고

```
@@@@@@@@@@@@@@@@@@@@@@@@@@@@@@@@@@@@@@@@@@@@@@@@@@@@@@@@@@@
@ WARNING: REMOTE HOST IDENTIFICATION HAS CHANGED! @
@@@@@@@@@@@@@@@@@@@@@@@@@@@@@@@@@@@@@@@@@@@@@@@@@@@@@@@@@@@
IT IS POSSIBLE THAT SOMEONE IS DOING SOMETHING NASTY!
Someone could be eavesdropping on you right now(man-in-the-middle attack)!
It is also possible that the RSA host key has just been changed.
The fingerprint for the RSA key sent by the remote host is
13:2a:22:08:70:27:7e:fe:71:03:eb:5b:03:94:a7:85.
Please contact your system administrator.
Add correct host key in /home/centuser/.ssh/known_hosts to get rid of this message.
Offending key in /home/centuser/.ssh/known_hosts:1
RSA host key for windsor.example.com has changed and you have requested strict checking.
Host key verification failed.
```

OpenSSH를 설치하면 호스트의 공개 키와 비밀 키가 /etc/ssh 디렉터리 아래에 만들어진다(표 15.1). 이 파일들은 호스트 인증에 사용된다. 비밀 키는 외부에 절대 노출되지 않도록 관리해야 한다.

---

2 이 메시지는 서버 측에서 무언가의 이유로 인해 SSH의 호스트 키를 다시 만들었을 때도 표시된다. 이 경우 클라이언트에서 서버의 공개 키를 ~/.ssh/known_hosts 파일에서 제거하자.

표 15.1 호스트의 공개 키와 비밀 키

파일명	설명
ssh_host_key	비밀키(SSH 버전1용)
ssh_host_dsa_key	비밀키(SSH 버전2 · DSA 용)
ssh_host_rsa_key	비밀키(SSH 버전2 · RSA 용)
ssh_host_key.pub	공개키(SSH 버전1 용)
ssh_host_dsa_key.pub	공개키(SSH 버전2 · DSA 용)
ssh_host_rsa_key.pub	공개키(SSH 버전2 · RSA 용)

서버 호스트 키의 핑거프린트를 확인하려면 ssh-keygen 명령에 -l 옵션을 붙여 실행한다.

▶ 키 핑거프린트 확인

```
# ssh-keygen -l ⏎
Enter file in which the key is(/root/.ssh/id_rsa): /etc/ssh/ssh_host_rsa_
key.pub   ◀━━━━━━━━━━━━━━━━━━━━━━━━━━━   조사하고 싶은 키 파일 경로 입력
2048 02:99:d3:8c:dd:0a:09:eb:37:b6:ac:3a:cf:2d:21:8f /etc/ssh/ssh_host_rsa_
key.pub(RSA)
```

15.1.3 사용자 인증

호스트 인증이 끝나면 다음으로 사용자 인증을 수행한다. 기본적으로는 공개 키 인증, 패스워드 인증의 순으로 시행된다. 공개 키 인증에서는 통신하는 호스트 간에 하나의 공개 키와 비밀키 쌍을 사용해 인증한다(그림 15.3). 공개 키 인증을 하려면 미리 클라이언트의 공개 키를 서버에 등록해야 한다.

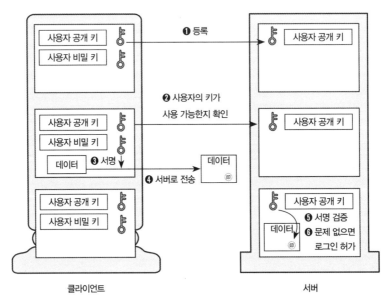

그림 15.3 공개 키 인증

공개 키 인증 순서는 다음과 같다.

❶ 먼저 서버에 공개 키를 등록해 둔다.

❷ 접속 시 사용자의 키가 사용 가능한지 확인한다.

❸ 사용자 쪽에서 공개 키와 사용자명으로부터 만들어진 데이터를 전자서명한다.

❹ ❸의 데이터와 전자서명이 서버에 전송된다.

❺ 서버 쪽에서 데이터와 서명을 검증한다.

❻ 검증에 성공하면 로그인을 허용한다.

공개 키 인증 준비가 되지 않았을 때 패스워드 인증이 허용돼 있다면 패스워드 인증이 이루어진다. 대상 서버에 등록된 패스워드를 올바르게 입력하면 로그인할 수 있다.

▶ 패스워드 인증으로 SSH 로그인

```
$ ssh windsor.example.com ↵
The authenticity of host 'windsor.example.com(192.168.11.2)' can't be established.
RSA key fingerprint is 35:4d:2d:27:3c:29:e2:65:2f:57:c1:4b:c9:3e:fb:2b.
Are you sure you want to continue connecting(yes/no)? yes
Warning: Permanently added 'windsor.example.com'(RSA) to the list of known hosts.
```

```
centuser@windsor.example.com's password:
Last login: Wed Jun 28 16:39:42 2013 from 192.168.11.9
[centuser@windsor ~]$
```

telnet을 사용한 접속과 같지만 telnet과는 다르게 통신 구간 암호화를 하므로 안전하다.

15.1.4 공개 키 생성

공개 키와 비밀 키의 키 쌍을 만들려면 ssh-keygen 명령을 사용한다.

▶ 형식

```
ssh-keygen_[옵션]
```

표 15.2 ssh-keygen 명령의 주요 옵션

옵션	설명
-t 타입	다음 중 하나의 암호화 유형 지정 rsa1 : RSA(SSH 버전 1) rsa : RSA(SSH 버전 2) dsa : DSA(SSH 버전 2)
-p	암호 문구 변경
-f 파일명	키 파일 지정
-R 호스트명	지정된 호스트 키를 known_hosts파일에서 삭제

다음은 RSA 알고리즘으로 키 쌍을 만드는 예다. 특별한 이유가 없다면 RSA로 키를 만드는 것이 좋다.

▶ RSA 알고리즘으로 키 생성

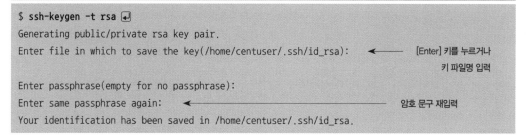

```
$ ssh-keygen -t rsa ↵
Generating public/private rsa key pair.
Enter file in which to save the key(/home/centuser/.ssh/id_rsa):    ◀──────  [Enter] 키를 누르거나
                                                                                  키 파일명 입력
Enter passphrase(empty for no passphrase):
Enter same passphrase again:    ◀────────────────────────────  암호 문구 재입력
Your identification has been saved in /home/centuser/.ssh/id_rsa.
```

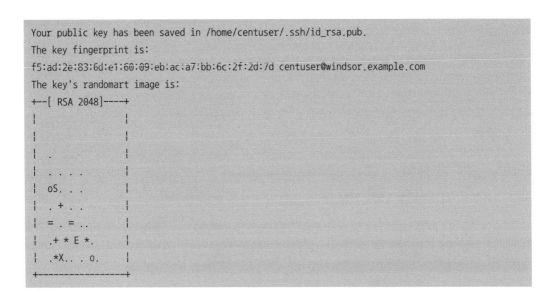

```
Your public key has been saved in /home/centuser/.ssh/id_rsa.pub.
The key fingerprint is:
f5:ad:2e:83:6d:e1:60:09:eb:ac:a7:bb:6c:2f:2d:/d centuser@windsor.example.com
The key's randomart image is:
+--[ RSA 2048]----+
|                 |
|                 |
|   .             |
|  . . . .        |
|  oS. . .        |
|   . + .         |
|   = . = ..      |
|  .+ * E *.      |
|  .*X.. o.       |
+-----------------+
```

여기서 암호 문구 입력을 요구한다. 암호 문구는 비밀 키를 사용할 때 사용할 인증용 문자열이다. 암호 문구에 들어갈 문자는 자릿수 제한이 없어 운영체제 패스워드보다 긴 문자열 입력을 할 수 있다 (문자열 길이가 길수록 보안 강도가 높아진다). 공백(스페이스)도 사용할 수 있으니 단어보다는 문장으로 등록하는 것을 추천한다. 작성된 키 파일명은 표 15.3과 같다.

표 15.3 공개 키와 비밀 키 파일명

버전	비밀 키	공개 키
버전 1	identity	identity.pub
버전 2(DSA)	id_dsa	id_dsa.pub
버전 2(RSA)	id_rsa	id_rsa.pub

이렇게 작성한 키 중 공개 키를 대상 서버에 등록한다. 대상 서버에 공개 키 등록을 하려면 ~/.ssh/authorized_keys 파일에 키 파일의 내용을 추가하면 된다. ssh-copy-id 명령을 사용하면 대상 서버에 자동으로 등록된다.

▶ 형식

```
ssh-copy-id_[-i_비밀 키 파일]_[사용자@]대상 호스트
```

다음은 centuser 사용자의 공개 키를 windsor.example.com에 등록하는 예다.

▶ 서버에 공개 키 등록

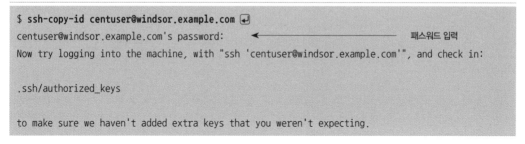

```
$ ssh-copy-id centuser@windsor.example.com ↵
centuser@windsor.example.com's password:          ←——————————————  패스워드 입력
Now try logging into the machine, with "ssh 'centuser@windsor.example.com'", and check in:

.ssh/authorized_keys

to make sure we haven't added extra keys that you weren't expecting.
```

이것으로 공개 키 인증 방식을 사용한 로그인이 가능하게 됐다. 일단 로그아웃한 뒤 다시 연결하면 암호 문구를 물어본다.

▶ 공개 키 인증을 통한 SSH 로그인

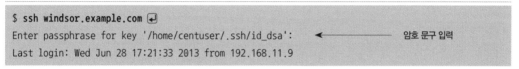

```
$ ssh windsor.example.com ↵
Enter passphrase for key '/home/centuser/.ssh/id_dsa':     ←——————  암호 문구 입력
Last login: Wed Jun 28 17:21:33 2013 from 192.168.11.9
```

ssh-copy-id 명령을 사용하지 않고 키 파일을 전송하는 방법도 살펴보자. scp 명령을 사용해 서버 쪽에 키 파일을 전송해야 한다.

다음은 windsor.example.com 서버의 홈 디렉터리 아래에 publickey라는 파일명으로 id_dsa. pub 파일을 복사하는 것이다.

▶ 공개 키 파일 복사

```
$ scp ~/.ssh/id_dsa.pub windsor.example.com:publickey ↵
centuser@windsor.example.com's password:
id_dsa.pub 100% 604 0.6KB/s 00:00
```

다음엔 windsor.example.com 서버에 접속해 작업해야 한다. 공개 키 인증 설정이 되지 않았기 때문에 패스워드를 사용해 로그인하게 된다.

▶ windsor.example.com 서버에 SSH로 로그인

```
$ ssh windsor.example.com ⏎
centuser@windsor.example.com's password:          ◀──────────          패스워드 입력
```

로그인되면 위에서 scp 명령으로 복사한 파일을 ~/.ssh/authorized_keys 파일에 추가한다.

▶ authorized_keys에 공개 키 등록

```
$ cat publickey >> ~/.ssh/authorized_keys ⏎
```

▶ authorized_keys 파일의 권한 변경

```
$ chmod 600 ~/.ssh/authorized_keys ⏎
```

등록을 위해 복사한 공개 키 파일(publickey)은 이제 필요 없으니 삭제해도 상관없다.

▶ publickey 파일 삭제

```
$ rm publickey ⏎
```

COLUMN

윈도의 SSH 클라이언트

윈도에서는 기본적으로 SSH 클라이언트 소프트웨어가 준비돼 있지 않다. 서드 파티에서 만든 SSH 클라이언트 소프트웨어가 있지만 가장 일반적으로 사용되는 것은 오픈소스 기반인 테라 텀(Tera Term)이다. 테라 텀은 다음 사이트에서 내려받을 수 있다.

• 테라 텀 프로젝트 : http://sourceforge.jp/projects/ttssh2/

추가로 OS X는 리눅스와 같이 ssh 명령이나 scp 명령을 기본적으로 사용할 수 있다.

15.2 OpenSSH 서버

CentOS를 설치하면 기본적으로 SSH 서버가 설치돼 시스템 기동 시 함께 서비스가 시작된다. 여기서는 OpenSSH 서버의 기본적인 설정과 더 안전한 운영을 위한 설정을 살펴본다.

15.2.1 SSH 서버 기본 설정

SSH 서버 기능은 sshd 데몬이 제공한다. sshd 설정 파일은 /etc/ssh/sshd_config이다. 주요 설정 항목을 표 15.4에 정리했다.

표 15.4 /etc/ssh/sshd_config 파일의 주요 설정 항목

설정 항목	설명
Port	SSH에서 사용할 포트 번호(기본값은 22)
Protocol	SSH 버전(1, 2, 둘 다 사용)[3]
HostKey	호스트 비밀 키 파일
PermitRootLogin	root 로그인 허용 여부(yes, no, without-password, forced-commands-only 중 택일)
RSAAuthentication	SSH 버전 1에서 공개 키 인증 사용 여부(yes, no)
PubkeyAuthentication	SSH 버전 2에서 공개 키 인증 사용 여부(yes, no)
AuthorizedKeysFile	공개 키가 저장된 파일명
PermitEmptyPasswords	빈 패스워드 사용 여부(yes, no)
PasswordAuthentication	패스워드 인증 사용 여부(yes, no)
AllowUers	연결을 허용할 사용자 목록
DenyUsers	연결을 거부할 사용자 목록
LoginGraceTime	로그인 인증 대기 시간(기본값은 120초)
MaxAuthTries	로그인 인증 최대 재시도 횟수(기본값은 6번)
UsePAM	PAM 인증 사용 여부(yes, no)

설정 변경 후 SSH 서버를 재시작 해야 한다.

▶ SSH 서버 재시작

```
# service sshd restart ⏎
```

---

3 Protocol 설정 항목은 1 또는 2로 기재하며 둘 다 사용하는 경우에는 '1, 2'와 같이 ','로 버전을 구분한다(순서는 상관없음). 기본값은 버전 2를 사용한다.

15.2.2 안전한 SSH 서버 설정

여기서는 안전한 SSH 서버를 구축하는 데 있어 중요한 부분을 /etc/ssh/sshd_config 파일 설정 항목별로 소개한다.

■ Port

SSH의 기본 포트 번호는 22번이다. 22번 포트를 자동으로 공격하는 툴이 많이 퍼져있기 때문에 그대로 사용하면 잦은 공격을 받을 수 있다. 변경하려면 '#'를 제거하고 값을 변경한다.

▶ SSH에서 사용할 포트를 20022번으로 변경

```
Port 20022
```

■ Protocol

SSH 버전 1은 취약점이 발견됐기 때문에 버전 2를 사용할 것을 권장한다. CentOS 6에서는 기본값으로 버전 2만 지원한다.

▶ SSH 프로토콜을 버전 2로 한정

```
Protocol 2
```

■ PermitRootLogin

root 사용자 로그인을 허용할지를 지정한다. 패스워드 인증을 허용하는 시스템에서 root 사용자의 로그인 정보가 탈취된다면 바로 시스템의 모든 권한을 뺏기는 것과 마찬가지다. 공개 키 인증 방식만을 지원한다면 공개 키가 없는 다른 클라이언트에서는 접근할 수 없지만, 패스워드 인증 방식이라면 사용자 계정 정보만으로 로그인이 가능하므로 root 사용자의 원격 로그인은 허용하지 않아야 한다.

▶ root 사용자 로그인 불가

```
PermitRootLogin no
```

어떻게 해서든 root 사용자 로그인을 해야 한다면(이유는 짐작이 가지 않지만) 공개 키 인증만 허용하고 패스워드 인증은 비활성화해야 한다. root 사용자만 패스워드 인증을 하지 못하게 하려면 다음과 같이 설정한다.[4]

▶ 패스워드 인증 방식에서 root 사용자만 허용하지 않는 설정

```
PermitRootLogin without-password
```

■ RSAAuthentication

SSH 버전 1에서 공개 키 인증 허용 여부를 지정한다. 기본값은 허용 안함이지만 부득이하게 SSH1을 사용해야 한다면 주석을 제거하면 된다. 허용하려면 다음과 같이 설정한다.

▶ SSH 버전 1에서 공개 키 인증 허용

```
RSAAuthentication yes
```

■ PubkeyAuthentication

SSH 버전 2에서 공개 키 인증 허용 여부를 지정한다. 기본값으로 허용함이니 그대로 두는 것이 좋다.

▶ SSH 버전 2에서 공개 키 인증 허용

```
PubkeyAuthentication yes
```

■ PermitEmptyPasswords

패스워드 인증을 허용하고 있을 때 빈 패스워드의 허용 여부를 지정한다. 부득이하게 패스워드 인증을 허용하고 있다면 빈 패스워드는 사용하지 못하도록 해야 한다.

---

4 root 사용자 권한이 필요한 작업이라면 root 사용자 로그인이 아니라 su를 사용하는 것이 관리상 더 좋은 방법이다.

▶ 빈 패스워드 허용 안함.

```
PermitEmptyPasswords no
```

■ PasswordAuthentication

패스워드 인증 사용 여부를 지정한다. 공개 키 인증 설정을 완료했다면 패스워드 인증은 필요 없을 것이다. 그대로 패스워드 인증을 남겨두면 모처럼 공개 키 인증을 사용하는 의미가 없어진다. 필요 하지 않은 이상 'no'로 설정해두자.

▶ 패스워드 인증 사용 안 함

```
PasswordAuthentication no
```

■ MaxAuthTries

이 옵션에 지정한 숫자 이상으로 로그인 시도에 실패하면 접속이 강제로 종료된다. 기본값으로는 6회이지만 공격자는 각 계정마다 지정 횟수만큼 대입 공격을 시도해 볼 수 있으므로 보다 적게 설정 하는 것이 안전하다. 공개 키 인증만 사용하는 경우는 그대로 둬도 상관없다.

▶ 로그인 인증 실패 허용 횟수를 3회까지

```
MaxAuthTries 3
```

■ LoginGraceTime

여기에 지정된 시간 내에 로그인하지 않으면 접속이 강제로 종료된다. 기본값으로는 120초이지만 더 짧게 하는 것이 좋다. 0으로 지정하면 시간제한 옵션을 비활성화한다.

▶ 로그인 수행 시간을 30초로 설정

```
LoginGraceTime 30
```

■ AllowUsers / DenyUsers

기본값은 모든 사용자가 SSH를 사용할 수 있다. SSH를 이용하는 사용자가 한정적이라면

AllowUsers에 접속을 허용할 사용자를 지정한다.[5] 이렇게 설정하면 다른 사용자는 SSH 로그인을 할 수 없게 된다. 다음은 centuser 사용자와 happy 사용자만 SSH를 사용할 수 있게 설정하는 예다. 여러 사용자를 지정할 때는 공백(스페이스)으로 구분한다.

▶ SSH 사용을 허용할 유저 지정

```
AllowUsers centuser happy
```

사용자와 호스트의 조합을 지정할 수도 있다. 다음은 IP 주소가 192.168.11.2인 호스트의 centuser 사용자만 SSH 사용이 가능하도록 설정하는 예다.

▶ SSH 사용을 허용할 사용자와 호스트

```
AllowUsers centuser@192.168.11.2
```

와일드 카드(*)를 사용해 호스트만을 지정할 수도 있다. 다음 예는 IP 주소가 192.168.11.2인 호스트의 모든 사용자에게 SSH 사용을 허용하는 설정이다.

▶ SSH 사용을 특정 호스트의 모든 사용자에게 허용

```
AllowUsers *@192.168.11.2
```

반대로 DenyUsers를 사용하면 지정한 사용자 외 모든 사용자의 사용을 허용한다. 일반적으로 AllowUsers만 지정해 사용하는 것이 관리가 쉽다.

■ TCP Wrapper를 이용한 접근 제어

CentOS의 SSH 서버는 TCP Wrapper에서 호스트 단위 접근을 제어할 수 있다. 즉 /etc/hosts. allow 및 /etc/hosts.deny에서 호스트나 IP 주소의 범위를 지정해 접근 제어가 가능하다. 기본적으로는 /etc/hosts.deny 설정에서 모두 거부를 하고 /etc/hosts.allow 설정에서 필요한 최소한의 호스트만을 접근할 수 있도록 설정한다.

▶ /etc/hosts.deny 설정 예

```
ALL: ALL
```

---

5 이 항목을 설정할 때는 주의해야 한다. 원격에서 설정을 진행하다 실수하는 경우 더 이상 SSH에 접속할 수 없는 상황이 발생할 수도 있다.

▶ /etc/hosts.allow 설정 예

```
sshd: 192.168.11.2 *.example.com
```

위 예는 IP 주소가 192.168.11.2인 호스트 및 example.com 도메인으로부터의 SSH 접속만을 허용하고 있다. TCP Wrapper 설정에 대해서는 '5.5 TCP Wrapper'를 참고하자.

15.3 SSH 클라이언트

로그인 설명과 함께 이미 살펴본 SSH 명령 및 그 밖의 SSH 클라이언트 명령어 사용 방법을 소개한다.

15.3.1 SSH 원격 로그인

SSH를 사용해 원격 호스트에 로그인하려면 ssh 명령을 사용한다. telnet 명령어와 같이 호스트명이나 IP를 지정한다.

▶ 형식

```
ssh_[옵션]_[[로그인할 사용자명@]호스트]_명령]
```

표 15.5 ssh 명령의 주요 옵션

옵션	설명
-l 사용자	로그인할 사용자를 지정
-p 포트 번호	접속할 포트 번호 지정

다음은 windsor.example.com에 SSH로 연결하는 예다. 사용자명을 지정하지 않으면 원격 호스트에 로그인을 시도하는 사용자는 로컬에서 현재 작업 중인 사용자(ssh 명령을 실행한 사용자)를 지정한다.[6]

---

6 사용자는 -l 옵션으로 지정해도 상관없다

▶ 지정한 호스트에 SSH로 접속

```
$ ssh windsor.example.com ⏎
```

사용자명을 지정하면 지정한 사용자로 SSH에 접속한다. 다음은 centuser 사용자로 windsor.
example.com에 접속하는 예다. 이 경우 대상 호스트에 등록된 centuser 사용자의 패스워드를 알
고 있다면 누구나 접속할 수 있다.[7]

▶ 사용자명을 지정해 접속

```
$ ssh centuser@windsor.example.com ⏎
```

telnet과 비교하면 SSH는 통신 구간을 암호화하기 때문에 네트워크 감청에 대한 안전성이 높다. 또
한 호스트 인증을 사용해 대상 호스트가 올바른지 확인할 수 있다는 점, 사용자 인증에 공개 키 인증
을 사용할 수 있다는 점도 보안 측면에서 큰 이점이다.

덧붙여 SSH로 로그인하지 않고 대상 호스트에 하나의 명령만을 전송해 실행하는 것도 가능하다. 다
음은 www.example.com에 접속해 df 명령만 실행하는 예다.

▶ SSH로 명령만 실행

```
$ ssh www.example.com df ⏎
centuser@www.example.com's password:    ◀————————————————— 패스워드 입력
Filesystem 1K-blocks Used Available Use% Mounted on
/dev/vda3 100893076 10354976 85412932 11% /
tmpfs 510212 0 510212 0% /dev/shm
/dev/vda1 247919 118967 116152 51% /boot
```

15.3.2 SSH 원격 복사

원격 호스트에 로그인하는 것이 SSH 기능의 전부가 아니다. SSH에 있는 기능을 사용해 호스트 간
에 안전하게 파일을 복사하는 것도 가능하다. 파일을 복사하려면 scp 명령을 사용한다.

---

[7] 단, 여기까지 이 책의 예를 따라 설정했다면 공개 키 인증만을 허용했기 때문에 다른 사람은 접속할 수 없다.

▶ 형식

```
scp_원본 파일_[사용자명@] 대상 호스트:[복사할 파일명]
scp_[사용자명@] 대상 호스트:원본 파일_복사할 파일명
```

표 15.6 scp 명령의 주요 옵션

옵션	설명
-p	권한 등을 그대로 유지한 채 복사
-r	디렉터리를 재귀적으로 복사
-P 포트	포트 번호 지정

처음 형식은 로컬 호스트에 있는 파일을 원격 호스트에 복사할 때 사용한다. 두 번째 형식은 원격 호스트에 있는 파일을 로컬 호스트에 복사할 때 사용한다. 다음은 로컬 호스트의 /etc/hosts 파일을 원격 호스트인 windsor.example.com의 /tmp 디렉터리에 복사하는 예다.

▶ 원격 호스트와 로컬 호스트 간 파일 복사(1)

```
$ scp /etc/hosts windsor.example.com:/tmp ↵
```

다음은 원격 호스트 windsor.example.com의 /etc/hosts를 로컬 호스트의 현재 디렉터리에 복사하는 예다.

▶ 원격 호스트와 로컬 호스트 간 파일 복사(2)

```
$ scp windsor.example.com:/etc/hosts . ↵
```

원격 호스트의 로그인 사용자명이 로컬 호스트와 다르면 사용자명을 지정한다. 다음은 로컬 호스트의 data.txt 파일을 원격 호스트 windsor.example.com의 fred 사용자 홈 디렉터리에 복사하는 예다.

▶ 사용자명을 지정한 파일 복사

```
$ scp data.txt fred@windsor.example.com:
```

대상 호스트가 SSH 기본 포트가 아닌 변경한 포트를 사용 중이라면 -P 옵션[5]으로 포트 번호를 지정해야 한다. 다음은 windsor.example.com 호스트가 20022번 포트를 사용하고 있을 때의 예다.

▶ 포트 번호를 지정한 파일 복사

```
$ scp -P 20022 /etc/hosts windsor.example.com:/tmp ⏎
```

15.3.3 sftp

SSH를 사용한 파일 전송을 위해 scp 명령 외에 sftp가 준비돼 있다. sftp는 FTP와 같이 간편하게 파일을 업로드, 다운로드 할 수 있지만 통신 구간이 암호화됐기 때문에 FTP와는 달리 안전하다.

CentOS에서는 OpenSSH를 설치하면 기본적으로 sftp도 사용할 수 있다. 또한 sftp 명령도 함께 설치된다.

▶ 형식

```
sftp_[사용자명@]대상 호스트
```

sftp로 연결한 뒤에는 ftp 명령으로 연결했을 때와 같이 대화형 파일 업로드와 다운로드가 가능하다.

표 15.7 sftp의 주요 보조 명령

보조 명령	설명
ls	파일 목록 표시
lls	로컬 파일 목록 표시
cd	디렉터리 이동
lcd	로컬 디렉터리 이동
pwd	현재 디렉터리 표시
lpwd	로컬의 현재 디렉터리 표시
get 파일명	지정한 파일 다운로드
mget 파일명	지정한 파일(복수) 다운로드
put 파일명	지정한 파일 업로드
mput 파일명	지정한 파일(복수) 업로드
quit	연결 종료

15.3.4 포트 포워딩

SSH는 임의의 TCP 통신 경로를 안전하게 할 수 있다. SSH 포트 포워딩(Port Forwarding)이란 어떤 포트에 전송된 TCP 패킷이 안전한 통신로인 SSH를 경유시켜 다른 호스트의 임의의 포트에 전송하는 것이다. 이 기능을 사용하면 POP이나 FTP 등 암호화되지 않은 프로토콜을 사용한 통신의 안전성을 높일 수 있다.

로컬 호스트(windsor)의 포트 10110번에 연결하면 메일 서버(pop.example.net)의 110번 포트에 연결되는 포트 포워딩을 예로 생각해보자(그림 15.4). 로컬 호스트의 사용자는 centuser, 대상 메일 서버의 계정은 centos로 한다.

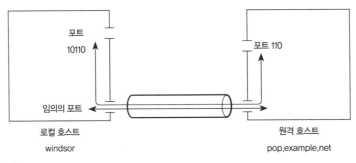

그림 15.4 포트 포워딩

로컬 호스트에서 메일 클라이언트를 실행하고 메일 클라이언트가 로컬 호스트의 10110번 포트에 연결하도록 설정해야 한다. 그리고 다음 명령을 실행한다.

▶ SSH 포트 포워딩

```
[centuser@windsor ~]$ ssh -f -N centuser@pop.example.net -L 10110:pop.example.net:110 ↵
```

이 명령을 실행하면 SSH 포트 포워딩을 사용해 메일 클라이언트로 메일을 수신할 수 있게 된다. 메일 클라이언트가 로컬 호스트의 10110번 포트에 연결하면 SSH로 암호화된 경로를 거쳐 메일 서버인 pop.example.net에 접속한다. pop.example.net의 SSH 서버는 수신한 POP3 패킷을 로컬(pop.example.net)의 110번 포트에서 수신 대기 중인 POP3 서버에 전달한다.

여기서는 POP3로 사용하는 것을 소개했지만 다른 프로토콜에도 사용할 수 있다.

15.3.5 SSH Agent

비밀 키 파일을 사용할 때 해당 키의 암호 문구를 물어온다. 암호 문구를 입력하는 시간을 절약하려면 ssh-agent를 사용한다. ssh-agent는 클라이언트 쪽에서 작동하는 데몬으로, 비밀 키를 메모리에 보존한 뒤 필요할 때 사용하기 때문에 매번 암호 문구를 입력할 필요가 없다. ssh-agent를 사용하려면 bash 셸을 ssh-agent의 자식 프로세스로 시작한다.[8]

▶ ssh-agent 사용

```
$ ssh-agent bash ⏎
```

다음으로 ssh-add 명령을 사용해 비밀 키를 등록한다. 이 때 암호 문구를 입력한다.

▶ 암호 문구 등록

```
$ ssh-add ⏎
Enter passphrase for /home/centuser/.ssh/id_dsa:    ◀──────────── 암호 문구 입력
Identity added: /home/centuser/.ssh/id_dsa(/home/centuser/.ssh/id_dsa)
```

이후 이 bash 셸 및 자식 프로세스에서는 암호 문구 입력을 하지 않아도 된다. ssh-agent가 저장하고 있는 비밀 키 목록은 ssh-add -l로 확인할 수 있다.

▶ 비밀 키 목록 확인

```
$ ssh-add -l ⏎
1024 93:65:9f:da:fd:2e:b7:15:0b:33:38:b8:17:67:20:3e /home/centuser/.ssh/id_dsa(DSA)
```

15.3.6 SSH 클라이언트 설정

ssh나 scp 등의 SSH 클라이언트 설정은 /etc/ssh/ssh_config에서 이루어진다.[9] 주요 설정은 표 15.8과 같다.

---

8 여기서는 bash로 설명했지만, 다른 셸을 사용해도 상관없다.

9 SSH 서버의 설정 파일은 sshd_config로 이름이 비슷하니 주의해야 한다.

표 15.8 ssh_config 파일 주요 설정

설정 항목	설명
Port	포트 번호 지정
Protocol	사용할 SSH 프로토콜 버전
PasswordAuthentication	패스워드 인증 사용 여부(yes, no)
RSAAuthentication	공개 키 인증 사용 여부(yes, no)
IdentityFile	비밀 키 파일 지정

사용자 개별 설정을 하고 싶다면 ~/.ssh/ssh_config 파일에 설정을 기재한다. 서버 측에서 수신대기 포트를 변경한 경우 다음과 같이 설정해두면 ssh 명령이나 scp 명령을 실행할 때 포트 번호(이 예에서는 20022번 포트)를 지정하지 않아도 된다.

▶ ~/.ssh/ssh_config 파일 설정 예

```
Port 20022
```

SSH 로그인 후에 자동으로 실행하고 싶은 명령이 있을 때 모든 사용자에게 적용하고 싶다면 /etc/ssh/sshrc 파일에, 사용자 개별 설정을 하고 싶다면 ~/.ssh/rc 파일에 설정한다. 이 파일들은 기본적으로 존재하지 않는다. 필요하다면 직접 파일을 생성해야 한다.

부록 _ 서버 보안 체크리스트

중요한 보안 대책 항목을 체크리스트로 정리했다. 서버 구축 및 운영 시 활용하자.

항목	해당 장
설치 및 초기 설정 시 체크리스트	
▪ 최소한의 패키지 구성으로 설치했는가	4, 5
▪ 부트로더에 패스워드를 설정했는가	5
▪ 패키지는 최신 상태로 업데이트했는가	4, 5
▪ 패키지를 정기적으로 업데이트하도록 구성했는가	5
▪ 필요한 서비스만을 가동하고 있는가	4, 5
▪ 불필요한 서비스가 자동으로 시작되지 않게 설정했는가	4, 5
▪ 암호화가 필요한 파일 시스템에 암호화를 했는가	6
▪ 콘솔에서 root 로그인을 금지하도록 했는가	4, 5
▪ SSH에서 root 로그인을 금지하도록 했는가	4, 15
▪ su 명령을 사용할 수 있는 사용자를 제한하고 있는가	5
▪ sudo 명령을 사용할 수 있는 사용자를 적절히 설정했는가	5
▪ iptables／ip6tables은 제대로 설정한 후 활성화됐는가	4, 7
▪ 브로드캐스트로 보내진 ICMP 패킷을 거부하도록 설정했는가	7
▪ 불필요한 포트가 열려 있지는 않은가	10
▪ 바이러스 대책이 필요하진 않은가. 필요한 경우라면 도입했는가	5
▪ SELinux가 활성화 상태인가	8
▪ 시스템 로그는 적절하게 설정했는가	9
▪ SSH 수신 대기 포트를 변경했는가	4, 15
▪ SSH에서 공개 키 인증을 사용하는가	15

항목	해당 장
시스템 변경 시 체크리스트	
▪ 불필요한 포트가 열려 있지는 않은가	10
▪ iptables／ip6tables은 제대로 설정한 후 활성화됐는가	4, 7
▪ 불필요한 사용자 삭제 혹은 블록 처리를 했는가	5
▪ 로그인이 필요하지 않은 계정의 로그인이 되지 않도록 했는가	5
▪ 사용자의 패스워드를 정기적으로 바꾸도록 설정했는가	5
일일 체크리스트	
▪ 패키지는 정상적으로 업데이트 되고 있는가	4, 5
▪ 패키지 업데이트 후 재기동을 해야할 때 재기동을 했는가	5
▪ 수상한 프로세스가 실행되고 있지 않은가	5
▪ 수상한 사용자 로그인 기록은 없는가	9
▪ 시스템 로그에 수상한 기록이 남아있지 않은가	9
▪ 시스템 로그는 적절하게 백업되고 있는가	9